Schatten jahre

Die Rückkehr des politischen Liberalismus

Christian Lindner

Klett-Cotta

Klett-Cotta
www.klett-cotta.de
© 2017 by J. G. Cotta'sche Buchhandlung
Nachfolger GmbH, gegr. 1659, Stuttgart
Alle Rechte vorbehalten
Printed in Germany
Cover: ANZINGER & RASP Kommunikation GmbH, München
unter Verwendung eines Fotos von Daniel Rosenthal
Gesetzt von Dörlemann Satz, Lemförde
Gedruckt und gebunden von Friedrich Pustet GmbH & Co. KG,
Regensburg
ISBN 978-3-608-96266-6

Bibliografische Information der Deutschen Nationalbibliothek
Die Deutsche Nationalbibliothek verzeichnet diese Publikation in der
Deutschen Nationalbibliografie; detaillierte bibliografische
Daten sind im Internet über http://dnb.d-nb.de abrufbar.

für Dagmar

DP-
hef
hristian
ndner

EHE

FDP-Chef
Christian
Lindner (39)
und Frau
Dagmar (45)

Inhalt

Zu diesem Buch

Vor einigen Jahren lud mich der Verleger Tom Kraushaar ein, ein programmatisches Buch zum politischen Liberalismus zu schreiben. Während des Nachdenkens über die Theorie änderte sich die Praxis, weil die Freie Demokratische Partei aus dem Deutschen Bundestag ausschied und ich ihr Vorsitzender wurde. Das veränderte den Charakter der Ausgangsidee. Jetzt ging es um die mögliche »Rückkehr des politischen Liberalismus«. Die Unterzeile des Titels soll nicht den Eindruck erwecken, außerhalb der Freien Demokraten gäbe es kein liberales Denken. Aber in organisierter Form ist es nun einmal dort beheimatet.

Dieses Buch verbindet meine ganz subjektiven Eindrücke aus der schwierigsten Phase der Geschichte meiner Partei, methodische Ideen und Beobachtungen sowie meine Gedanken zu den Werten und Zielen liberaler Politik. Ich habe diese Aspekte aus erzählerischen Gründen verbunden und nicht systematisch getrennt. Ich hoffe, dieses Experiment dient der Lesbarkeit.

Wir haben die Freien Demokraten nach einer Aufarbeitung der Vergangenheit von innen nach außen wieder aufzurichten versucht. Mein Bericht vollzieht dies nach, indem ich nach einer Rückschau die internen Klärungen, Abwägungen und Stationen ausführlich beschreibe, bevor sich dann zum Ende das Tempo erhöht und sich der Blick stärker auf die demokratische Wettbewerbssituation richtet, in die wir wieder eintraten. Einblicke in meinen eigenen Werdegang kommen dabei nur insoweit vor, wie es zum Verständnis aktueller Fragen und Gedanken nötig ist. Für einen Lebensbericht ist es mit knapp 39 Jahren wirklich zu früh.

Die Aufzeichnungen für dieses Buch entstanden parallel zu meinem Alltag. Es war während dieser Zeit trotz aller Zuversicht nicht sicher, ob das Comeback gelingen würde. Im Nachhinein habe ich nicht alles auf Erfolg trimmen wollen. Aus mancher Passage spricht daher noch der damalige Zweifel, ob die Anstrengungen am Ende erfolgreich sein würden. In vier Jahren »außerparlamentarischen Bildungsurlaubs« sind Veränderungen in der Sicht auf die Dinge selbstverständlich, die in meinem Bericht auch sichtbar werden.

Mein Freund und Kollege Marco Buschmann hatte ebenfalls die Idee, seine Perspektive auf die außerparlamentarische Phase der FDP zu notieren. Zwei Bücher, das wäre allerdings zu viel gewesen. Ich bat ihn, mich bei meinem zu unterstützen. Ich bin dankbar, dass er mir Rat gegeben und manchen Gedanken und manche Anekdote mit mir diskutiert und ausgetauscht hat. Deshalb berichte ich verschiedentlich auch von seinen Eindrücken. Für Anregungen und Anmerkungen während der Entstehungsphase dieses Buches bin ich dem Journalisten Fabian Leber sowie darüber hinaus dem Lektor des Verlages, Christoph Selzer, für die eilige Durchsicht des Manuskripts und die Nervenstärke im Umgang mit dem Autor dankbar.

Und ich danke allen, die das Comeback der Freien Demokraten ermöglicht haben.

3. Oktober 2017   Christian Lindner

/1/ Der Absturz

Der Tag der Niederlage

Es war doch immer gut gegangen.

Vielleicht hatte uns das zu arrogant gemacht.

Für den politischen Liberalismus in Deutschland sind Nahtoderfahrungen nichts Ungewöhnliches. Sein Überleben stand häufiger auf dem Spiel. Ich trat 1994 in die FDP ein; damals schrieben Journalisten auf Vorrat an Nachrufen, die später dann, falls man sie verwenden konnte, griffbereit in den Redaktionen liegen sollten. Doch die Freien Demokraten hatten es bei jeder Wahl seit 1949 in den Bundestag geschafft. Und hatten wir nicht vor ein paar Monaten noch eine Landtagswahl überraschend gut überstanden, in Niedersachsen, mit fast zehn Prozent? Ich glaubte, es würde auch diesmal reichen – wenn auch sehr knapp.

22. September 2013, es war der Tag der Bundestagswahl. Um 15.50 Uhr schrieb ich eine SMS an meine engsten Mitarbeiter: »Die Katastrophe ist da!« Ich saß zu dieser Zeit gerade im ICE von Düsseldorf nach Berlin und hatte die ersten Ergebnisse der *exit polls* bekommen, der Befragungen, die unmittelbar am Wahltag vor den Wahllokalen durchgeführt werden. Je näher wir der Hauptstadt kamen, desto deutlicher wurde, wie wenig die liberale Partei diesmal gefragt war. Um 15.09 Uhr hatte Philipp Rösler, der Parteivorsit-

zende, mir bereits eine Nachricht geschickt: »Immer noch unklar, ob wir überhaupt drin sind, oder AfD oder beide.« Beim Halt in Berlin-Spandau waren wir unter der Fünf-Prozent-Hürde angekommen.

Ich hatte eine Stunde Zeit. Vom Hauptbahnhof fuhr ich mit dem Taxi ins Hotel. Um 17 Uhr würde das Parteipräsidium tagen, um 18 Uhr auch die Öffentlichkeit erfahren, was wir schon zwei Stunden früher wussten. Hoch ins Hotelzimmer, schnell duschen, kurz fluchen. Unter der Dusche traf ich die Entscheidung: Ich werde es machen.

Es hatte doch früher immer geklappt. So wie 1969: Viele sagten der FDP damals den Untergang voraus. Aber mit 5,8 Prozent schaffte sie es dennoch knapp ins Parlament. Ein spärliches Ergebnis und der Mut von Walter Scheel und Willy Brandt reichten aus, um die Republik mit einer sozialliberalen Koalition zu modernisieren. Die neue Ostpolitik und das Wagnis von »mehr Demokratie« brauchten Gestaltungsmacht, die sich nicht an Prozentzahlen allein festmachte.

Oder 1983: Die FDP hatte ein halbes Jahr zuvor die Wende von der sozialliberalen hin zu einer konservativ-liberalen Regierungskoalition vollzogen. Bundeskanzler Helmut Schmidt konnte außenpolitisch und wirtschaftspolitisch das Notwendige in der SPD nicht mehr durchsetzen. Der Koalitionswechsel war erforderlich. Danach aber war die liberale Partei umstritten und zerstritten wie nie zuvor. Die Zeitzeugen von damals haben mir von der Dramatik jenes Wahlkampfs und den Anfeindungen wegen des »Verrats der FDP« – so machte die SPD Stimmung gegen meine Partei – oft berichtet. Der FDP gelang es trotzdem ein halbes Jahr später, sieben Prozent zu erreichen. Sie setzte bei diesen Wahlen aus politischer Überzeugung ihre Existenz aufs Spiel.

1994 lagen die Dinge indessen anders: Die Partei war nach Jahrzehnten pragmatischer Regierungsarbeit programmatisch ausgezehrt. Sie investierte verzweifelt quasi ihr gesamtes Vermögen in den Wahlkampf – und mehr als das, wie der bis heute bestehende Schuldenstand zeigt. Außerdem warb sie in einem Akt der politischen Selbstunterwerfung mit dem Slogan: »FDP wählen, damit Kohl Kanzler bleibt«. Im Ergebnis reichte das dennoch für 6,4 Prozent.

64 Jahre saßen die Freien Demokraten im Bundestag. 45 Jahre davon regierten sie Deutschland mit, das ist länger als jede andere Partei in der Nachkriegszeit. Nie war die Partei des Liberalismus in der außerparlamentarischen Opposition. Sie begriff sich selbst als Teil der politischen Grundversorgung, als »die eigentliche Regierungspartei der Republik«, wie die *Zeit* einmal schrieb.

Kurz vor der Bundestagswahl 2013, auf der Zielgeraden, war Panik ausgebrochen. Eine Woche vor dem Wahlsonntag flog die Partei mit 3,3 Prozent aus dem Landtag in Bayern. Philipp Rösler und Rainer Brüderle, der Spitzenkandidat, ließen sich mit Altkanzler Helmut Kohl zusammen in dessen Garten in Oggersheim für die *Bild*-Zeitung fotografieren. Hastig überklebte die Wahlkampfleitung in ganz Deutschland FDP-Plakate mit einem Slogan, aus dem nicht der Mut der Verzweiflung, sondern mutlose Zweifel sprachen: »Jetzt geht's ums Ganze«, war darauf zu lesen. Unverhohlen wurde mit der Botschaft geworben: Wer Angela Merkel weiterhin als Kanzlerin will, muss die FDP wählen. Ich fand das falsch. Und das sagte ich auch öffentlich in einem Interview mit einer großen Regionalzeitung. Zwar kandidierte ich,

Landtagsabgeordneter in Düsseldorf und stellvertretender Parteivorsitzender, nicht selbst für den Bundestag. Ich war aber sozusagen als »Vorprogramm« von Guido Westerwelle, unserem Spitzenkandidaten in Nordrhein-Westfalen, Tag für Tag auf Tournee. Wir übernahmen die Sprachregelung aus Berlin bewusst nicht. Werben um die Leihstimmen von Unionswählern – das war genau das, was wir nicht wollten. Denn so machte die FDP sich klein und auf entwürdigende Weise von der Gunst eines politischen Mitbewerbers abhängig.

Parteiintern war in den letzten Tagen vor der Wahl mit einem Ergebnis von »sechs plus x« gerechnet worden – auch jetzt wollte niemand ein Scheitern einkalkulieren.

Das Parteipräsidium traf sich am Wahlabend im »Berliner Congress Centrum« am Alexanderplatz, einem Haus aus der Zeit des real existierenden Sozialismus, das nun zur Kulisse für den surreal wirkenden Untergang der liberalen Partei wurde, die historisch entscheidenden Anteil an der Überwindung der Teilung unseres Landes hatte. Eine Ironie der Geschichte. Vor dem Haus trafen Bundesminister und Staatssekretäre in ihren Dienstlimousinen ein, Journalisten standen nervös tuschelnd herum, Fernsehreporter probten für ihre Live-Schaltungen. Für mindestens eine Stunde noch war die FDP staatstragende Regierungspartei. Ihr Erfolg oder Misserfolg entschied mit über die Frage, wer das größte und wirtschaftsstärkste Land der Europäischen Union in den nächsten vier Jahren politisch führen würde.

Die Parteispitze traf sich in einem Sitzungsraum, der mir nur als ein düsterer Bunker in Erinnerung geblieben ist. Der Weg dorthin führte durch einen langen Flur. Ich lief an vielen Mitarbeitern der Bundestagsfraktion vorbei, die alle sichtbar angespannt waren – für sie hing vom Ergebnis dieses Wahlabends die eigene berufliche Existenz ab. Anders als Abgeordnete bekommen Mitarbeiter kein Übergangsgeld, wenn die Mandate wegfallen. Sie stehen ebenfalls vor dem Aus und müssen sich nach zum Teil jahrzehntelanger Zugehörigkeit völlig neu orientieren. Und das, obwohl sie ja selbst gar keine politische Verantwortung getragen hatten. Aber die Konsequenzen unserer Entscheidungen, der politischen Führung, die würden sie jetzt zu spüren bekommen.

Drinnen im Präsidium war die Atmosphäre natürlich gedrückt. Die sonst üblichen Scherze zur Überbrückung der Wartezeit – diesmal gab es sie nicht. Alle, die wir in den vier Jahren der schwarz-gelben Koalition die Wahrnehmung der liberalen Partei geprägt hatten, saßen zusammen: Parteichef Philipp Rösler, Außenminister Guido Westerwelle, Fraktionschef Rainer Brüderle, Justizministerin Sabine Leutheusser-Schnarrenberger, Gesundheitsminister Daniel Bahr, Entwicklungsminister Dirk Niebel. Der Vorsitzende versuchte noch, eine halbwegs geordnete Gesprächsführung zu organisieren.

Wie die Lage denn sei, fragte einer der Anwesenden in die Runde. »Welche Lage denn? Es gibt keine mehr für uns«, bekam er zu hören. Ein Mitglied des Präsidiums appellierte an uns, die Auszählung der Briefwahlstimmen abzuwarten, denn erfahrungsgemäß würden diese das Ergebnis der FDP an einem Wahlabend noch nach oben drücken. Es wurde eben nach jedem Strohhalm gegriffen. Philipp Rösler fragte, wie die gemeinsame Sprachregelung denn nun laute. Angesichts der vollständigen Niederlage erklärende Textbausteine suchen? Ich schüttelte den Kopf: »Was für eine Sprachregelung soll es jetzt noch geben?« Wir brauchten

keine Sprachregelung mehr, wenn die liberale Bundestagsfraktion untergegangen sei. »Da kann es nur eine Botschaft
geben: Ab morgen wird die FDP neu aufgebaut.«

Noch vor 18 Uhr bat Guido Westerwelle mich um ein
Gespräch. Wir verließen kurz den Raum und gingen an der
Rückseite des Kongresszentrums zwischen den Übertra-
gungswagen der Medien auf und ab. »Wie soll es denn jetzt
weitergehen?«, fragte er mich und sagte: »Das musst du jetzt
machen.« Ich antwortete ihm, dass meine Entscheidung bereits gefallen sei.

Die Situation war anders als im Frühjahr 2011. Damals
hatten die Medien wochenlang über einen Nachfolger für
Guido Westerwelle im Amt des Parteivorsitzenden spekuliert und immer wieder auch meinen Namen genannt. Manche rieten mir zu. Ich selbst hatte eine Kandidatur aber nicht
in Erwägung gezogen. Ich war mir sicher, es gäbe andere,
besser geeignete Kandidaten, ich hätte noch Zeit in meinem
politischen Leben und besäße weder die Erfahrung noch das
passende Alter, um eine Regierungspartei zu führen. Immer
wieder hatte ich ein absurdes Bild vor Augen: Eine schwere
Limousine fährt vor dem Kanzleramt vor, der Parteivorsitzende der FDP steigt aus – und er sieht wie ein Klassenspre-
cher aus. So scherzte ich auch öffentlich. Es war eine ernst
gemeinte Einschätzung. Außerdem, und vor allem, erschienen mir die Einflussmöglichkeiten gering: Ich wäre eine Art
veredelter Generalsekretär gewesen, ohne ein Ministeramt
oder den Vorsitz der Fraktion und ohne den notwendigen
Rückhalt in der Partei.

Jetzt aber ging es um etwas Existenzielles. Die Lage war
eine andere – und ich war ein anderer geworden. Ich hatte
in den vergangenen zwei Jahren Erfahrungen gesammelt,

durch die ich mich nun vorbereitet fühlte. Ich war mir sicher, es schaffen zu können. Es ging um den Fortbestand einer Partei, die eben nicht nur eine austauschbare Organisation ist, sondern politischer Ausdruck des eigenen Lebensgefühls und ein Teil meiner Biographie. Da wollte ich nicht teilnehmender Beobachter an der Seitenlinie sein, sondern mitten rein: *all in.*

Guido Westerwelle und ich gingen zurück. Im großen Saal des Kongresszentrums warteten Parteimitglieder, Mitarbeiter und Journalisten auf die ersten Vorhersagen der Fernsehsender. Alle Augen richteten sich auf die Bildschirme. Sekunden vor 18 Uhr wurde es plötzlich still. Eine Tonstörung im Gebäude ließ Bettina Schausten verstummen, die im ZDF gerade Anlauf genommen hatte, die Prognose zu präsentieren. Dann kamen die Zahlen: Der schwarze Balken von CDU und CSU wurde größer und größer, der gelbe daneben blieb flach wie ein Pfannkuchen. 4,5 Prozent. Viel mehr sollte es im Laufe des Abends auch nicht werden, die Briefwähler mitgezählt. Am Ende stand hinter unserem Parteinamen ein Ergebnis von 4,8 Prozent. Das bedeutete einen Verlust von fast zehn Prozentpunkten gegenüber der Wahl 2009, fast zwei Drittel unserer Wähler hatten das Weite gesucht. In Zeitungsberichten hieß es später, sogar die anwesenden Journalisten hätten sich in diesem Moment »pietätvoll« verhalten. Es heißt ja: Über die Toten nur Gutes.

»Nur mit uns« – mit diesem Slogan war die Partei der Scheels, Genschers, Lambsdorffs in den Wahlkampf gezogen. »Mit euch nicht«, kam als Antwort von den Wählern zurück. Schon vor der ersten offiziellen Prognose hatte ich meinen Pressesprecher gebeten, allen Fernsehjournalisten, von denen Anfragen nach Interviews vorlagen, sofort zuzusagen. So passierte es, dass ich um kurz nach 18 Uhr als erster FDP-Politiker in allen Wahlsendungen präsent war. Ich schritt von Kamera zu Kamera, weil ich schon in diesem Moment ausdrücken wollte, dass es ein Morgen für die Freien Demokraten gab. Im Fernsehen sprach ich von der bittersten Stunde der Partei, aber auch davon, dass die FDP ab morgen neu aufgebaut werde: Die Idee des politisch organisierten Liberalismus in Deutschland müsse jetzt neu gedacht werden – das war meine Botschaft.

Aus dem Präsidium hieß es, mein Auftritt sei gut gewesen. Viel Resonanz aber bekam ich nicht. Jeder machte sich seine eigenen Gedanken. An diesem Abend gingen politische Karrieren in einer Weise zu Ende, wie man es nicht einmal dem größten Gegner wünscht. Einige Präsidiumsmitglieder hatten Tränen in den Augen.

Ich wollte weg.

Das ging aber nicht. Ich war stellvertretender Parteivorsitzender und musste mich in den Trauerzug ganz vorne auf der Bühne einreihen. Rainer Brüderle postierte sich auf der linken Seite und kündigte an, Verantwortung zu übernehmen, allerdings hoffe er noch auf die nächsten Hochrechnungen. In seiner Funktion als Vorsitzender der FDP-Bundestagsfraktion zurücktreten konnte er ja nicht mehr. »Nur mit uns« war in großen, gelben Buchstaben auch auf der Wand hinter uns zu lesen. Philipp Rösler sagte, es sei ihm nicht gelungen, einen Aufbruch zu erzeugen. Brüderle und Rösler, sonst kein eingespieltes Team, rückten eng zusammen, fassten einander an der Schulter, als ob sie sich so gegenseitig Halt geben könnten.

Später am Abend wurde die traditionelle »Elefantenrunde« bei ARD und ZDF ausgestrahlt, zum ersten Mal in ihrer langen Geschichte nahm daran kein Vertreter der liberalen Partei teil. Kurz vor Beginn der Sendung hatten die Chefredakteure Rainer Brüderle ausgeladen, sein Stuhl im ZDF-Hauptstadtstudio war kurzerhand abgebaut worden. Das kann man insofern nachvollziehen, als nach den Regeln der Runde nur die im Parlament vertretenen Parteien Sendezeit bekommen sollten. Rainer Brüderle aber hat es zu Recht als würdelos empfunden. Die alte und neue Kanzlerin Angela Merkel sagte in der Sendung, sie bedaure das Ausscheiden der FDP, denn diese habe dem Bundestag immer gutgetan. Im Konrad-Adenauer-Haus sangen die Bundesminister der CDU später am Abend das Lied »Tage wie diese« von den Toten Hosen.

In Erinnerung geblieben sind mir die Fernsehbilder von dem großen Jubel, der auf den Wahlpartys von SPD und Grünen ausbrach, als das Ausscheiden der FDP im Fernsehen angekündigt wurde. Diese Szenen waren lange eine Motivationsquelle für mich – keine entscheidende, aber eine wirksame. In den Phasen, in denen das Gefühl der Vergeblichkeit unserer Aufbaubemühungen aufglimmte, dachte ich an die Bilder jubelnder Häme. Sie sollten nicht das Letzte sein, was den Menschen von der Geschichte des politischen Liberalismus in Deutschland im Gedächtnis blieb.

Am Abend der Niederlage suchte ich die Nähe von Guido Westerwelle, was keineswegs selbstverständlich war. Bis zu diesem Zeitpunkt hatten wir nie ein besonders persönliches oder enges Verhältnis. Mir imponierte in diesen Stunden seine Gefasstheit. Die FDP war für ihn Familie und Lebenswerk. Was mich veranlasste, ihn treffen zu wollen, war wohl das Gefühl, dass man in seiner Nähe um das große

Ganze trauern konnte. Wir schrieben SMS und er lud mich ein, doch in sein griechisches Lieblingslokal in der Grolmanstraße zu kommen, wo er mit seinen Freunden und Wegbegleitern zusammensaß. Das Restaurant liegt im bürgerlichen Charlottenburg, liberales Freundesland sozusagen. Die Zusammenkunft der Runde um Westerwelle war nicht unbemerkt geblieben und in den Gesichtern vieler Gäste konnte ich eine kaum verborgene Freude darüber ablesen, dass die FDP so deutlich gescheitert war. Es war gespenstisch.

Auch in unserer Gruppe herrschte eine eigenartige Atmosphäre. Es wurde geweint und getrauert, gefeiert und gelacht. Ich blieb nicht lange. An dem Abend muss es allerdings noch spät geworden sein. Guido Westerwelle erinnerte sich später in seinem Buch *Zwischen zwei Leben* mit diesen Worten an die Runde: »Der Alkohol floss – und irgendwann auch die Tränen. Es war schon weit nach Mitternacht, als ich am Tisch saß und weinte. Ich weinte aus Erschöpfung und aus Mitgefühl, ich weinte um das, was ich in so vielen langen Jahren aufgebaut hatte und was nun unwiederbringlich vorbei zu sein schien.«

Ich zog weiter in die nahe gelegene Times Bar im Savoy-Hotel. Zuvor hatte ich per Telefon Kontakt zu Hermann Otto Solms aufgenommen, dem früheren Bundesschatzmeister der FDP, und ihn gebeten, mir in dieser Lage zu helfen. Er müsse nun aus der Reserve wieder in den aktiven Dienst zurückkehren, bat ich ihn. Er war der Erste, den ich für ein neues Führungsteam gewinnen wollte. Solms, ein geborener Prinz zu Solms-Hohensolms-Lich, war auch zuvor in meiner Zeit als Generalsekretär oft mein Ratgeber und Beichtvater gewesen. Ein Mann mit langjähriger Erfahrung und einem klaren Kompass, der keine hohen Adelstitel benötigt, um nobel zu sein. Er sagte, er stehe mir jederzeit zur Verfügung – aber nicht ein weiteres Mal als Schatzmeister, höchstens als Berater. Am Dienstag nach der Wahl rief er erneut an. Er habe in die Bücher geschaut, sagte er mir. Da war klar, dass er an Bord kommen würde.

Ich kontaktierte meinen Generalsekretär in der nordrhein-westfälischen Landespartei, Marco Buschmann. In der Politik gehe ich mit dem Wort »Freund« sparsam um, in seinem Fall trifft es aber seit vielen Jahren zu. Auch er hatte an diesem Tag sein Mandat als Bundestagsabgeordneter verloren, aber bereits Pläne, seine vorherige Karriere als Rechtsanwalt in einer amerikanischen Spitzenkanzlei fortzusetzen. Ihm trug ich an, in einer FDP unter meiner Führung Bundesgeschäftsführer zu werden. Das war nicht nur eine finanzielle Zumutung für ihn, sondern auch eine politische. Schließlich hatte er von der Seite der gewählten Führungskräfte auf die eines Mitarbeiters zu treten. Es ist ein Zeichen seiner Charakterstärke, dass er wenige Tage später einwilligte.

Außerdem stand ich in Verbindung mit Wolfgang Kubicki. Ihm schrieb ich kurz nach 18 Uhr, er werde jetzt dringend gebraucht. Kubicki, schleswig-holsteinischer FDP-Fraktionschef, verbrachte als Landespolitiker den Wahlabend im Landeshaus in Kiel. Als das ganze Ausmaß der Niederlage erkennbar war, schrieb er mir: »Ich komme rüber zu euch, ich fahre nach Berlin.« Er schloss mit dem Satz: »Nach 42 Jahren FDP habe ich zum ersten Mal Frust.« Ich bat ihn, doch in die Times Bar zu kommen – »ich rauche eine Zigarre mit dir«.

Kubicki erreichte Berlin spät am Abend, von Kiel aus hatte

er mehrere Stunden gebraucht. Wir beide müssten ein gemeinsames Signal an die Partei senden, meinte er, sonst werde die FDP auseinanderfliegen. Ich sähe das genauso wie er, antwortete ich, und fügte hinzu: »Außerdem, damit du es von mir persönlich erfährst: Ich werde für den Parteivorsitz kandidieren«. Für ein paar Sekunden schaute er mich an – vielleicht dachte er gerade selbst darüber nach, ob er antreten solle? Ich sagte, mein Ziel sei es, die FDP zusammen mit ihm neu aufzubauen. Per Handschlag versprachen wir einander, dass keiner den anderen in den kommenden vier Jahren öffentlich kritisieren werde.

Wir galten beide als die Dissidenten in der FDP. Wolfgang Kubicki hatte sich diesen Ruf über Jahrzehnte hart erarbeitet. Mit eigenständigen Meinungen und teils schonungsloser Kritik an den eigenen Parteifreundinnen und Parteifreunden. Bei mir war es der Rücktritt als Generalsekretär von Philipp Rösler, der mich zeitweise in eine Outsider-Rolle brachte. Die Landtagswahlen in Schleswig-Holstein und Nordrhein-Westfalen 2012 hatten wir beide zusammen in einer Art Paarlauf bestritten und Erfolge erzielt, die von der Öffentlichkeit wegen der tiefen Krise der Bundes-FDP so nicht erwartet worden waren. Beide wurden wir erst danach wieder in die Parteiführung gewählt. Es waren damals die äußeren Umstände, die uns zusammengeführt hatten. Ich lernte ihn so als Wahlkämpfer und politischen Analytiker schätzen. An dem Abend in der Times Bar bot ich ihm das Amt des Generalsekretärs an. Er nickte und sagte, das werde er sich überlegen. Auf jeden Fall wolle er mich unterstützen, in welcher Funktion, darüber müsse er aber noch nachdenken. Mir war klar, dass er als einer der letzten Wahlsieger der FDP zum Kernteam gehören musste. Als im Vergleich zu mir öffentlich wesentlich härterer Kritiker seiner eigenen Partei war er auch prädestiniert, Kronzeuge der Erneuerung zu sein.

Kubicki lehnte mein erstes Angebot natürlich ab. Das war im Nachhinein gesehen ein Glücksfall. Der erfahrene Parlamentarier dient dem jungen Parteivorsitzenden als Generalsekretär: Das Bild wäre schief gewesen und die Konstellation unglücklich. Aus heutiger Sicht wirkt meine damalige Idee kurios.

Er wurde stattdessen stellvertretender Bundesvorsitzender und es war allen klar, dass er eine hervorgehobene Rolle spielen würde. Wir haben ein unterschiedliches Temperament, gehören verschiedenen Generationen an und sind auch in der Sache nicht in allen Fragen einer Meinung. Zu Beginn unserer Zusammenarbeit in der Parteiführung fiel anderen auf, dass eine gewisse Wettbewerbssituation zwischen uns bestand. Tatsächlich habe ich auf manche seiner ironisch zugespitzten Kommentare distanziert reagiert, weil ich schlicht nicht wusste, wie ich darauf eingehen konnte, ohne dass gleich Grundsatzfragen der Zusammenarbeit berührt worden wären.

Im Herbst 2014 führte uns beide eine Veranstaltung nach Sylt, die wir zum Anlass nahmen, im Anschluss daran zusammen ein gemeinsames Wochenende zu verbringen. Wolfgang Kubicki und seine Frau Annette, die vermutlich der einzige Mensch ist, den er als Vorgesetzten akzeptieren würde, haben mich über die Insel geführt. Viele Urlaubsabende, die wir seitdem auf Mallorca und Sylt zusammen verbracht haben, haben uns gezeigt, dass wir nicht nur unterschiedlich sind, sondern auch manches gemeinsam haben: Abenteuerlust, Freude am Leben und am politischen

Meinungsstreit zum Beispiel. Außerdem sind wir beide be-
kanntermaßen vollkommen uneitel.

Die Zwischenzeit

Wahlergebnis Bundestagswahl, 22. 9. 2013:
CDU/CSU 41,5 %, SPD 25,7 %, Linke 8,6 %, Grüne 8,4 %,
FDP 4,8 %, AfD 4,7 %, Sonstige 5,3 %

Am Tag danach war ich einsam – trotz der vielen Menschen
um mich herum. Journalisten drängten sich vor dem Frak-
tionssaal im Berliner Reichstagsgebäude, die Leichenschau
der FDP war für die Hauptstadtpresse noch einmal ein besonderes Ereignis. Es sollte für lange Zeit das letzte Mal sein,
dass wir ein so großes Medieninteresse hervorriefen.

Im Bundesvorstand erklärten dessen Mitglieder geschlossen ihren Rücktritt, um einer neuen Führung den Weg für
den Wiederaufbau der FDP frei zu machen. Ich kündigte
nun offiziell meine Kandidatur für den Parteivorsitz an.
Noch war kein Team um mich herum entstanden; unklar
war zum Beispiel, wer Generalsekretär oder Schatzmeister
werden sollte. Ich hatte weder Zu- noch Absagen von jenen
bekommen, die ich am Abend und während der Nacht um
Unterstützung gebeten hatte. Diskutiert wurde, ob Philipp
Rösler mich offiziell als seinen Nachfolger vorschlagen solle.
Das lehnte ich ab, denn wichtig war mir eine eigenständige
Legitimation, eine Nominierung durch die noch amtierenden Spitzengremien erschien mir jetzt gerade nicht als hilfreich. Beides hätte wie eine gewöhnliche Staffelübergabe gewirkt, und das wäre einer solchen Ausnahmesituation nicht

gerecht geworden. Einige forderten, die neue Führung solle von der Parteibasis gekürt werden, um die Tiefe des Einschnitts auch den eigenen Mitgliedern gegenüber zu signalisieren. Es war Wolfgang Kubicki, der sich gegen diese Idee aussprach, für die es in der Partei durchaus Sympathien gab. Jetzt, am Tag nach der Niederlage, sei die öffentliche Aufmerksamkeit noch groß genug, um einen Neuanfang zu dokumentieren, meinte er. Schon bald aber werde das Interesse an der FDP versiegt sein. Es müsse jetzt schnell gehandelt werden, bevor es zu spät sei. Bevor die FDP vergessen sei.

Am nächsten Tag schrieb die *Süddeutsche Zeitung:* »Lindner ist kein knallharter Absäger. Aber er weiß ganz genau, dass nach diesem Debakel alles in seinem Sinne ausgeht. Es sind nicht mal 20 Stunden seit der historischen FDP-Wahlniederlage vergangen – und hinter der neuen Macht in der Partei steht nicht mal mehr ein Fragezeichen.« Ganz korrekt war das nicht. Es gab auch Stimmen im Vorstand, die mein Vorpreschen kritisierten, die meinten, sie könnten sich nicht erklären, wie ich darauf komme, meine Kandidatur schon jetzt verkünden zu wollen. Erst müsse doch die Niederlage aufgearbeitet und dann über neue Personen gesprochen werden. Ich war mir allerdings sicher, dass die FDP in diesem Fall vollständig ins Trudeln geraten wäre. Gäbe es nun eine längere Phase des Driftens ohne Führung, so wäre die Partei nicht zu retten. Das Bild eines ungeordneten, chaotischen Rückzugs der FDP wollte ich in jedem Fall vermeiden.

In einer solchen Lage ist kein detailliertes Konzept erforderlich, aber die Organisation muss eine Perspektive haben – und wenn es nur ein personelles Angebot ist, an dem man sich abarbeiten kann. Im anderen Fall wäre öffentlich und intern die Frage aufgeworfen worden, ob denn niemand mehr an ein Comeback glaube und keiner Lust auf die Führung der Partei habe.

Die Aufgabe, die vor mir lag, flößte mir Respekt ein. Denn auf viele wirkte die liberale Partei wie eine stinkende Leiche, mit der man auf keinen Fall etwas zu tun haben wollte. Vor welchen Abgründen wir noch stehen würden und als wie aufreibend die Erneuerung des politisch organisierten Liberalismus in Deutschland sich erweisen würde, davon allerdings hatte ich zu diesem Zeitpunkt keine realistische Vorstellung. Zum Glück. In meiner Wahrnehmung war der Wahlabend am 22. September schon der absolute Nullpunkt – ab jetzt könne es nur noch aufwärts gehen. Das war, im Nachhinein gesehen, naiv gedacht.

Nicht nur aus der Sitzung des Präsidiums ist mir ein Gefühl des Alleinseins in Erinnerung geblieben, in der Fraktion ging es mir ähnlich – am Nachmittag saßen mir noch einmal alle 93 Bundestagsabgeordneten der Freien Demokratischen Partei gegenüber, die gerade ihre Mandate verloren hatten. Zweieinhalb Jahre war ich hier selbst Abgeordneter gewesen und ich wusste, dass ich nicht nur Freunde hier hatte. Mit Euphorie jedenfalls wurde meine Kandidatur nicht aufgenommen, die Stimmung ist mir eher als verhalten freundlich in Erinnerung geblieben. Natürlich waren die Kolleginnen und Kollegen gedanklich auch mit anderem beschäftigt.

Die FDP-Abgeordneten – es war unsere größte Fraktion, die jemals im Bundestag vertreten war – mussten in den kommenden Tagen Abschied nehmen: von Berlin, vom Parlament, von der Möglichkeit, dort ihre Stimme zu erheben. Drei parlamentarische Geschäftsführer wurden als »Liquidatoren« bestimmt. Sie ließen die Fraktionszimmer räumen,

Akten schreddern, lösten Verträge auf, kündigten Mitarbeitern, verkauften Kopierer und Kaffeemaschinen – alles, was sich in 64 Jahren Parlamentszugehörigkeit angesammelt hatte, musste raus.

Am Ende hatten nur zwei Zehntel Prozentpunkte gefehlt, etwa 80 000 Stimmen. Mit einem Ergebnis von 5,0 Prozent hätte die FDP vermutlich mit der Union zusammen weitere vier Jahre regiert, wenngleich mit stark geschrumpfter Fraktion. Womöglich hätte eine andere Kommunikation der Parteispitze in den letzten Tagen vor der Wahl die ganz große Katastrophe verhindern können. Auch eine alleinige Kandidatur von Rainer Brüderle, die Bündelung von Spitzenkandidatur und Parteivorsitz, hätte die Ausgangslage wohl verbessert. Die Aufregung rund um die *Stern*-Reporterin Laura Himmelreich hatte ihr Übriges getan. Der *Stern* hatte Brüderle mit Sexismus-Vorwürfen konfrontiert, weil dieser an einer Stuttgarter Hotelbar zu Himmelreich gesagt hatte, sie könne »auch ein Dirndl ausfüllen«. Das Thema beschäftigte wochenlang die deutschen Medien. Dass Brüderle nicht offensiv darauf reagierte, sondern die Dinge geschehen ließ, halte ich im Rückblick für einen Fehler. So wurde der Fall symptomatisch für die Wagenburgmentalität, die mittlerweile in der FDP Einzug gehalten hatte: Man gab nichts preis, weil man glaubte, sonst geschwächt zu werden.

Es gab nicht wenige, die meinten, die Abwahl aus dem Bundestag sei zwingend notwendig gewesen, um die Partei wachzurütteln und einen Neuanfang möglich zu machen. In den Tagen nach der Wahl erreichten mich Hunderte von Briefen und Mails mit ein und demselben Tenor. Selbst langjährige Mitglieder hatten uns aus Protest nicht mehr gewählt. Zum Beispiel schrieb mir ein Liberaler aus Köln:

»Meine Freunde und ich haben mit unserer Stimmenver-
weigerung erreicht, was wir für notwendig erachtet haben:
einen Wechsel an der Spitze der FDP und eine Rückbesin-
nung auf liberale Werte, für die wir stehen.« Die Absender
schilderten stets, dass sie von ihrer Partei enttäuscht, frus-
triert oder genervt gewesen seien. Bedauern oder Mitleid
sprachen so gut wie nie aus den Zuschriften, die ich bekam.

Die FDP hatte nicht einfach nur eine Niederlage erlitten
und war aus einer Regierung herausgewählt worden, sie
wurde verachtet, mit Häme und Spott übergossen, ausge-
lacht. Noch Tage und Wochen später wurde nachgetreten.
Mitarbeiter von Abgeordneten, die sich gerade arbeitslos
gemeldet hatten, berichteten von Mails in herablassendem
Tonfall: »Schön, dass ihr im Dreck liegt« oder »Ich freue
mich, dass ihr endlich mal auf dem Arbeitsamt um einen
Job betteln müsst«, stand darin zu lesen. Renate Köcher, die
Geschäftsführerin des Instituts für Demoskopie Allensbach,
schrieb in ihrer Wahlanalyse in der *FAZ:* »Bemerkenswert
ist, dass der FDP erkennbar mehr Animositäten entgegenge-
bracht werden als der AfD: 42 Prozent begrüßen das Scheitern der FDP ausdrücklich, nur 29 das der AfD.«

93 Bundestagsabgeordnete waren abgewählt und rund
600 Mitarbeiter im Bundestag hatten ihren Arbeitsplatz
verloren. In den ersten Tagen nach der Wahl tippte ich vertraute Telefonnummern, unter denen niemand mehr zu
erreichen war. Die vollständige Auflösung einer Fraktion
in dieser Größe war beispiellos in der Geschichte des Bundestags. Unser Fiasko verstreute große Mengen politischen
Wissens in alle Winde, zerstörte die Substanz jahrzehntelanger parlamentarischer Arbeit. Dass eine Fraktion aus
dem Bundestag flog, war zwar nichts ganz Neues: 2002

schrumpfte die PDS auf zwei direkt gewählte Abgeordnete, 1990 waren die westdeutschen Grünen abgestiegen. Die Einschnitte aber erschienen als weniger brutal: Die Grünen hatten über die ostdeutschen Abgeordneten von Bündnis 90 noch eine Stimme, die PDS war damals in Landesregierungen vertreten.

Das Ausmaß des Scheiterns war für die FDP ungleich größer. Auch die Organisation der Partei war betroffen. 18 von 38 Mitarbeitern im Dehler-Haus mussten entlassen werden. Schon am Montag nach der Wahl wurden dort Zeitungsabonnements gekündigt und es wurde zum Beispiel der Etat für die Büroreinigung gekürzt. Am Ende des Jahres 2013 saß die Bundespartei auf einem Schuldenberg in Höhe von 9,6 Millionen Euro. Sie gab im Wahljahr 37,8 Millionen Euro aus, 4,5 Millionen Euro mehr, als sie in diesem Jahr einnahm.

Hatte ich Angst? Nicht vor der Aufgabe selbst. Man muss vom Mut der Alternativlosigkeit sprechen. Wenn ich während der vier Jahre Apo-Zeit nach den Härten meines Jobs gefragt wurde, antwortete ich oft: »Ein FDP-Vorsitzender kann heute per definitionem vor gar nichts mehr Angst haben.« Ich wusste, dass es vier beinharte Jahre werden würden. Mir war aber auch klar, dass erst am Ende abgerechnet wird. Szenenapplaus und Zwischenergebnisse, Kritik auf der Strecke und eigene Fehler – all das erschien als zweitrangig. Ich nahm mir vor, Kritik auszuhalten und durchzustehen.

Als Generalsekretär der Bundes-FDP war mir das schwergefallen. Kritik an meiner politischen Arbeit hatte ich zum Teil persönlich genommen und versucht, auch den unsachlichsten Kommentator mit Argumenten zu überzeugen. Jetzt aber dominierte das Gefühl, dass es nichts mehr zu verlieren gab. Das machte mich entschlossen. Ich wollte die Dinge mit einer heiteren Gelassenheit nehmen. Das ist mir nicht immer gelungen, aber doch immer öfter.

Auf die Frage der *Zeit,* was passieren würde, wenn die FDP 2017 ein weiteres Mal scheitern sollte – ob dann auch für mich persönlich Schluss sei mit der Politik, antwortete ich 2013: »Ja. Ich will mich jetzt mit aller Kraft und Konsequenz dieser Aufgabe stellen. Bei der nächsten Bundestagswahl entscheiden die Wähler daher auch über meine politische Zukunft.« Diesen Satz wiederholte ich später nicht mehr. Er wurde in anderen Medien immer wieder zitiert und mitunter falsch interpretiert. Er hatte nie so wirken sollen, als ob die Wähler erpresst werden sollten. Ich wollte vielmehr etwas anderes ausdrücken: Ich werde meine ganze Kraft der Wiederaufrichtung der FDP widmen, und wenn ich scheitere, dann werde ich die politische Verantwortung dafür übernehmen.

Es war schlicht eine Tatsache: Wäre die FDP bei der nächsten Bundestagswahl nicht in das Parlament zurückgekehrt, hätte es kaum mit Aussicht auf Erfolg einen zweiten Anlauf gegeben. Natürlich wäre auch meine persönliche politische Legitimation erloschen gewesen. An einem so großen Projekt scheitert man nicht, um dann an anderer Stelle einfach weiterzumachen. Ich hing nicht dem Glauben an, dass mir im Falle des Misserfolgs woanders alle Türen für eine glorreiche Karriere geöffnet worden wären. Die Einschätzung manches Beobachters, ich könne ja nur gewinnen, denn entweder sei die Neuaufrichtung erfolgreich oder man hätte eben nichts tun können, war frei von jeder Kenntnis, wie und unter welchen Umständen Wechsel von der Politik in andere Führungspositionen gelingen können.

Gefürchtet habe ich nicht die Aufgabe, sondern die lange Zeit von vier Jahren und die Szenarien, die sich ergeben konnten. Würden wir so sehr in Vergessenheit geraten, dass niemand Notiz von unseren Bemühungen nähme? Ich fürchtete unsere Marginalisierung und in der Folge eine Chaotisierung innerhalb der Partei. Ich malte mir aus, wie auf Bundesparteitagen Saalschlachten tobten, die ich nahezu ohne Einflussmöglichkeit beobachten musste. Ich sah mich einsam auf dem Podium sitzen. Dem wollte ich vorbeugen.

In der außergewöhnlichen Situation beanspruchte ich daher außergewöhnliche Möglichkeiten. Ich wollte die Landtagsfraktion in Nordrhein-Westfalen bis zum Ende der Wahlperiode 2017 führen. Das hatte es vorher noch nicht gegeben: dass ein Bundesparteichef eine Landtagsfraktion leitet. Aber die Landtage waren die einzige politische Bühne, die uns geblieben war. Aus den liberalen Fraktionen dort mussten nun programmatische Impulse kommen, wie sie früher aus der Bundestagsfraktion kamen. Keine zwei Wochen nach der Bundestagswahl hatten die verbliebenen FDP-Landtagsfraktionen sich auf diese neue Situation eingestellt und bereits eine »Stuttgarter Erklärung« verabschiedet, in der Umrisse eines liberalen Profils aufgezeigt wurden: Sie warben unter anderem für »eine Wirtschaftsordnung, die die Fleißigen und nicht die Rücksichtslosen belohnt; eine ideologiefreie Bildungspolitik, die im Alltag Chancen eröffnet; den Schutz unserer Privatsphäre vor staatlichen und privaten Datensammlern«. Das war kein programmatischer Durchbruch und nichts grundlegend Neues. Die Öffentlichkeit nahm davon keine Notiz. Wir aber wollten in die eigenen Reihen ein Lebenszeichen senden und zeigen, dass die politische Arbeit der FDP weiterging. Irgendwie.

Trotz des Bundesvorsitzes wollte ich Landesvorsitzender in Nordrhein-Westfalen bleiben. Die Verankerung im größten Landesverband der FDP erschien mir aus machtpolitischen Gründen als zwingend notwendig; das war eine Erkenntnis aus meinen wenig erfolgreichen Zeiten als Generalsekretär der Bundes-FDP. Eine liberale Partei lebt von der Vielfalt ihrer Spitzenrepräsentanten und ist grundsätzlich skeptisch gegenüber Führung. Otto Graf Lambsdorff sagte einmal: »Die FDP will straff geführt werden, aber es nicht merken.« Dennoch war die Partei so großzügig, mir diese in einer demokratischen Organisation tatsächlich bedenkliche Konzentration von Spitzenämtern in einer Hand zu gewähren. Allen war klar, dass dies nur für eine begrenzte Periode gerechtfertigt ist.

Dass es hinter vorgehaltener Hand Bedenken gab, jetzt werde die Partei von Düsseldorf aus und nicht mehr aus Berlin geführt, war mir bewusst. Mir ging es aber nicht um einen absoluten Dominanzanspruch, um die Kontrolle aller Details oder die Fixierung auf meine Person. Es gibt jedoch Entscheidungen, da steht es Spitz auf Knopf. Da entscheidet das Charisma eines Redners in der Debatte – oder eben die Autorität, die Ämter verleihen. Mir stand das Szenario vor Augen, dass bei ausbleibendem Erfolg auf Parteitagen plötzlich Zufallsmehrheiten entscheiden würden oder die Grundachsen unserer Partei in Frage gestellt werden könnten. Dagegen wollte ich gerüstet sein.

Natürlich gibt es in Parteien immer andere Auffassungen und auch echte Gegner. Viele meiner Freunde meinten daher, der Bundesparteitag 2015 mit einer Neuwahl des Vorstands könne ein Scheidepunkt werden. Spätestens da käme der Angriff auf die Parteiführung und mich als Person, wenn es keine Erfolge gäbe. Bis dahin würde man uns machen lassen. Diejenigen, die eine andere Linie verfolgten, gingen erst einmal auf Tauchstation und verzichteten auf öffentliche Kritik, weil man der neuen Führung eine Chance geben müsse. Das würde aber nicht bedeuten, dass man mit allem einverstanden sei. Im Gegenteil, so Gerüchte, von denen ich hörte, beobachte man, wie die Lindner-Truppe die Partei ruiniere, um dann noch einmal ganz neu anfangen zu können.

Meine größte Sorge war damals dennoch nicht, dass es eine innerparteiliche Opposition geben könnte, sondern dass wir in der Öffentlichkeit einfach »verdunsten« würden, als irrelevant erschienen. Gewählt waren wir als neue Führung ja bis Frühjahr 2015. Bis dahin musste es eine Stabilisierung geben. Die wichtigen Wahlen in Hamburg und Bremen lagen davor, wären also ein Gradmesser für den Erfolg unserer Arbeit. Länger würde sich für die Öffentlichkeit auch kein Spannungsbogen aufbauen lassen.

Ich hatte kein fertiges Programm oder einen Masterplan in der Tasche. Mit dem Ausscheiden der FDP hatte ich nicht gerechnet und nicht rechnen wollen. Klar war für mich nur, dass die FDP ihren Kurs nicht ändern durfte in Richtung der Untiefen einer populistischen Protestpartei, dass sie – statt orthodox zu sein – konstruktiver und lösungsorientierter werden musste, dass sie in der Fahrrinne des aufgeklärten, weltoffenen und progressiven Liberalismus vorwärtskommen müsse. In Hintergrundgesprächen mit Journalisten sagte ich mehr als einmal, die FDP werde entweder erneuert ins Parlament zurückkehren oder sich in die Geschichtsbücher verabschieden. Im zweiten Fall wäre sie zu einer neuen Zentrumspartei geworden, die in der Weimarer Republik eine staatstragende Rolle spielte, heute aber nur noch in einer Nische als Splitterpartei existiert. Bloß: Wenn es so kommen sollte, dann wenigstens mit Würde und ohne dass die Partei ihre Seele verlöre. Das war eine gedankliche Grenzlinie für schwierige Zeiten, in denen die Verzweiflung den schlechten Rat geben könnte, politischen Versuchungen nachzugeben.

Viele in der Partei empfanden den Absturz und das Urteil der Wähler als ungerecht. Tatsächlich hatten Millionen Menschen ja von unserer Regierungspolitik zusammen mit der Union profitiert: zum Beispiel Familien, die ein höheres Kindergeld bekommen hatten, Menschen, die einen Arbeitsplatz finden konnten, und junge Männer, die nicht mehr zum Wehrdienst eingezogen wurden. Doch zur Ehrlichkeit gehörte auch: Niemand hatte die FDP mehr besiegt als sie sich selbst. Gerade weil wir uns als Partei der Eigenverantwortung begriffen, war es für mich eine Frage der Selbstachtung, dass wir uns schonungslos der Verantwortung für die Niederlage stellten. Ich wollte kein Mitleid, sondern Respekt, erarbeitet durch einen grundlegenden Neubeginn.

Unsere Grundwerte wie Freiheit, Eigenverantwortung, Leistungsbereitschaft und Chancengerechtigkeit erschienen mir unverändert attraktiv, aber sie waren unter enttäuschten Erwartungen und Vorwürfen der Klientelpolitik verschüttet worden. Schon lange vor dem Ausscheiden aus dem Bundestag hatte ich eine Zögerlichkeit in der Partei beobachtet, bestimmte Überzeugungen öffentlich zu vertreten: weil sie Vorurteile gegen die FDP hätten bedienen können; oder weil irgendeine vermeintlich FDP-nahe Wählergruppe sich vernachlässigt fühlen könnte; oder weil es eine Debatte innerhalb der FDP geben könnte. Die unaufgearbeitete Vergangenheit und die Furcht vor dem Urteil anderer nahmen uns die Unabhängigkeit im Urteil.

Wer Menschen für Freiheit begeistern will, der muss zunächst sich selbst befreien. Die Wähler hatten uns einen kompletten Erneuerungsprozess verordnet. Das Gute daran war: Wir mussten uns nicht mehr fragen, was bei der Kanzlerin, bei führenden Kommentatoren oder bei bestimmten Interessenvertretern ankam. Wir sollten nur noch etwas vertreten, wenn wir auch mit Überzeugung und gegen allen Widerspruch dahinterstehen könnten. Das war eine Selbstbefreiung.

In den ersten Tagen nach der Niederlage wurde mir oft empfohlen, die FDP müsse auf irgendeine Art gefühlvoller werden. Genauso hätte man aber auch sagen können: Wir müssen witziger werden. Unser neues Ziel konnte doch nicht heißen, gemocht zu werden. Wer sich an einer solchen Maßgabe orientiert, wird beliebig, erscheint als skurril und hastet Moden nach.

Die FDP war nicht abgewählt worden, weil sie zu liberal gewesen wäre. Im Gegenteil: Sie war zum Teil zu wenig konsequent liberal aufgetreten. Wenn Banken vom Steuerzahler aufgefangen werden, dann entspricht das nicht den Prinzipien der Sozialen Marktwirtschaft. Wenn bestimmte Branchen vor Disruption geschützt werden sollen, dann hat das wenig mit Ludwig Erhard zu tun. Einem richtig verstandenen Liberalismus muss es um fairen Wettbewerb, um Arbeitsplätze und bessere Aufstiegschancen gehen, nicht um die Absicherung von Privilegien weniger. Einen starken Eindruck auf mich hatte deshalb ein Nachruf eines amerikanischen Kommentators gemacht, der die FDP als einzige deutsche »pro-business-party« aus dem Parlament verabschiedete. Das war durchaus als Anerkennung gemeint. Allerdings sollte eine liberale Partei kein Dienstleister für Geschäftsleute sein, sondern Anwalt der Marktwirtschaft im Interesse aller. Wir sollten also eine »pro-market-party« sein.

Wir durften den Rufen nach einer verwaschenen, konturlosen Programmatik daher ebenso wenig nachgeben wie der Versuchung erliegen, unseriös, marktschreierisch und schrill zu agieren. In der Allensbach-Nachwahlumfrage hatten 19 Prozent der Befragten gesagt, sie sähen für die FDP eine Existenzberechtigung. Aber signifikant mehr, 27 Prozent, sahen die Notwendigkeit für das Überleben einer liberalen Partei generell. Von den 1,4 Millionen Wählern, die wir verloren hatten, waren allein 800 000 in das Lager der Nichtwähler gewechselt. Das Paradoxe also war: Diese Wähler vermissten offensichtlich nicht die alte FDP, sie vermissten aber eine liberale Partei.

Berücksichtigt man dies, frage ich mich rückblickend, ob wir nicht allzu oft mit unseren fertigen Antworten beschäftigt waren und zu selten auf die konkreten Fragen hörten, die die Menschen stellten. Häufig taten wir so, als wüssten wir alles. So erscheint man schnell als realitätsfremd. Vielleicht ist man es dann manchmal auch.

In den Wochen nach der Niederlage sagte Philipp Rösler bei einer Parteitagung in Niedersachsen, es sei von Vorteil, dass die FDP nicht mehr im Bundestag vertreten sei, denn ohne einen tiefen Schnitt sei eine grundlegende Erneuerung nicht möglich. Ich empfand keine Untergangslust und habe dieses Urteil damals als hart empfunden. Er sprach schließlich auch über sich selbst. Aus heutiger Sicht steckt aber viel Kluges darin. Der grundlegende Wandlungsprozess, der folgte, wäre nicht möglich gewesen, wenn die FDP weiter im Bundestag vertreten gewesen wäre. Gewünscht hatte ich mir den Abstieg trotzdem nie. Ich fühlte Solidarität und dachte an die menschlichen Schicksale, die das Ausscheiden aus dem Parlament mit sich brachte. Berufliche Laufbahnen wurden gebrochen, ganze Familien waren zur Neuorientierung gezwungen, es fehlte im Bundestag eine Stimme der Marktwirtschaft, des wehrhaften Rechtsstaats und der weltoffenen Gesellschaft. Was mich persönlich betrifft, so ist es auch keinesfalls eine erfüllende Erfahrung, Kapitän auf einem havarierten Schiff zu werden.

Auf der anderen Seite sah ich die Chancen, die sich nun boten. Die Aussicht, die FDP so prägen zu können, wie ich mir es stets vorgestellt hatte, lockte mich. Ich wollte die Partei zurück, die mich einst begeistert hatte: modern im Denken, verlässlich im Handeln, differenziert im Urteil, unbequem, aber respektiert. Mir schwebte ein Update der klassischen FDP vor, die früher das Spektrum von Otto Graf Lambsdorff über Hans-Dietrich Genscher bis hin zu Gerhart Baum abgedeckt hatte. Zudem sollte sich die FDP, so meine Vorstellung, mit neuen, grundsätzlicheren Themen beschäftigen. Wieder Avantgarde in programmatischer Hinsicht sein – das war ein Ziel. Das sollte unser Angebot sein, und ein solches Angebot würde sich seine Nachfrage schon schaffen, davon war ich überzeugt. Ein Unternehmer wie Steve Jobs zum Beispiel hatte bei der Entstehung des iPhones auch nicht nach Marktforschung gefragt, sondern danach, welches Telefon er persönlich gerne hätte. Gerade weil er selbst mit seinem Lebensgefühl für seine Entwicklung stand, konnte er später auch andere dafür begeistern.

Der Liberalismus war nicht erledigt

Fortschritt schafft Gewinner, Fortschritt produziert Verlierer. Unternehmen kommen und gehen, Branchen steigen auf und andere ab. »Schöpferische Zerstörung« nannte Joseph A. Schumpeter diesen Prozess in der Marktwirtschaft. Zu ihm gibt es eine Analogie in der Demokratie: Die Stabilität der Parteienlandschaft in Deutschland war zwar lange im europäischen Vergleich eine Besonderheit. Aber auch Gesellschaften entwickeln sich. Wertewandel und Konfliktlinien formatieren das politische System. Newcomer treten hinzu, etablieren sich oder verschwinden wieder. Mit der FDP schied erstmals eine Traditionspartei aus dem Bundestag aus. Hatte sich unsere historische Mission erfüllt?

In den Wochen nach der Bundestagswahl 2013 beschäftigten sich viele damit, wie die Freien Demokraten den Wiedereinzug in das Parlament erreichen könnten. Wie dies über die Ansprache von Zielgruppen und für diese attraktive Einzelforderungen gelingen würde. Wie wir uns taktisch in Relation zu den Wettbewerbern zu positionieren hätten. Wie wir am klügsten die Kommunikation in der außerparlamentarischen Phase anlegen sollten. Diese Fragen stellten wir uns selbst auch. Aber die Frage nach dem »Wie« lenkt die Aufmerksamkeit auf methodische und technische Aspekte. Letztlich also auf Oberflächliches. Vielleicht kann man damit erfolgreich sein. Eine Organisation, ein Unternehmen und letztlich jeder Mensch muss sich eine andere Frage vorlegen, wenn es um einen grundlegenden Neuanfang oder ein ambitioniertes Ziel geht: warum? Dies betraf umso mehr die FDP, die gerade erfahren hatte, dass ihre parlamentarische Existenz kein Selbstzweck ist. Warum also gibt es die FDP? Warum will sie auf die politische Bühne zurückkehren? Warum sind wir selbst einmal Freie Demokraten geworden – und nicht etwa Christ- oder Sozialdemokraten? Wenn es auf die Fragen nach dem »Warum« keine überzeugenden Antworten gibt, erübrigt sich die Beschäftigung mit dem »Wie«. Es musste gute Gründe geben, wollte der Liberalismus in Deutschland in seiner parteipolitisch organisierten Form überleben. Damit wir diese Gründe selbst wieder scharf sahen, mussten wir zunächst zu den Quellen unserer Überzeugung zurückkehren.

Ich erinnerte mich, warum ich einst Mitglied der FDP geworden war. In meinem Fall war es ein Lebensgefühl, durch das ich mich als junger Mensch für die liberale Idee begeisterte. Das Gefühl der Unabhängigkeit; das Gefühl, frei über sein Leben entscheiden zu dürfen; das Gefühl, Verantwortung für sich zu übernehmen und Vertrauen in die eigenen Fähigkeiten zu entwickeln; das Gefühl, das erste eigene Geld zu verdienen und selbst darüber verfügen zu können. Vorfreude auf das, was jetzt noch alles kommen mag. Die Neugier auf andere Menschen, die ihr Leben anders anlegten als ich meines. Diese Haltung, die Lust auf Freiheit, ist nicht an Beruf, Einkommen, Alter oder Geschlecht gekoppelt. Ich war mir sicher, dass sehr viele Menschen diese Lebenseinstellung teilten, die ich damals nur bei den Freien Demokraten repräsentiert sah.

In das Zentrum meiner programmatischen Grundsatzrede als Parteivorsitzender am Tag nach meiner Wahl im Dezember 2013 hatte ich dieses Verständnis eines liberalen Individualismus gestellt. Aus ihm heraus erklärt sich unser Einsatz für Rechtsstaatlichkeit, Demokratie, Soziale Marktwirtschaft und eine offene Gesellschaft, weil sie die besten Ordnungen für die Entfaltung jeder Einzelnen und jedes Einzelnen sind. Liberaler Individualismus ist keine Tarnvokabel für Egoismus. Im Gegenteil: Wenn der Liberale gefragt wird, um was es ihm geht, antwortet er gerade nicht mit dem Ego. Seine Antwort wird vielmehr sein: »Um dich. Um dein Recht, im Hier und Jetzt glücklich zu werden. Um deine Chance, dein Leben selbst in die Hand zu nehmen. Um deine Freiheit, Bindungen einzugehen oder zu lösen. Es geht uns um dich, weil wir an dich glauben. Und weil wir Vertrauen in dich und alle anderen Menschen haben.« Der frühere Bundespräsident Theodor Heuss hat das einmal mit diesen Worten zusammengefasst: »Wir müssen den Einzelnen stark machen, damit er aus eigener Kraft etwas erreichen kann.«

Uns Liberalen ist oft Kälte unterstellt worden, ein Mangel an Mitgefühl, eine abweisende Haltung jenen gegenüber, die möglicherweise im Augenblick nicht zu den Gewinnern zählen. Kalt aber ist ein richtig verstandener Liberalismus nicht, er kann es auch von seiner ideengeschichtlichen Logik her nie sein, denn sein Ausgangspunkt ist immer der einzelne Mensch mit seinen jeweiligen individuellen Bedürfnissen. Das unterscheidet ihn von vielen anderen politischen Prinzipien, die zunächst von der großen Gesamtheit, von einem anonymen und gesichtslosen Kollektiv, her denken und erst davon abgeleitet das Individuum mit all seinen Talenten und Möglichkeiten in den Blick nehmen.

Der Liberalismus ergreift für den Einzelnen Partei, ganz unabhängig von Geschlecht, Alter oder Herkunft. Er versteht sich gerade nicht als Fürsprecher der Vorrechte von Etablierten und Mächtigen, denn diese können auch gut für sich selbst sorgen. Er will vielmehr die Chancen von Einsteigern, Abweichlern und Machtlosen erweitern, schließlich ist es deren Freiheit, die nicht als gesichert und selbstverständlich gelten kann.

Der Liberalismus glaubt dabei nicht, dass der Mensch per se schwach und anleitungsbedürftig ist, wie das die politische Linke annimmt und weshalb sie den Staat gerne zum Vormund und Oberlehrer erklärt. Er glaubt andererseits auch nicht wie die Konservativen, dass der Mensch böse und verführbar ist, weswegen der Staat zum Aufpasser gemacht wird. Der Liberalismus geht davon aus, dass der einzelne Mensch in der Regel vernünftig, verantwortungsvoll, solidarisch und tolerant ist. Das Prinzip der Freiheit setzt sich für die Bürger und deren Eigeninitiative ein. Dieses Gesellschaftsbild ist das zuversichtlichste und menschenfreundlichste politische Konzept, das in Deutschland zur Wahl steht. Es war auch nach der Wahlniederlage keineswegs überholt – deshalb lohnte es sich, dafür zu kämpfen.

Ich werbe für einen 360-Grad-Liberalismus, der vom Einzelnen ausgehend in alle Richtungen schaut: Was befähigt ihn, die Hoheit über seinen Lebenslauf zu gewinnen? Was schränkt ihn ein und gibt anderen Macht über ihn? Diese Fragen stellt ein liberaler Politiker. Nur Steuern senken zu wollen, reicht nicht. Das wollte auch Donald Trump, ohne dass er darüber ein Liberaler wurde.

Bildung und Angstfreiheit sind die wichtigsten Ressourcen. Die Stärkung der Persönlichkeit und das Gewaltmonopol des Rechtsstaats müssen deshalb unsere Anliegen sein. Und auch die gemeinschaftliche Absicherung großer Lebensrisiken, die den Einzelnen überfordern würden. Wer sich ängstlich an den Status quo klammert oder Alter und Krankheit fürchten muss, der ist nicht frei. Seine Freiheit wird auf der anderen Seite bedroht durch einen Bürokratismus, der Leben in Schablonen zwingt. Denn nicht die Menschen sollten sich dem Staat anpassen müssen, der Staat sollte sich den sich wandelnden Bedürfnissen der Menschen anpassen. Bedroht wird die Freiheit zudem durch wirtschaftliche Machtballungen, auf die der Staat mit der Durchsetzung von Regeln gegenüber Konzernen oder Banken antworten muss. Bedroht wird die Freiheit durch eine Shitstorm-Kultur, die die Meinungsfreiheit durch Einschüchterung aushöhlt. Bedroht wird die Freiheit, wenn wichtige politische Entscheidungen in bürgerfernen Institutionen getroffen werden, auf die der Einzelne durch demokratische Wahlen individuell kaum mehr Einfluss nehmen kann. Es ist nicht auszuschließen, dass Freiheit zukünftig auch durch künstliche Intelligenz bedroht wird. Eine erste Andeutung war eine Bemerkung von Bundeskanzlerin Angela Merkel, dass aufgrund der menschlichen Fehlbarkeit das autonome Fahren obligatorisch werde. Das Individuum würde aber seine Würde verlieren, wenn es ohne Eingriffsmöglichkeit unter dem Einfluss einer Maschine stehen müsste.

Solche Gefahren muss liberale Politik erkennen, um für Freiheit und Lebenschancen Partei zu ergreifen. Damit wollte ich eine Richtung für unsere programmatische Erneuerung vorgeben: weg von einem alten Schema, das Freiheit zu oft nur als Abwesenheit von Staat definiert. Meine grundsätzliche Haltung lässt sich als die einer skeptischen Freundschaft zu »Vater Staat« beschreiben. Er wird mit Sicherheit gebraucht – allerdings nicht als ökonomischer Mitspieler, der eigene Interessen verfolgt, sondern oberhalb der Wirtschaft, oberhalb der »Interessenten«, wie Alexander Rüstow es ausdrückte, einer der Ideengeber des neuen Liberalismus in den 20er und 30er Jahren des 20. Jahrhunderts. Daraus ergibt sich eine Agenda, die nicht per se für oder gegen den Staat ist, die aber einen konzentrierten und effizient handelnden Staat anstrebt. Ich selbst sprach 2010 einmal vom »mitfühlenden Liberalismus«. Obwohl ich diesen Ausdruck nur selten gebrauchte, bin ich in der Folge deshalb häufig missverstanden worden. Daraus wurde ein Streitbegriff, der meine Haltung und unsere Strategie insgesamt ins Groteske verzerrte. Mir wurde – oft auch innerparteilich – unterstellt, ich sei ein Sozialliberaler, ich wolle die FDP nach links verschieben. Zwar würde ich mich tatsächlich nicht als Anhänger eines puristischen Minimalstaats bezeichnen, ich betrachte mich aber auch nicht als Linken innerhalb der FDP.

Bequem ist der Liberalismus nicht, er stellt auch Forderungen – zum Beispiel jene, Verantwortung für sich und andere zu übernehmen. Die Erfahrung zeigt, dass Menschen in der Regel keine Einzelgänger sind, sondern Kraft aus der Selbstorganisation mit anderen ziehen: in Familien, Nachbarschaften, Unternehmen, Vereinen, Verbänden, Elterninitiativen, Stiftungen. Nicht der Staat, sondern diese Verantwortungsgemeinschaft der Bürgerinnen und Bürger ist es, die im Zweifelsfall den sozialen Zusammenhalt sichert. Während der Flüchtlingskrise 2015 wurden wir alle Zeugen davon, als in einem Moment organisatorischen Staatsversagens viele Initiativen aus der Mitte der Gesellschaft heraus zum Ausgleich auf den Plan traten. Was in der Krise an Kraft der Bürgergesellschaft mobilisiert wurde, sollte unser Vertrauen auf die eigenen Kräfte auch im Alltag stärken.

Deshalb haben zunächst die Bürger, ihre Freiheit und ihr Verantwortungsgefühl Chancen verdient, bevor nach Eingriffen des Staates verlangt wird. Erst wenn die Gemeinschaft unter freien Bürgern an Grenzen stößt, sollte die Stunde der staatlichen Intervention schlagen. Es ist nicht der Staat, der den Bürgern Freiheit zubilligt, sondern es ist umgekehrt: Die Bürger gewähren dem Staat das Recht, aus übergeordneten Gründen ihre Freiheit einzuschränken. Jeder Eingriff in die Vertragsfreiheit, die Persönlichkeits- und Privatsphäre, auch der Zugriff auf das Privateigentum und Einkommen, muss daher prinzipiell und mit guten Gründen gerechtfertigt werden.

In einer komplexen Gesellschaft wie der heutigen wäre es zu einfach, den Staat generell verächtlich zu machen. Natürlich gibt es Dinge, für die er notwendigerweise gebraucht wird – pauschal für weniger Staat einzutreten, kann deshalb nicht immer die richtige Antwort sein. Stattdessen geht es oft darum, ihn in seiner Aufgabenerfüllung besser zu machen. Es ist kein Paternalismus, zu sagen, dass Menschen zur Freiheit auch befähigt werden müssen; sie also nicht von Natur aus in der Lage sind, ihre Lebenschancen zu entfalten. Eine intellektuelle Kastration hingegen wäre es, würde man sich diesem Ansatz verschließen, weil er angeblich eine linke Position sein könnte.

Der Wunsch nach Freiheit und Selbstbestimmung als Essenz unseres Verständnisses von Liberalismus stand jedoch im traurigen Gegensatz zu dem, was nach dem Ausscheiden der FDP oft vermittelt wurde. Da hieß es, die Abwahl aus dem Bundestag sei nicht bloß ein Betriebsunfall gewesen, der sich wieder beheben lasse, sondern ein politischer Totalschaden. Nicht zu reparieren. In Zeitungen war zu lesen, es gebe keinen Bedarf mehr an einer liberalen Partei in Deutschland. Wahlweise sagte man, der Liberalismus insgesamt sei gescheitert und habe sich als politische Idee überlebt. Oder: Das, was gut am Liberalismus sei, wäre inzwischen ohnehin Allgemeingut.

Über den angeblichen Tod der liberalen Idee war schon einige Zeit früher diskutiert worden, die schwarz-gelbe Koalition hatte da erst ein paar Monate regiert und ich war noch Generalsekretär der FDP. 2010 zum Beispiel schrieb der stellvertretende Chefredakteur der *Zeit*, Bernd Ulrich, einen viel beachteten Artikel mit der These, das Prinzip der Freiheit befinde sich moralisch in der Krise – diskreditiert nach den Verwerfungen an den Finanzmärkten, überholt in Zeiten von digitaler Anarchie im Internet. Aus dieser Kritik sprach ein verkürztes Verständnis von Liberalismus, das mit meiner 360-Grad-Perspektive wenig gemeinsam hatte. Da das Missverständnis in Bezug auf unser Marktverständnis unverändert geäußert wird, lohnt es sich noch heute, darauf einzugehen.

Damals erwiderte ich, die Finanzkrise tauge gerade nicht als Totschlagargument. Sicher: Auch Liberale wurden mit der Finanzkrise daran erinnert, dass wirtschaftliche Akteure mitunter irrational agieren – und einmal aufgestellte Regeln so fehlerhaft sein können, dass das System selbst destabilisiert wird. Aber die internationalen Finanzmärkte waren keineswegs nach den liberalen Prinzipien organisiert gewesen – nicht ehrliche Kaufmannschaft oder das Befolgen marktwirtschaftlicher Grundsätze hatte die Fehlentwicklungen dort ausgelöst. Stattdessen blieb oft unklar, wer Verantwortung trug und wer für unlauteres Gebaren haftbar gemacht werden konnte. Was an den Kapitalmärkten zur Katastrophe geführt hatte, das war die neokonservative Haltung, dass man Märkte sich selbst überlassen kann.

Nie war das Marktvertrauen des Liberalismus als blinde Marktgläubigkeit gedacht gewesen. Liberalismus ist eine Ordnungslehre. Auch Finanzmärkte haben eine dienende Rolle. Das Vertrauen in sie war erschüttert – umso mehr bedürfe es jetzt einer Ordnung der Freiheit in der Wirtschaft, damit dieses Vertrauen wieder hergestellt werde, argumentierte ich damals in einem Gastbeitrag für die *Zeit*. Erforderlich sei, die Regeln des fairen Wettbewerbs und der Haftung wirksam durchzusetzen. Eine Ordnung, in welcher der Staat Schiedsrichter sei und dafür sorge, dass keiner ökonomisch Macht über einen anderen ausüben könne.

Delegitimiert wurde der Liberalismus durch die Finanz- und Wirtschaftskrise also nicht, im Gegenteil sind seine Ordnungsvorstellungen unverändert aktuell geblieben. Bei Lichte besehen ist der Markt ein künstlicher Ort, der erst durch die Regeln entsteht, die ihm gegeben werden. Und immer schon gehörte es zur Kernkompetenz des Liberalismus, Märkte so zu ordnen, dass der Fleißige und nicht der Findige belohnt wird, dass Marktteilnehmer ihre Kunden oder ihre Mitbewerber nicht hinters Licht führen können. Mehr als andere Ordnungsideen vertraut der Liberalismus dabei auf das rechtsstaatliche Haftungsprinzip, das Risiken zum Zwecke der Beherrschbarkeit begrenzen soll – dafür aber auch konsequent durchgesetzt werden muss. Hier wie auch sonst im Leben muss der Grundsatz gelten, dass niemand seine Freiheitsräume auf Kosten des anderen ausdehnen kann.

Liberal ist es daher nicht, wenn Banken ihre Gewinne privatisieren, ihre Risiken aber gleichzeitig von Staaten absichern lassen. Es ist eher die Perversion davon. Schon seit längerer Zeit ist eine Entwicklung zu beobachten, in der

Banken und Staaten zu einer Art Mesalliance verschmelzen. Der »Pumpkapitalismus«, vor dem der große Liberale Ralf Dahrendorf in seinem letzten Essay vor seinem Tod, »Marktwirtschaft, Kapitalismus, Krise: Was nun?«, warnte, umreißt genau das: einen geschlossenen Kreislauf, in dem über Staatsanleihen ständig neues Geld geschöpft und verdient wird. Einzelne Banken sind darin so wichtig geworden, auch als Finanzier des Staates, vollgepumpt mit Staatsanleihen des Heimatlandes und finanziert durch billiges Notenbankgeld, dass sie im System gehalten werden müssen. Wenn Staaten aber keinen Anreiz mehr verspüren, die eigene Solidität und Stabilität zu pflegen und andererseits auch schlecht wirtschaftende Banken mit Staatsgeld gerettet werden müssen, dann entspricht dies nicht mehr den Grundsätzen Sozialer Marktwirtschaft.

Niemand sollte daher so mächtig werden, dass er mit Steuergeld gerettet werden muss oder anderen die Spielregeln selbstherrlich diktieren kann – wer das geschehen lässt, der darf sich nicht wundern, wenn das Vertrauen in die freiheitliche Wirtschaftsordnung nachlässt. Eine Aufgabe gerade auch für Liberale muss es sein, die Finanzen des Staates und die der privaten Marktteilnehmer in Zukunft wieder so weit zu trennen, dass das marktwirtschaftliche Wettbewerbsprinzip zur Geltung kommen kann. Das schließt ein, dass Banken genauso pleite gehen können wie ein Handwerksbetrieb. 2015 haben wir explizit den Beschluss gefasst, ein Verbot der Bankenrettung in die Verfassung zu schreiben, damit Institute zwingend auf Kosten der Eigentümer und Gläubiger abgewickelt werden. Und Staatsanleihen in den Bilanzen von Banken und Versicherungen sollten mit den realen Risiken bewertet werden und nicht fiktiv als risikolos, damit die Verschuldung den öffentlichen Kredit-nehmern leichter fällt.

Die Vermischung von Politik und Wirtschaft, die vom Journalisten Gabor Steingart einmal »Bastardökonomie« genannt wurde, hindert den Staat oft genug, wirksame Regeln durchzusetzen. Er wird durch unternehmerische Eigeninteressen gebremst, weil er beispielsweise Rücksicht nimmt auf seine öffentlich-rechtlichen Landesbanken. Auch im Bereich Post und Telekommunikation, der Automobilbranche und der Energiewirtschaft gibt es solche Verflechtungen. Im Interesse der Steuerzahler und der Kunden sollte der Staat sich von diesen Beteiligungen konsequent trennen, um sich auf die Rolle des wirklich unparteiischen Schiedsrichters zu konzentrieren. Ein willkommener Nebeneffekt ist, dass Erlöse in Milliardenhöhe für Investitionen in Infrastruktur genutzt werden könnten.

Als Ordnungsgeber sehe ich den Staat übrigens gleichfalls beim Schutz der natürlichen Lebensgrundlagen. Sehr lange wurden ökologische Ressourcen nicht in ökonomische Überlegungen einbezogen. Das war aus liberaler Sicht kein richtiger Ansatz, denn wir messen unsere Freiheit auch an der Freiheit nachfolgender Generationen. Uns steht nicht zu, die Freiheit der Nachkommen durch den Verbrauch von Chancen und nicht revidierbares Handeln einzuschränken. Das gilt für die ökologische genauso wie die finanzielle Generationenbilanz.

Noch nicht ahnen konnte ich 2013, was sich danach ereignete: Brexit, Trump, Erdogan und mit der AfD eine Partei in deutschen Parlamenten, die sich nicht einmal vom Antisemitismus klar distanziert. Man konnte nicht wissen, wie sehr liberale Werte in Frage gestellt würden und eben keine

Gewissheit mehr darstellen. Nicht in vielen Gegenden der Welt und auch nicht in Teilen der deutschen Gesellschaft. Vieles gilt mittlerweile nicht mehr als selbstverständlich, was früher als selbstverständlich erschien: von der Herrschaft des Rechts über die Errungenschaften von Vernunft und Aufklärung bis hin zur Bewegungsfreiheit von Menschen, Ideen oder Waren. Auch dem größten Skeptiker des Liberalismus muss damit klar werden: Das Prinzip der Freiheit trägt kein tagespolitisches Verfallsdatum, so wie es 2013 viele dachten und womöglich auch hofften. Liberalität ist kein Naturphänomen, sondern muss immer wieder aufs Neue erkämpft und erreicht werden.

/2/ Politische Anfänge

Selbstständig sein

Ich komme aus dem Bergischen Land. Meine Heimatstadt Wermelskirchen liegt zwischen Rheinland und Sauerland.

In meinem ersten Zeugnis in der Grundschule stand: »Christian ist ein guter Schüler, leider ist er sehr altklug.« Tatsächlich gefiel es mir schon früh, meine Meinung zu äußern. Gerne auch ungefragt. Ich mochte es, Publikum zu haben, doch offenbar mochte das Publikum das manchmal nicht.

Meine Eltern hatten sich früh scheiden lassen. Ich wuchs bei meiner Mutter auf, sah meinen Vater oft und verbrachte außerdem viel Zeit bei meinen Großeltern. Einer meiner Großväter besaß eine Bäckerei. Ich nahm früh wahr, wie anstrengend Handwerk sein kann – und wie köstlich Puddingteilchen schmecken. So leidenschaftlich ich aß, so leidenschaftslos waren meine sportlichen Ambitionen. Ich wuchs doppelt: in die Höhe und in die Breite. Aus dem altklugen Jungen wurde ein altkluger dicker Junge. Mit 14 Jahren hatte ich genug, in einem Gewaltakt – Knäckebrot und joggen, bis sich der Magen umdreht – verlor ich binnen weniger Monate dreißig Kilo. Die Erfahrung, was unbedingter Wille ermöglichen kann, hat mich geprägt.

Aus dem, was meine Grundschullehrerin altklug genannt hatte, entwickelte sich eine Lust auf philosophische Literatur. Ich deckte mich mit Büchern der Klassiker ein. Irgendwann stieß ich auf Peter Sloterdijk, der mit Worten und Gedanken so umging, wie ich zuvor mit dem Essen: verschwenderisch. Seine Texte waren Rätsel, die ich zu entschlüsseln versuchte. Mit Gewinn las ich seine *Kritik der zynischen Vernunft.* Seine sprachliche Wirkmächtigkeit faszinierte mich ebenso wie die Pointe, dass man gegen Mächtiges Widerstand leisten konnte und sollte, zum Teil auch mit den ungewöhnlichen Mitteln des Diogenes von Sinope, jenes Philosophen aus der Tonne, der Alexander den Großen bat, ihm aus der Sonne zu gehen. Sloterdijk begeisterte mich so sehr, dass ich im Postamt das Telefonbuch von Karlsruhe aufschlug, in der Hoffnung, darin seine Telefonnummer zu finden. Ich fand sie tatsächlich. Ich rief ihn an und fragte, ob er nicht einmal in unsere Philosophie-AG am Gymnasium Wermelskirchen kommen wolle. Der Professor lehnte dankend ab. Später, als meine politische Laufbahn bereits begonnen hatte, lernte ich ihn dann doch noch persönlich kennen.

Damals waren viele meiner Freunde politisch interessiert, die meisten wurden Mitglieder der Jungsozialisten. Sie trugen lange Mäntel, hörten Heavy Metal und mit ihnen konnte man für Stunden in Fantasy-Rollenspielen wie »Das schwarze Auge« versinken. Die politischen Diskussionen waren allerdings weniger fantasiereich, mir war da zu viel Ideologie im Spiel. Außerdem: Mochten bei den Jusos einige meiner Freunde sein, so waren bei der SPD fast alle meine Lehrer. Das gab mir zu denken.

Ich schaute mir die Junge Union an, dort waren andere Freunde. Deren Mitglieder organisierten in Wermelskirchen damals den »Tanz in den Mai«, was sehr verdienstvoll war. Nur, ich wollte nicht bloß Bier trinken und tanzen, sondern machen und verändern. Auch die Grünen schieden aus. Ich empfand sie schon damals eher als grau; eine Jugendorganisation gab es in meiner Heimatstadt nicht.

Besser gefiel es mir bei der FDP. Ich hatte früh das Ziel, mit 18 Jahren die eigene Wohnung und das eigene Auto zu haben – und dafür arbeiten zu wollen. Im FDP-Ortsverband Wermelskirchen galt der Satz, dass man auf der Suche nach einer helfenden Hand am Ende des eigenen Arms beginnen solle. Hier fühlte ich mich mit meinem Wunsch, Gestalter meines Lebens zu sein, zu Hause. Statt theoretischer Debatten wurde praktische Politik gemacht. Da gab es den Forstwirt und Prokuristen, die Friseurmeisterin, den Grundschullehrer, die Hausfrau, den Juristen, die Rentnerin, den selbstständigen Bauingenieur. Beeindruckt haben mich die Parteifreundinnen und Parteifreunde vor allem durch das, was sie taten. Menschen, die es zu etwas gebracht hatten, die sich aber nicht aufs Private beschränkten; die eine gesellschaftliche Verpflichtung empfanden und die sich zum Wohle der Allgemeinheit einbringen wollten. Menschen, die etwas in die Hand nahmen und nicht erst darauf warteten, bis andere etwas taten.

Mein Vater schenkte mir zu dieser Zeit eine Taschenbuchausgabe der »Freiburger Thesen«. Er hatte sie Anfang der 70er Jahre als rotes Bändchen der Reihe »rororo aktuell« während seiner Studienzeit gekauft – nicht als Parteigänger der FDP, aber als politisch interessierter Mensch. Jetzt holte er sie für mich vom Dachboden.

Die Freiburger Thesen waren das am 27. Oktober 1971 erschienene neue Grundsatzprogramm der FDP. Ihr Kernsatz hat für mich bis heute nichts an Bedeutung verloren: »Nicht nur auf Freiheiten und Rechte als bloß formale Garantien des Bürgers gegenüber dem Staat, sondern als soziale Chancen in der alltäglichen Wirklichkeit der Gesellschaft kommt es an.« Mehr als der Parteitagsbeschluss selbst hat mich allerdings die einführende Kommentierung durch Werner Maihofer beeindruckt.

Die Freiburger Thesen enthielten ein Plädoyer für die Demokratisierung der Gesellschaft, für eine Reform des Kapitalismus und für den Schutz der Umwelt. Natürlich atmeten sie den Geist jener Zeit, und sie können heute auch nur aus dem damaligen historischen Kontext heraus verstanden werden. In Bonn regierte seit zwei Jahren eine Koalition aus SPD und FDP. Es herrschte Vollbeschäftigung, die staatliche Planungseuphorie war ungebrochen, die Staatsverschuldung stellte noch kein großes Thema dar. Die drängendsten Fragen waren die nach gesellschaftlicher Emanzipation und nach einer gerechten Verteilung des wachsenden Wohlstands. Mittlerweile sind die Freiburger Thesen Legende – und in weiten Teilen politisch auch Geschichte.

Den Liberalismus aber haben sie weit über die damalige politische Konstellation hinaus um eine qualitative Dimension bereichert. Seit jeher will der Liberalismus dem Menschen die Chance eröffnen, sein Leben in die Hand zu nehmen, weshalb der liberale Rechtsstaat jede Form von Macht begrenzt, inklusive der des Staates selbst. Die Thesen schärften indessen den Blick dafür, dass die Verwirklichung von Lebenschancen gleichzeitig an Voraussetzungen gebunden ist, zum Beispiel an eine tolerante Gesellschaft, eine materielle Grundsicherung, individuelle Bildung und intakte natürliche Lebensgrundlagen. Das war neu.

Damit wurde auch die Frage nach dem richtigen Maß von Staat gestellt. Das Ziel von Liberalen ist nicht die Verteufelung und Verächtlichmachung des Staates, wie ihnen leider oft unterstellt wird, sondern es ist das Streben, die jeweils beste Freiheitsbilanz für eine Gesellschaft zu erreichen: Das heißt, möglichst viel freiheitsfördernde Politik mit möglichst wenigen Einschränkungen der Freiheit zu verbinden. Weil sich die Gesellschaft fortwährend verändert, muss die richtige Balance zwischen Förderung und Einschränkung von Freiheit mit jeder Generation neu gefunden werden. Ralf Dahrendorf beschrieb das einmal als die »Melioration der Gesellschaft«, also ihre schrittweise Verbesserung. Er schlug vor, den Fortschritt einer Gesellschaft an der Entwicklung von Lebenschancen zu messen – also nicht allein am Bruttosozialprodukt oder am Grad der Industrialisierung, sondern an den Möglichkeiten, Autor des eigenen Lebens zu sein.

Für mich ist die bleibende Relevanz der Freiburger Thesen ein Beleg dafür, dass die Idee der Freiheit ihre Kraft nur dann behält, wenn sie immer wieder auf die jeweils konkrete Gegenwart bezogen und dementsprechend aktualisiert wird. Der Liberalismus ist ja keine versteinerte Buchreligion, sondern zuallererst eine Einladung zur Reflexion. Allerdings ist die damit verbundene Aufgabe heute eine andere als zu Beginn der 70er Jahre. Der FDP ging es damals um den Ausbau der sozialen Sicherung, die betriebliche Mitbestimmung und die private Vermögensbildung. Tatsächlich ist die solidarische Absicherung der großen Lebensrisiken eine tiefgreifende zivilisatorische Errungenschaft. In Deutschland aber hat der Staat mittlerweile so viele soziale Aufgaben übernommen, dass die Grenzen seiner Handlungsfähigkeit häufig erreicht werden.

Zeitlos bleibt für mich das durch und durch optimistische Bild vom Individuum, das die Freiburger Thesen zeichneten. Schon als ich das Büchlein das erste Mal in den Händen hielt, gefiel mir die darin beschriebene Vorstellung, dass der Mensch von Natur aus nicht zwingend böse und schlecht sei und dass er deshalb im Leben auch nicht als Erstes auf eine übermächtige Staatsorganisation vertrauen müsse, die ihn von Beginn an ihrer Kontrolle unterwirft.

Die Freiburger Thesen gingen vom Einzelnen aus, der sich seiner Vernunft bedient und dabei empathisch, solidarisch und großzügig ist. Dieses Menschenbild entsprach nicht den misanthropischen Vorstellungen eines Konservativen wie Thomas Hobbes. Dessen Philosophie fußt auf dem Glaubenssatz, dass der Mensch dem Menschen ein Wolf sei. Es entsprach auch nicht dem, was die Jusos aus meinem Freundeskreis zu jener Zeit dachten und diskutierten: Sie vertraten die Meinung, dass der Einzelne sich nicht wehren könne, dass er zwingend auf die Unterstützung durch andere angewiesen sei.

Meine jungsozialistischen Freunde störten sich nicht an meinem Engagement für den Liberalismus und ich mich nicht an ihrem für die Sozialdemokratie. Politisch unterschiedliche Auffassungen waren für uns kein Grund für Feindseligkeiten. Aus dieser Zeit habe ich noch die Texte vieler Arbeiterlieder im Kopf, die ich in ausgelassener Stimmung mitgesungen habe.

Diese Gelassenheit unterscheidet meine Generation vielleicht von der politischen Generation, die in den 60er, 70er oder 80er Jahren des letzten Jahrhunderts sozialisiert wurde und für die Politik immer auch ein kultureller wie ästhetischer Grabenkampf war. Ich hingegen habe bis heute eine

Sympathie für das Ethos der Arbeiterbewegung, das staatsfern und leistungsorientiert war, anders als die wohlfahrtsstaatlich fixierte Sozialdemokratie heute Glauben machen will. Speziell zwischen Grünen und Freien Demokraten, so meine Wahrnehmung, kamen mitunter persönliche Vorbehalte zum Tragen, die eine Zusammenarbeit in Parlamenten oder Regierungen bis in die Gegenwart hinein erschweren können.

1994 machte ich zum ersten Mal Wahlkampf für die FDP. Ich erinnere mich noch, wie wir auf dem Wochenmarkt in Wermelskirchen standen, Bonbons und gelbe Luftballons verteilten, die niemand haben wollte. Ich war 15, etwas blässlich, dafür aber hochmotiviert. Freudig ging ich auf eine ältere Dame zu, die gerade ihren Einkaufswagen hinter sich herzog, bot ihr unsere Broschüren und Kugelschreiber an, schwärmte von der Kraft der Freiheit. Sie musterte mich von oben bis unten, dann fauchte sie: »Wird Zeit, datt Baader/Meinhof wieder mal einen von euch kaputt macht.«

Damals durchlebte die FDP eine ihrer bis dato tiefsten Krisen. In den zuletzt bleiernen Jahren der Regierung Kohl hatte sie sich konzeptionell erschöpft. An unserer Schule lag einmal eine Ausgabe des *Rheinischen Merkur* aus. Die Titelseite zeigte das Logo der FDP. Damals schrieb die Partei sich noch als F.D.P. – und die Pünktchen waren auf dem Cover zu Totenköpfen geworden.

Die Resonanz an unserem Wahlkampfstand war mau. Sie war so dürftig, dass irgendwann die CDU-Ortsvorsitzende vom Stand gegenüber vorbeikam – mit warmem Kaffee und warmen Worten versuchte sie uns aufzumuntern. Eine durchaus wohlmeinende Geste, doch Mitleid des politischen Mitbewerbers fühlt sich an wie ein rauer Wollpullover. Ich denke an diese Zeit an den Ständen oft zurück, wenn ich Positionen beziehe, von denen ich weiß, dass unsere Parteibasis sie auf der Straße vertreten muss.

1994 ging die FDP mit der Parole in die Schlusskurve des Wahlkampfs, nur durch sie könne Helmut Kohls Kanzlerschaft gerettet werden. Das war für einen 15-Jährigen alles andere als inspirierend. Ich wollte keinen Wahlkampf allein für das Ziel führen, dass ein älterer, schon lange amtierender Mann einer anderen Partei Regierungschef bleibt. Deshalb war mein späteres Entsetzen über die Leihstimmenkampagne des Jahres 2013 so groß, die nach einem ähnlichen Muster verlief, nur dass diesmal von der FDP für die Kanzlerschaft Angela Merkels geworben wurde.

1994 war aber auch das Jahr, in dem ein junger Mann auf die politische Bühne trat, der die Freien Demokraten verändern und prägen würde wie wenige zuvor. Er hieß Guido Westerwelle, er provozierte, er motivierte und er inspirierte. Westerwelle vermittelte uns, dass man sich wieder etwas zutrauen darf als Liberaler. Das hatten viele in der Partei zu jener Zeit verlernt.

1994 war auch das Jahr, in dem mein politischer Ehrgeiz geweckt wurde. Im Dezember erlebte ich – als zuschauender Gast – meinen ersten Landesparteitag. Jürgen W. Möllemann musste in Castrop-Rauxel um den Vorsitz der NRW-FDP bangen. Es kam zu einer Kampfabstimmung, die er verlor. Nach seiner Niederlage setzte sich Möllemann in die letzte Reihe. Aufgewühlt, mit Tränen kämpfend, gab er dem WDR ein Interview. Ich saß in der Reihe vor ihm. Es war das erste Mal, dass ich erleben und spüren konnte, dass Politik nichts Oberflächliches oder rein Technisches ist, sondern etwas Existenzielles sein kann.

Freiheit bedeutete für mich auch immer finanzielle Unabhängigkeit. Nicht Reichtum, aber die Möglichkeit, das
Leben aus eigener Kraft bestreiten zu können. Ohne jeman-
dem Dank schulden oder verpflichtet sein zu müssen. Ich
war noch in der Oberstufe, als ich mit einem Freund eine
Werbeagentur gründen wollte – mit all den Scherereien, die
sich ergeben, wenn man zur Gewerbeanmeldung vor dem
18. Geburtstag eine vormundschaftsgerichtliche Erklärung
erwirken soll. Auf dem zuständigen Amt hieß es, ich solle
mir mit einer solchen Gründung doch in Gottes Namen Zeit
lassen und stattdessen lieber meine Jugend genießen. Mir
bereitete der Gedanke, bald mein eigenes Geld verdienen zu
können, aber durchaus Genuss.

Ich war ein Individualist. Und ich muss auf andere seltsam gewirkt haben: Sohn eines Lehrers, der auch noch an
derselben Schule unterrichtete, ich hatte gute Noten, war
in der FDP, Mathe war mein Lieblingsfach, ich betrieb ein
Gewerbe, der Schulleiter lud mich »wegen Gefährdung des
pädagogischen Klimas« vor und der Kölner *Express* portrai-
tierte mich als »Unternehmensberater von der Schulbank«.
Heute ist mir klar: Die Freiheit, die ich früh erfahren durfte,
beruhte auf Grundlagen, die außerhalb meines Einflusses lagen. Das Lebensgefühl der Freiheit, das ich meine, ist nicht
das Modell eines Robinson Crusoe, der einsam auf einer
Insel sitzt. Die Möglichkeit zur Selbstbestimmung hatte
Bildung und Erziehung zur Voraussetzung. Meine Risikobereitschaft war gestützt durch die Solidarität meiner Familie, die im Falle eines Falles für mich da gewesen wäre. Auf
meine Projekte antworteten meine Freunde mit Humor und
Toleranz. Und dass ich schon früh unternehmerisch etwas
auf die Beine stellen konnte, war nur deshalb möglich, weil

unsere Wirtschaftsordnung auch Newcomern eine faire Chance gibt.

Vom selbstverdienten Geld kaufte ich mir einen gebrauchten Porsche. War das eine kluge Entscheidung? Es war jedenfalls eine damals unbedingt notwendige Entscheidung. Das Auto war mein Traum – und Träume soll man sich erfüllen, wenn es möglich ist. Der Spaß am Fahren, den Asphalt unter den Rädern zu spüren – das vermittelte mir das Gefühl, frei zu sein. Bloß mit dem Volltanken klappte es finanziell nicht immer.

Im Frühjahr 1998 versuchten Studierende die FDP zu übernehmen und hatten dazu das »Projekt Absolute Mehrheit« ins Leben gerufen. Es war nicht ganz klar, ob das eine scherzhafte Aktion sein sollte oder ob der Wunsch nach ernsthafter politischer Mitarbeit bestand. Die Parteiführung wollte das Ganze abwehren, denn sie fürchtete eine Unterwanderung der FDP, der Zulauf an Studenten war ihr suspekt. Ich hingegen sah in dem Parteieintritt von vielen jungen Menschen durchaus eine Chance. Ich fuhr zu einem Landesparteitag in Bonn Bad-Godesberg. Dieses Mal als gewählter Delegierter. Ich meldete bei der Sitzungsleitung einen Redebeitrag an, bekam zu Beginn der Aussprache das Wort und argumentierte auf dem Parteitagspodium für eine andere Sicht der Dinge: Wenn die Studenten versuchen wollten, die FDP zu übernehmen und Bildungspolitik zu machen, warum überzeugten wir dann nicht die Neumitglieder von unserer Bildungspolitik und vom Liberalismus generell?

Meine Argumentation stieß bei den Delegierten durchaus auf Zustimmung, Guido Westerwelle gratulierte mir. Otto Graf Lambsdorff ließ mich zu sich auf das Podium rufen. Er fragte, wer ich denn sei. Mich stachelte das natürlich an. Wie sollte es auch anders sein, wenn solche herausragenden Persönlichkeiten, die ich sonst nur aus dem Fernsehen kannte, sich so freundlich äußerten? Aus dem Moment heraus entschied ich, für den Landesvorstand in Nordrhein-Westfalen zu kandidieren. Eine Nominierung meines Bezirksverbands besaß ich nicht, obwohl das den Gepflogenheiten entsprochen hätte. Stattdessen fragte ich einen Parteifreund aus meinem Kreisverband, ob er mich spontan vorschlagen könne. Ich hatte Glück. Tatsächlich wurde ich auf dem letzten Platz ganz knapp in den Landesvorstand gewählt – die damalige Parlamentarische Geschäftsführerin der FDP-Bundestagsfraktion hatte im Gegenzug das Nachsehen. Dem Landesvorstand gehörten damals einige Minister und Staatssekretäre der Regierung Kohl an. Auch Hans-Dietrich Genscher saß dort – neben mir, dem 19 Jahre alten Abiturienten, der in dieser Runde kaum wagte, sich zu Wort zu melden.

Führung und Verführung

Nach meiner Wahl in den FDP-Landesvorstand dachte ich darüber nach, bei der Landtagswahl 2000 für ein Mandat zu kandidieren. Mit einem Erfolg war damals zwar nicht zu rechnen, doch eine Kampagne vor Ort nach meinen Vorstellungen zu organisieren, reizte mich. Ich hatte schließlich nichts zu verlieren. Das Ergebnis meiner Bemühungen war trotz Gegenkandidaten in Wahlkreis, Bezirk und Land der Listenplatz 19. Eine Aufbaukandidatur für später – so nannte man das.

Ich ging mit 10000 Bananen auf Stimmenfang: Mein Wahlkreis im Rheinisch-Bergischen Kreis wurde wegen seiner geografischen Form »Banane« genannt. Und wir brauchten dort 10000 Stimmen. Umgerechnet waren das die acht Prozent, die Jürgen W. Möllemann mit dem »Projekt 8« als Wahlziel für das Land ausgerufen hatte.

Am Wahltag erzielte die FDP unter ihm völlig überraschend einen Stimmenanteil von 9,8 Prozent. Der Listenplatz 19 führte ins Parlament. Unerwartet wurde ich Landtagsabgeordneter, dazu auch noch der damals bisher jüngste in Nordrhein-Westfalen.

Die politische Konstellation war günstig für die FDP. Die CDU litt unter ihrem Spendenskandal, ihr Spitzenkandidat Jürgen Rüttgers konnte mit seiner Formel »Kinder statt Inder« nicht punkten. Die rot-grüne Landesregierung unter Wolfgang Clement hatte ihre Gemeinsamkeiten verbraucht. Die Konflikte zwischen der industriepolitisch konservativen SPD und den ideologisierten Grünen um Umweltministerin Bärbel Höhn bestimmten die Debatten. Clement kokettierte offen mit sozialliberalen Fantasien. Die FDP ging ohne Koalitionsaussage in die Wahl – und zielte insbesondere gegen die Grünen, die die wirtschaftliche Entwicklung des Landes bremsten. Der Wunsch nach Erneuerung bündelte sich in der FDP. »NRW braucht Tempo«, plakatierten wir. Die Kampagne gestaltete eine gerade neu gegründete Werbeagentur, »Heimat«, die ich in Arbeitsgruppen zur Online-Kommunikation kennenlernte. Den Optimismus dieses Wahlkampfs und die selbstbewusste Eigenständigkeit habe ich nie vergessen. Später, in eigener Führungsverantwortung, habe ich mich 2012 und 2017 daran orientiert.

Die rot-grüne Regierung wurde im Jahr 2000 fortgesetzt. Ich bin mir sicher, dass die Sozialdemokraten 2005 ihre Regierungsmehrheit verteidigt hätten, wenn Clement seinerzeit oder sein Nachfolger Peer Steinbrück 2003 mit der FDP eine Koalition gebildet hätten. Wolfgang Clement hat danach seine Partei verlassen. Er hat mehrfach die Wahl unserer Partei empfohlen und ist heute ein von mir sehr geschätzter Gesprächspartner in wirtschaftspolitischen Fragen.

Im Parlament gefördert hat mich Möllemann nie, auch wenn ich fälschlicherweise als sein »Ziehsohn« dargestellt wurde. Ich gehöre dem FDP-Bezirksverband Köln an, der traditionell skeptisch ihm gegenüber eingestellt war. Ich wurde allein deshalb von ihm ins gegnerische Lager einsortiert. Dennoch verkörperte er für uns neu gewählte Landtagsabgeordnete, die ihm einen fulminanten Sieg und das Parlamentsmandat zu verdanken hatten, die große weite Welt der Politik. Einmal fuhren wir als Landtagsfraktion zu politischen Gesprächen nach Prag. Möllemann saß vorne im Bus, während der Fahrt erreichte ihn ein Anruf. Nachdem er das Telefonat beendet hatte, drehte er sich zu uns um und raunte: »Ich hatte gerade Hans-Dietrich am Telefon.« Das machte Eindruck. Überhaupt hatte Jürgen W. Möllemann die Andeutung zu einer politischen Kunst gemacht. In Sitzungen erklärte er uns Novizen in der Landtagsfraktion oft, er führe vertrauliche Gespräche. Noch könne er nichts Genaueres sagen – aber man möge sich auf Großes einstellen. Alle waren beeindruckt und glaubten, morgen stünde der Regierungswechsel bevor.

Möllemann besaß eine enorme Autorität – bis die Dinge kippten. Aus dem »Projekt 8« in NRW wollte er eine Strategie für die gesamte FDP entwickeln, es entstand das »Projekt 18«. Auch Guido Westerwelle machte sich diese Idee teilweise zu eigen, in der durchaus auch Züge einer ersten, wenn auch gemäßigten Anti-Establishment-Bewegung steckten. Erst später entstand daraus das Bild einer Spaßpartei, die zu dick auftrug. Das hängt uns bis heute nach. Neue Ideen der Freien Demokraten werden nur zu gerne mit diesem Etikett versehen – selbst dann, wenn unsere Mitbewerber sich ähnlicher Methoden bedienen. Für uns gelten offenbar andere Maßstäbe. Die Idee hinter dem »Projekt 18« war jedenfalls ursprünglich alles andere als spaßig gemeint gewesen: so viele eigene Stimmen in die Waagschale zu werfen, dass die anderen Parteien auf unsere Vorschläge reagieren müssten und an der FDP kein Vorbeikommen mehr wäre. Wenn die Politik nichts ändert, dann ändern wir die Politik – das war nicht der Anspruch einer Spaß-, sondern einer Ernstpartei.

Jürgen W. Möllemann brachte mich allerdings auch mit den Abgründen der Politik in Berührung. Es begann mit den Wirren um den Grünen-Landtagsabgeordneten Jamal Karsli. Dieser hatte im April 2002 das Vorgehen der israelischen Regierung unter Ministerpräsident Ariel Scharon gegen Palästinenser im Westjordanland als Anwendung von »Nazi-Methoden« bezeichnet. Er verließ Partei und Fraktion und kam damit einem Parteiausschluss bei den Grünen zuvor. Möllemann, der eine Vorliebe für die arabische Welt hatte und Präsident der deutsch-arabischen Gesellschaft war, strebte einen Wechsel Karslis in die FDP-Landtagsfraktion an. Unter anderem spekulierte er auf ein Ende der rot-grünen Mehrheit im Landtag, das er so näherrücken sah. Ein Sturz von Rot-Grün in Düsseldorf wenige Monate vor der Bundestagswahl 2002 hätte ein politisches Erdbeben bis nach Berlin ausgelöst. Gegen die Aufnahme Karslis formierte sich jedoch breiter Widerstand in der Partei, auch beim Parteivorsitzenden Guido Westerwelle. Karsli behauptete, seine Formulierung sei bloß ein Ausrutscher gewesen. Möllemann stellte sich vor Karsli, warf seinerseits allerdings der Regierung von Scharon »Staatsterrorismus« vor.

Bei einem FDP-Bundesparteitag im Mai in Mannheim schlossen die Rivalen Möllemann und Westerwelle wider Erwarten einen Burgfrieden. Doch anders als Westerwelle sich das erhofft hatte, wurde Karsli kurze Zeit später von einem nordrhein-westfälischen FDP-Kreisverband als Parteimitglied aufgenommen. Michel Friedman, damals Vizepräsident des Zentralrats der Juden, kritisierte das und warf Karsli vor, in »Stürmer-Manier« antisemitische Thesen vorgetragen zu haben. Daraufhin sagte Möllemann im Fernsehen seinen berühmten Satz: »Ich fürchte, dass kaum jemand den Antisemiten, die es in Deutschland leider gibt, leider, die wir bekämpfen müssen, mehr Zulauf verschafft hat als Herr Scharon und in Deutschland ein Herr Friedman mit seiner intoleranten und gehässigen Art.«

Die Wellen schlugen bundesweit hoch, es wurde eine Sondersitzung der Fraktion einberufen, bei der über einen Ausschluss Karslis befunden werden sollte. Möllemann trat darin betont ruhig auf, fragte in die Runde, ob jemand etwas Konkretes gegen Karsli vorzubringen habe. Niemand meldete sich. Daraufhin sagte Möllemann, die Sache mit dem Ausschluss habe sich erledigt.

Nach der Sitzung schickte Karsli aber die E-Mail eines israelischen Journalisten herum, der ihn für seine Formulierung der »israelischen Nazi-Methoden« ausdrücklich gelobt hatte. Ich bekam sie in Kopie und leitete sie empört unserem Kölner Bundestagsabgeordneten Werner Hoyer weiter. Später ging Westerwelle in Berlin mit dieser E-Mail an die Öffentlichkeit. Am nächsten Tag verkündete Möllemann, dass Karsli die FDP-Fraktion verlassen habe.

Doch dann landete kurz vor der Bundestagswahl 2002 ein mysteriöses Flugblatt in fünf Millionen Haushalten in Nordrhein-Westfalen. Darin schrieb Möllemann über Scharon, dessen Regierung schicke Panzer in Flüchtlingslager, und über Michel Friedman, dieser versuche Scharon-Kritiker als Antisemiten darzustellen. Was folgte, war ein Skandal enormen Ausmaßes.

Auch aus der FDP wurden Rücktrittsforderungen gegen Möllemann erhoben. Am Donnerstag vor der Bundestagswahl war eine Abschlusskundgebung geplant, bei der Westerwelle, Genscher und Lambsdorff in Bonn auftreten sollten. Die drei hatten damit gedroht, den Saal zu verlassen, sollte Möllemann wie angekündigt ebenfalls auftauchen. Ich sah mit eigenen Augen, wie er sich tatsächlich vorfahren ließ, vor der Halle an den Fernsehkameras vorbeispazierte – und wieder in sein Auto stieg. Dieses Schisma innerhalb der Partei war für mich unfassbar, und das drei Tage vor der Bundestagswahl. Spätestens damit war das Projekt 18 gescheitert, die FDP erzielte 7,4 Prozent. Das lag weit unter den Erwartungen und war einer der Gründe dafür, dass Rot-Grün unter Gerhard Schröder die Wahl 2002 knapp für sich entscheiden konnte und es nicht zu einer Kanzlerschaft Edmund Stoibers kam.

Am Montag nach der Wahl erklärte Andreas Pinkwart, der stellvertretende FDP-Landesvorsitzende in NRW, er strebe ein Misstrauensvotum gegen Möllemann an, gegebenenfalls werde er auch selbst für den Vorsitz kandidieren.

Ich telefonierte noch nachts nach der Sitzung mit ihm und bot meine Unterstützung an. So stand ich jetzt auf einer Seite im Machtkampf Möllemann gegen Pinkwart. Von der FDP-Kreisgeschäftsstelle Köln aus organisierten wir eine Kampagne, um eine Mehrheit für die Ablösung Möllemanns zusammenzubekommen. An den Wänden hatten wir die einzelnen Kreisverbände markiert, mit Fähnchen auf einer Landkarte wurde abgesteckt, wen wir noch anrufen und überzeugen mussten.

Eine Begebenheit aus der Zeit kurz nach der Bundestagswahl ist mir noch gut in Erinnerung geblieben. Ich hatte einer Lokalzeitung in meinem Wahlkreis ein Interview gegeben, in dem ich mich von Möllemann distanzierte: Dieser sei für die Partei nicht mehr tragbar, zu oft habe er sich Guido Westerwelle gegenüber illoyal verhalten, sagte ich dort. Meine Äußerungen erschienen an einem Sitzungstag unserer Fraktion. Ich meldete mich und besaß auch noch die Dreistigkeit, dies als Erster der anwesenden Abgeordneten zu tun. Möllemann saß vorne, setzte theatralisch seine Lesebrille auf und las langsam meine Zitate vor, die er griffbereit in seiner Mappe liegen hatte. Die Kollegen links und rechts von mir bewegten sich in der Folge, so schien es mir, ein Stück weg von mir, gerade so, als ob jetzt ein Unberührbarer neben ihnen säße.

Für etwas später hatte Möllemann mich zu einem Arbeitsfrühstück eingeladen, er suchte Unterstützer und wollte herausfinden, ob er noch genügend Rückhalt hatte, um in seinen Ämtern bleiben zu können. Er fragte mich, ob ich ihn doch noch unterstützen werde. Ich schüttelte den Kopf und sagte: »Nein, das kann ich nicht mehr.« Er hakte nach, ob sich meine Meinung ändere, wenn er entweder den Landes-

oder den Fraktionsvorsitz abgeben würde. Ich antwortete, dass er sich aus meiner Sicht von beiden Ämtern trennen müsse. Möllemann schwieg. Dann sagte er lakonisch: »Und was macht Ihr Studium?« Das war typisch für Möllemann.

Dieses Gespräch war für mich bitter. Ohne Jürgen Möllemann wäre meine Landtagskandidatur im Jahr 2000 wohl nicht erfolgreich gewesen, womöglich hätten mein Leben und mein politisches Engagement ohne ihn einen gänzlich anderen Verlauf genommen. Jetzt aber konnte ich ihn nicht mehr unterstützen.

Möllemann verließ die FDP im Frühjahr 2003 und war noch eine Weile fraktionsloser Abgeordneter. Der Zufall wollte es, dass wir am Tag vor seinem Selbstmord in der letzten Reihe des Plenarsaals nebeneinandersaßen. Depressiv wirkte er auf mich nicht, er hatte im Gegenteil ein Lächeln auf den Lippen und schien gelöst. Wir unterhielten uns kurz. Möllemann und ich im Gespräch – dieser Moment war am übernächsten Tag in der *Bild*-Zeitung zu sehen. Es ging um die Rekonstruktion seiner letzten Stunden.

Die Erfahrungen und Beobachtungen in dieser Zeit prägten viele – auch mich. Wir wurden Zeugen der persönlichen Tragödie eines Mannes, der sich verrannt hatte und einen Ausweg nur noch im Tod sah. Wir wurden gezwungen, uns politisch und menschlich von einem Anführer zu trennen, dem wir viel zu verdanken hatten, der sich aber als Verführer herausstellte. Dem haftete nichts Unbeschwertes mehr an. Mir ist seit damals klar, wie gefährlich Abhängigkeit von der Politik ist – nicht die materielle von einem Mandat, sondern die immaterielle von Aufmerksamkeit und Bedeutung. Ohne ein anderes, ein privates Leben, ohne Familie, Freunde und Leidenschaften jenseits der Politik gehst du verloren.

/3/ **Politik an der Spitze**

Bundesvorsitzender der FDP

Forschungsgruppe Wahlen, Sonntagsfrage, ZDF, 8. 11. 2013:
CDU/CSU 42%, SPD 26%, Linke 9%, Grüne 9%, FDP 3%,
AfD 5%, Sonstige 6%

Nach der Wahlniederlage 2013 begann die Zwischenzeit. Die FDP-Minister, abgewählte Vertreter einer abgewählten Partei, amtierten noch. Das Regierungsgeschäft stand nicht still.

Guido Westerwelle reiste, in Absprache mit der Kanzlerin, nach New York und Kiew; Philipp Rösler stellte den Jahreswirtschaftsbericht vor. Einerseits liefen die Staatsgeschäfte weiter, als ob nichts geschehen wäre. Andererseits war der Abriss des liberalen Pfeilers in der deutschen Politik bereits voll im Gange.

Ein Bundesminister der FDP wurde nach meiner Erinnerung beim Bundespresseball 2013 neben dem mongolischen Botschafter platziert. Er war noch im Amt, anders als früher aber musste er mit einem Tisch am äußersten Rand des Ballsaals Vorlieb nehmen. Kaum ein Journalist oder Verbandsmitarbeiter interessierte sich noch für die Vertreter der FDP. Sie würden ja nicht einmal mehr als einfache Abgeordnete im Bundestag sitzen, wir waren die politischen Zombies auf dem Berliner Parkett. Aus Unsicherheit oder Scham machte man einen Bogen um uns. Manche Freundlichkeit zuvor wird sich eher Ämtern und Einfluss verdankt haben als echter Sympathie.

Ganz anders war es übrigens im nordrhein-westfälischen Landtag. Insbesondere die Redner der SPD sahen davon ab, unsere Fraktion wegen der Wahlniederlage mit Spott und Häme zu überschütten, obwohl es in den Debatten in Düsseldorf durchaus die Gelegenheit gegeben hätte. Nicht auf jemanden zu treten, der ohnehin am Boden liegt – das empfand ich als ritterliche Haltung des politischen Gegners. Viele abgewählte Abgeordnete der FDP berichteten mir, dass sie ähnliche Erfahrungen machten – vor allem mit Kollegen aus der SPD.

Eigentlich sollte der nächste Bundesparteitag im Mai 2014 stattfinden. Doch diese Planung stammte aus einer anderen Zeit. Wir waren jetzt außerparlamentarische Opposition. Die noch geschäftsführend amtierende Parteiführung berief einen Sonderparteitag ein, er fand am 7. und 8. Dezember in Berlin statt.

Wir mussten sparen. Denn durch das schlechte Wahlergebnis fehlte der Partei Geld. Dazu muss man wissen, dass ein beträchtlicher Teil des Geldes, mit dem die Parteien arbeiten, aus der staatlichen Teilfinanzierung stammt. Die FDP bekam deutlich weniger Stimmen als erhofft. Die mittelfristige Finanzplanung der Partei war von einem Wahlergebnis von etwa sechs Prozent ausgegangen. Es wurde auch weniger gespendet als prognostiziert. Daher lagen die Einnahmen der Partei von 2013 an um jährlich vier bis fünf Millionen Euro unter den Erwartungen. Alles in allem ergab sich die Notwendigkeit einer finanziellen Rosskur, die zur

Folge hatte, dass die Ausgaben um etwa ein Drittel gesenkt werden mussten.

Parteitage in schicken Kongresszentren deutscher Großstädte konnten wir uns schlichtweg nicht mehr leisten. In diesem und in den kommenden Jahren traf die FDP sich deshalb regelmäßig in der »Station«, einem ehemaligen Postbahnhof in Berlin-Kreuzberg. Das war billiger und sicherte uns zudem noch etwas Aufmerksamkeit. Denn für die außerparlamentarische FDP wären die meisten Hauptstadtjournalisten wohl kaum nach Nürnberg oder Saarbrücken gereist. So aber genügte eine U-Bahn-Fahrt innerhalb Berlins zum Innenstadttarif.

Vieles war anders an diesem ersten Parteitag der Apo-Ära. Der Postbahnhof mit seinen unverputzten Wänden und dem kahlen Betonboden hätte auch für Kongresse der Piratenpartei eine passende Kulisse abgegeben. Die von der Partei üblicherweise ausgegebenen Wertmarken, mit denen Journalisten früher ein kostenloses Mittagessen spendiert bekamen, wurden gestrichen. Die Delegierten selbst wurden auf einen in der Vorhalle aufgebauten Dönerstand verwiesen. Der Schatzmeister bat darum, eine Spende für die Partei nicht zu vergessen. Die Party am Abend des Parteitags fiel aus, es mangelte an Geld und Feierstimmung.

Aus der Not machten wir eine Tugend. Der *FAZ* fiel auf, dass die sonst üblichen Absperrungen zwischen Delegierten und Parteitagspodium der Fünf-Prozent-Hürde zum Opfer gefallen waren: »Zu dieser von vielen Delegierten als wohltuend empfundenen Vereinfachung der Dinge gehörte auch, dass auf einen Großteil des muskulösen Sicherheitspersonals verzichtet wurde, das vier Jahre lang die Delegierten-Basis von den Amtsinhabern getrennt hatte.«

Insgesamt erwies sich der alte Postbahnhof als Glücksfall für uns: Mit der neuen Location verband sich ein neuer Geist, die Delegierten bekamen das Gefühl, Teil einer politischen Werkstatt zu sein und nicht nur Anträge abnicken zu dürfen. Im Frühjahr 2014 trafen wir uns noch einmal in Dresden, danach immer wieder in Berlin. Wenn es nach mir geht, dann werden wir ab jetzt an der »Station« als festem Parteitagsort der Freien Demokraten festhalten und auf den aus meiner Sicht unnötigen Wanderzirkus verzichten.

Der Empfang für Philipp Rösler und Rainer Brüderle fiel eher kühl aus, ein Delegierter stellte sogar den Antrag, die Redezeit der beiden auf fünf Minuten zu begrenzen. Das lehnte der Parteitag zu Recht ab, denn das wäre respektlos gewesen. Niederlage hin oder her: Beide waren im Wahlkampf die Gesichter der FDP gewesen und dafür schuldete ihnen die Partei, dass sie bei ihrem Abschied sagen durften, was ihnen als wichtig erschien. Rainer Brüderle benannte eigene Fehler, kritisierte aber auch die Medien für ihr Verhalten. Philipp Rösler verabschiedete sich emotional mit dem Worten: »Es war mir eine Ehre, Ihr Vorsitzender zu sein.«

Zwar fand eine tiefgreifende Aufarbeitung der Niederlage zu diesem Zeitpunkt noch nicht statt, es kam aber auch nicht zu der befürchteten Selbstzerfleischung oder zu Szenen der persönlichen Abrechnung, wie sie von einigen Medien vorhergesagt worden waren. Die Partei insgesamt bewies Charakter. Eine solche Haltung war wichtig als Grundlage für den Wiederaufbau, denn eigene Fehler kann man korrigieren – wer die Gründe für das Scheitern hingegen vor allem woanders sucht, der dokumentiert seine Machtlosigkeit und ergibt sich dem Schicksal.

Vor dem Parteitag war darüber spekuliert worden, ob

Frank Schäffler, der als Kritiker der Stabilisierungspolitik in der Euro-Krise Bekanntheit erlangt hatte, für den stellvertretenden Parteivorsitz kandidieren würde. Mit dieser Personalie drohte sich eine Grundsatzentscheidung darüber zu verbinden, in welche Richtung die FDP europapolitisch drängte – ob sie in der Traditionslinie eines Hans-Dietrich Genscher bleiben oder ob sie schlimmstenfalls die Idee der europäischen Einigung aufs Spiel setzen würde. Die Frage war meines Erachtens aber mit der Mitgliederbefragung 2011 zur Euro-Rettungspolitik geklärt worden.

Ich jedenfalls sah die Zukunft der FDP auf keinen Fall in der Wandlung hin zu einer prinzipiell Euro- oder EU-kritischen Partei. Dafür hätte ich nicht zur Verfügung gestanden. Unsere Mission sollte im Gegenteil sein, für Reformen des europäischen Einigungsprojekts zu arbeiten, um es für die Zukunft zu stärken. Bei einer anderen Ausrichtung unserer Partei hätte die Gefahr bestanden, falsche Unterstützer anzuziehen, die unsere Grundwerte gar nicht teilen, sondern Ressentiments pflegen, Europa abwickeln wollen und generell auf Abschottung setzen. Die Freien Demokraten konnten und durften also auf keinen Fall der AfD nachlaufen, die ich auf dem Parteitag damals nur eine »nationalökonomische Bauernfängertruppe« nannte. Das war noch eine Verharmlosung des autoritären Charakters dieser Partei. Vor allem hielt und halte ich auch in der Sache die Unterstützung der Euro-Stabilisierungspolitik durch die FDP seit 2010 für richtig. Die Linie der schwarz-gelben Bundesregierung war zwar nicht »alternativlos«, wie Bundeskanzlerin Merkel sagte. Aber die Alternative, ungeordneter Staatsbankrott in Euroland, wäre für alle Beteiligten schlechter gewesen. Hilfskredite gegen Reformen zu gewähren, das war die bessere Strategie. Um die Objektivität der Programme zu sichern, war es ein Anliegen der Freien Demokraten zu unseren Regierungszeiten, dass der Internationale Währungsfonds sich an den Maßnahmen beteiligte. An diese Politik knüpften wir auch als außerparlamentarische Opposition weiter an. Wir mussten die Linie, die wir seit 2010 verfolgten, nicht verändern: Wenn ich zwischenzeitlich für ein Ausscheiden Griechenlands aus der Euro-Zone plädierte, dann nicht deshalb, weil wir unsere Maßstäbe geändert hatten, sondern weil sich die Lage verändert hatte, an die wir unsere Maßstäbe anlegten. Griechenland hatte Reformziele nicht erreicht, also stellte der IWF die Schuldentragfähigkeit in Frage – es hätten keine weiteren Hilfskredite ausgezahlt werden dürfen. Die Konsequenz hätte sein müssen, dass Griechenland außerhalb des Euroraums mit einer neuen Drachme entschuldet worden wäre. Als Mitglied der EU hätte das Land weiter Subventionen erhalten können, die aber zweckgebunden und nicht länger als Kredite getarnt gewesen wären. Klar ist: Die Zukunft des Euro-Raums wird uns noch auf lange Sicht keine Ruhe lassen.

In meiner Parteitagsrede im Dezember 2013 warnte ich davor, die FDP zu einer Partei mit unterschiedlichen Flügeln zu stilisieren. So wie die Idee der Freiheit unteilbar sei, sei auch die FDP unteilbar. Die Gruppe der Libertären, ich meinte den Kreis um Frank Schäffler, gehöre zur Partei, sie bilde aber keinen »Flügel«. Es sei eine Lehre aus der Geschichte liberaler Parteien, dass es nur *einen* politischen Liberalismus gebe, und Freiheit verpflichte auch zu Gemeinsamkeit.

Hierauf gab es stärkeren Applaus. Die historische Andeutung verstanden alle sofort: Immer wieder waren liberale

Parteien gescheitert, nachdem sie Spaltungen zugelassen hatten. Bismarck war es gelungen, die liberale Deutsche Fortschrittspartei zu teilen, von der sich die Nationalliberale Partei abspaltete. Das Muster wiederholte sich in der Weimarer Republik, in der sowohl die DDP, eine eher intellektuell-linksliberale Partei, wie auch die DVP, eine eher bürgerlich-liberale Partei, aufgerieben wurden. Daraus zogen die Gründer der FDP nach dem Zweiten Weltkrieg einen klaren Schluss: dass es eine liberale Partei für alle Liberalen geben solle. Das hielt ich weiterhin für richtig und daher bin ich gegenüber jeder Form institutionalisierter Flügelbildung skeptisch.

Ich sprach im Vorfeld der Vorstandswahlen mit Frank Schäffler, sagte ihm, wenn er die Achse der Partei verschieben wolle, dann müsse er schon selbst für den Vorsitz kandidieren, also gegen mich. Das lehnte er ab. Er hielt sich aber eine Kandidatur offen. Er trat schließlich gegen Marie-Agnes Strack-Zimmermann an, die ich für den stellvertretenden Parteivorsitz vorgeschlagen hatte. Strack-Zimmermann war überregional bisher nie in Erscheinung getreten. Ich versprach mir von ihrer Nominierung ein Signal an die Parteibasis, dass auch neue Gesichter eingebunden würden, die keine Mandatsträger gewesen waren. Sie repräsentierte die Kommunalpolitiker der FDP und hatte als Bürgermeisterin in Düsseldorf in einer schwarz-gelben Zusammenarbeit Erfolge erzielen können: Düsseldorf war schuldenfrei und trieb ein Infrastrukturprojekt nach dem anderen voran.

Auch mit meinem Vorschlag, Nicola Beer zur Generalsekretärin zu wählen, wollte ich die personelle und thematische Erneuerung dokumentieren. Als ehemalige Kultusministerin in Hessen verfügte Nicola als damals einziges

Mitglied des neuen Präsidiums über Kabinettserfahrung, außerdem brachte sie die bildungspolitische Kompetenz mit, die wir zur glaubwürdigen Besetzung dieses Politikfeldes gut gebrauchen konnten. Ihre landespolitischen Ambitionen und berufliche Alternativen außerhalb der Politik stellte sie auf meine Bitte zurück. In den Jahren zuvor hatte sie mich als stets präzise vorbereitete und zäh argumentierende Kollegin in Sitzungen manchmal beeindruckt und manchmal genervt – je nachdem, ob wir einer Meinung waren oder nicht. Diese Tugenden konnten wir in der Parteiführung jetzt gut gebrauchen. Ich war mir nach ersten Gesprächen Wochen vor dem Bundesparteitag sicher, dass ich mich auf ihre Loyalität verlassen konnte, wenn es einmal hart auf hart käme. Mit ihr konnte ich auch den eher konservativen hessischen Landesverband eng einbinden. Im Ergebnis war mir willkommen, dass mit Marie-Agnes Strack-Zimmermann und Nicola Beer in der Führung der Partei auch mehr Frauen vertreten sein würden.

Holger Zastrow, der sächsische Landesvorsitzende, hatte im Vorfeld des Parteitags ein Interview gegeben, in dem er für die Apo-Zeit »Machete statt Florett, Stammtisch statt Talkshow, Straße statt Feuilleton« empfahl. Dieser Hinweis war auf mich gemünzt, auch wenn er mich nicht namentlich erwähnte. Mir war bewusst, dass mir früher wiederholt der Vorwurf eines zu weichen »Säuselliberalismus« gemacht worden war. Gemeint war damit ein angeblich zu intellektueller Zugang zu politischen Fragen. In meiner Bewerbungsrede thematisierte ich diese Kritik: »Mir sind Parteifreunde, die offen Kritik äußern, die offen ihre Meinung sagen, lieber – wie beispielsweise unser Freund Holger Zastrow aus Sachsen, der klar eine Position vertritt«, sagte ich. Und weiter: »Ich habe Respekt vor seinem Rat. Aber ich werde seinen Rat nicht befolgen, weil ich glaube, dass wir uns dann kleiner und enger machen, als wir sind. Außerparlamentarische Opposition heißt Machete *und* Florett, Stammtisch *und* Talkshow, Straße *und* Feuilleton. Neiden wir uns unsere unterschiedlichen Möglichkeiten nicht!«

Mir ging es darum, die Partei in dieser ersten Phase der Genesung nicht auseinanderbrechen zu lassen. Mit 79 Prozent erzielte ich mit zwei Gegenkandidaten von der Parteibasis kein Traumresultat. Die Vorbehalte gegenüber dem angeblichen »Säuselliberalismus« konnten wohl nicht komplett ausgeräumt werden. Mancher haderte auch mit mir, weil ich erst zwei Jahre zuvor als Generalsekretär zurückgetreten war. Dennoch, die Ausgangsbasis für die vor uns liegende Arbeit stimmte.

Die wichtigste Entscheidung bei diesem Parteitag war ohnehin nicht meine Wahl zum Parteivorsitzenden, sondern die Abstimmung um den erwähnten Stellvertreterposten, weil damit Fragen der politischen Ausrichtung der FDP verbunden wurden. Marie-Agnes Strack-Zimmermann entschied sie deutlich mit 71,7 Prozent der Stimmen für sich, Frank Schäffler erhielt 24,8 Prozent. Er sicherte der Parteiführung seine Unterstützung zu.

Rücktritt und Risiko

2009 war ich nach fast zehn Jahren Landespolitik in Nordrhein-Westfalen nach Berlin gewechselt. Die Bundestagswahl endete für die FDP im Freudenrausch. Guido Westerwelle fuhr mit 14,6 Prozent das beste Ergebnis der

Parteigeschichte ein. Er war es aber auch, der in seiner ersten Rede vor der Fraktion im Reichstagsgebäude die euphorisierten Abgeordneten ermahnte, Ruhe zu bewahren. Die Hälfte von ihnen waren wie ich Anfänger in der Bundespolitik. Man solle sich Zeit lassen und die neue Koalition sorgfältig verhandeln, sagte er.

Das politische Berlin war für mich ein weitgehend unbekanntes Terrain. Mit Philipp Rösler und anderen jungen FDP-Politikern hatte ich hier vor der Bundestagswahl das Buch *Freiheit: gefühlt – gedacht – gelebt,* einen Sammelband zur liberalen Wertedebatte, vorgestellt. Wir wollten eine Öffnung der FDP für andere Themen; die Fixierung auf Steuerpolitik verursachte bei uns ein ungutes Gefühl, obwohl die darauf basierenden Kampagnen uns große Wahlerfolge bescherten. Es war mein erster größerer Auftritt auf der Berliner Bühne. Von einem Journalisten gefragt, ob das Buch als Angriff auf Westerwelle zu verstehen sei, antwortete ich, das Gegenteil sei richtig: Wir Jungen seien seine Prätorianergarde. Das war frei von Ironie.

Auf manche Beobachter wirkte das Rekordergebnis der FDP wie aus der Zeit gefallen. Sie fragten sich, wie ausgerechnet eine liberale Partei ein Jahr nach Ausbruch der Banken- und Finanzkrise so gut abschneiden konnte. Ich hatte zwei Erklärungen dafür: Einerseits wählten jene Leute, die tatsächlich glaubten, dass der Liberalismus am Ausbruch der Krise schuld gewesen sei, auch zuvor schon nicht FDP. Und zweitens schauen die Menschen, die grundsätzlich für die liberale Sache ansprechbar sind, etwas genauer hin. Historisch hatten wir uns immer als eine Partei des Mittelstands verstanden, als eine Partei der »Main Street« und nicht der »Wall Street«.

Die Koalitionsverhandlungen zwischen CDU, CSU und FDP fanden in der nordrhein-westfälischen Landesvertretung in Berlin am Tiergarten statt, Journalisten hatten für das künftige Bündnis den Begriff der »Tigerenten-Koalition« in Umlauf gebracht. Obwohl ich ein Neuling im Bund war, wurde ich einer Arbeitsgruppe zugewiesen, der Arbeitsgruppe Familie. Über die frühere CSU-Generalsekretärin Christine Haderthauer machte ich zum ersten Mal mit der Verhandlungstaktik der Christsozialen Bekanntschaft. Knackpunkt in unserer Arbeitsgruppe war das Betreuungsgeld. Das hatte die vorherige Große Koalition auf Druck aus Bayern schon vereinbart. Doch es fehlte ein Ausführungsgesetz, damit das Geld auch fließen konnte. Wir waren im Wahlkampf polemisch gegen die »Herdprämie« aufgetreten, die wir aus ordnungspolitischen, finanzpolitischen und familienpolitischen Gründen vehement abgelehnt hatten. Einem Reporter der *Bild*-Zeitung diktierte ich nun in den Block, das Betreuungsgeld werde es nur über unsere Leiche geben. So dachte ich auch. Kurze Zeit später wurde ich aus der eigenen Delegation heraus angerufen und aufgefordert, Ähnliches in Zukunft doch zu unterlassen. Sonst könne man nicht garantieren, dass ich überhaupt irgendeine auch nur halbwegs spannende Aufgabe in der Fraktion erhalte. Ich war perplex, dass wir im Wahlkampf dieses Betreuungsgeld so nachdrücklich abgelehnt hatten – und dass wir unsere Haltung in den Verhandlungen mit der Union nun so samtpfötig vertreten sollten. Ich fügte mich.

Von den Fehlern, die wir damals gemacht haben, sollte die FDP sich die gesamte Legislaturperiode über nicht mehr erholen. Leider sieht man solche Fehler immer erst im Nachhinein.

In der Chefrunde, die Angela Merkel und Guido Wester-welle leiteten, ging es durchaus kontrovers zu, so war zu hören; wir in den Facharbeitsgruppen erfuhren davon meist nur aus der Presse. Wir verhandelten relativ eigenständig. Was aus den von uns zugelieferten Papieren wurde und warum, das wurde nicht bekannt. So fand sich aufgrund ir-gendeines Tauschgeschäfts am Ende das Betreuungsgeld im fertigen Koalitionsvertrag. Er war ein Mammutprogramm – viele Prüfaufträge, wenig konkrete Absichten. Es fehlte die Zeit, weil die Regierung rasch gebildet werden sollte. Zum nächsten Europäischen Rat wollte die Kanzlerin schon im Amt bestätigt reisen, hieß es. Viele vertrauten daher darauf, dass im parlamentarischen Tagesgeschäft alle Unklarheiten partnerschaftlich aufgelöst würden. Ein Irrtum, denn die Koalitionspartner hatten gefährlich unterschiedliche Wahr-nehmungen und Absichten: Die FDP hatte ihre Ziele in den Koalitionsvertrag geschrieben, die Union dagegen ihre Be-denken. Seit 2005, als es eine große programmatische Nähe zwischen beiden gab, war viel passiert. Auch mit und in der CDU/CSU selbst. Die FDP ging hingegen wie selbstver-ständlich davon aus, CDU und CSU aus der Zusammenar-beit mit der SPD befreit zu haben; die hatten sich aber gut miteinander arrangiert. Keineswegs war die Union der Auffassung, die eigene Arbeit zwischen 2005 und 2009 sei schlecht gewesen. Die Liberalen waren nun plötzlich Stö-renfriede. Außerdem hatten wir unser Wahlergebnis stark zu Lasten des schwarzen Koalitionspartners verbessert. Der wollte über die Regierungszusammenarbeit die Stimmen zurück und deshalb der FDP keine Triumphe in der Sache gönnen. Regieren wollten wir dennoch, also haben wir auch Formelkompromisse im Koalitionsvertrag als Durchbruch für die Öffentlichkeit inszeniert. »20 von 20 Kernforderungen gegen die Union durchgesetzt«, hieß es. Das schürte Erwartungen in der Öffentlichkeit – und bei uns selbst.

In Erinnerung geblieben ist mir eine Szene, die sich bei der feierlichen Unterzeichnung des Koalitionsvertrags abspielte. Angela Merkel und Guido Westerwelle hielten Reden und erklärten, dies sei ein historischer Abend. So empfand ich das auch. Beseelt und beschwingt stand ich zwischen einigen jüngeren Abgeordnetenkollegen von Union und FDP. Die Kanzlerin schlenderte durch die Reihen, erreichte unseren Tisch und erkundigte sich, wie es uns denn so gehe. Ich konnte meine Euphorie kaum verbergen und antwortete: »Jetzt können wir ja endlich das Land voranbringen und Reformen angehen.« Angela Merkel lächelte. Dann meinte sie, sie werde schon aufpassen, dass wir ihr das Land nicht in Brand steckten. Damals lachte ich mit. Aber das Lachen sollte uns bald vergehen.

Ich überlege oft, ob eine Verständigung über abstrakte Ziele und Werte sowie die Verfahren der Zusammenarbeit eine Alternative wäre. In der Gesetzgebung und der Haushaltspolitik müsste dann fortwährend ausgehandelt werden, was konkret gemeinsame Politik werden soll. Aber ist so stabiles Regieren möglich? Entspricht das den Erwartungen der Wählerinnen und Wähler, die wissen wollen, was aus ihrer Stimme wird? Mehr Einfluss als zur Zeit der Regierungsbildung hat der kleine Partner jedenfalls zu keinem späteren Zeitpunkt. Danach würden alle Versuche, eigenes Profil zu zeigen, zum politischen Großkonflikt führen.

Vorläufig – bis ich es besser weiß – bin ich der Meinung, dass die herkömmliche Koalitionsvereinbarung die beste Praxis ist. In der Konsequenz ist präzise auszuhandeln, was realisiert werden soll – und was nicht. Prüfaufträge gehören zur Kategorie »aus den Augen, aus dem Sinn«. Das Ergebnis von Verhandlungen sollte man nicht an der Zahl der untergebrachten Lieblingsvokabeln und vagen Ankündigungen messen, sondern an den konkreten Vorhaben. Übrigens auch denen des potenziellen Partners, die nolens volens mitzutragen sind. Zu fragen ist: Haben wir wichtige Projekte verankert und Profilpunkte gesetzt? Mussten wir Grundüberzeugungen verletzen? Ist eine liberale Handschrift erkennbar?

Über diese Fragen sollten nicht wenige Mitglieder der Parteiführung entscheiden, sondern die Basis. Diese Veränderung nahmen wir 2017 bei den Landtagswahlen in Schleswig-Holstein und Nordrhein-Westfalen vor. Ich hatte dies bereits vor unseren Landtagswahlen im Westen angekündigt. Zum einen wollte ich damit die Legitimationsbasis für eine mögliche Regierungsbeteiligung erweitern und die Motivation für eine Mitgliedschaft erhöhen. Die Parteibasis hat schließlich im Wahlkampf für die eigenen Inhalte geworben, sie muss später nach außen Kompromisse vertreten. Also soll sie auch mitentscheiden. Zum anderen sah ich darin eine kluge Verhandlungstaktik, sich selbst an eine andere Instanz zu binden. Wie Odysseus sich gegen die Sirenengesänge an einen Mast gekettet hat, so sichert dieses Verfahren, dass man sich nicht von Dienstwagenschlüsseln und anderen Insignien der Macht vom politischen Kurs abbringen lässt. Ich rate meiner Partei, zukünftig generell so zu verfahren. Eine Partei, die den einzelnen Menschen groß machen will, muss beim einzelnen Mitglied anfangen.

Doch zurück ins Jahr 2009. Ich war überrascht, dass wir

nach dem steuerpolitisch zentrierten Wahlkampf nicht das Finanzministerium für uns reklamierten. In der Fraktion wurde uns erklärt, die versprochene Steuerreform würden wir nun eben aus dem Parlament heraus durchsetzen. Stattdessen wurde der begnadete Debattenredner Guido Westerwelle Diplomat und Dirk Niebel wurde Chef im Entwicklungsministerium, das wir eigentlich mit dem Außenamt fusionieren wollten. Man muss notieren, dass Niebel viele Strukturreformen umgesetzt und einen neuen Kurs geprägt hat. Der fatale öffentliche Eindruck blieb dennoch haften, dass er einem Ministerium vorstand, das wir eigentlich abschaffen wollten. Viel später war zu erfahren, die Bundeskanzlerin hätte angeblich noch einen anderen Ressortzuschnitt angeboten: nur vier statt fünf Ministerien für die FDP, diese aber um einige interessante inhaltliche Materien erweitert, Integration zum Beispiel und Verbraucherschutz. Zu dieser Aufteilung kam es aber nicht, auch weil manche in der Partei offenbar der Ansicht waren, unsere Justizministerin Sabine Leutheusser-Schnarrenberger würde durch einen solchen Zuschnitt zu stark werden.

Die Bilanz unserer Regierungsmitglieder war nach vier Jahren sehr respektabel. Mit jeder Woche der nachfolgenden Großen Koalition war ich mit ihr mehr versöhnt. Dennoch sehe ich es als kapitalen Fehler, dass wir nicht die Ressorts beanspruchten, die unsere Agenda abgebildet hätten – insbesondere das Bundesfinanzministerium. In eigener Führungsverantwortung habe ich daraus 2017 gelernt, als in Nordrhein-Westfalen die Bildung einer Regierung anstand.

Ich hatte nicht damit gerechnet, kurze Zeit später neuer Generalsekretär meiner Partei zu werden. Dieses Gerücht lag zwar in der Luft, auf mich aber wirkte es so, als entspringe es allein der Phantasie von Berliner Journalisten, da Guido Westerwelle und ich uns ja nicht besonders gut kannten. Wochenlang wurde über die Personalie spekuliert, bis dann der Korrespondent einer großen Zeitung bei mir anrief und mir meine baldige Nominierung prophezeite. Er werde diese Personalie jetzt in seinem Blatt als Nachricht veröffentlichen, kündigte er an, und wolle mir das zuvor mitteilen – ich war verblüfft.

Tatsächlich rief Guido Westerwelle mich einige Tage später an einem Sonntagabend Mitte Dezember an. Er sagte: »Du weißt ja, morgen wird ein Generalsekretär bestimmt, ich werde einen vorschlagen. Ich habe drei Fragen an dich: Traust du dir das zu? Weißt du, was auf dich zukommt? Und liegt etwas gegen dich vor?« Auf die ersten beiden Fragen antwortete ich mit ja, auf die dritte konnte ich mit nein antworten. Dann sei ja alles klar, meinte er. Ich sagte zu ihm: »Wir haben ja gar nicht darüber gesprochen, wie du dir das Amt vorstellst.« Er erwiderte: »Du machst das schon.« »Und was sagen wir dann der Presse?« »Ich werde dich vorschlagen, dann wirst du gewählt, wir gehen raus vor die Presse, stellen dich vor, und dann machst du das schon.«

So war Guido Westerwelle. Er hat Menschen etwas zugetraut, gab ihnen Chancen. Weil er der Auffassung war, wenn diese ihr Bestes gäben, dann könnten nur alle davon profitieren. Er hat klar geführt, aber er hat Menschen auch sehr viel Vertrauen geschenkt.

Natürlich wusste ich nicht, was mich als Generalsekretär erwarten würde. In das Regierungshandeln war ich kaum eingebunden, ich musste es aber öffentlich verteidigen, vom Deutschlandfunk morgens über Günther Jauch am Abend bis hin zu Kreisparteitagen in ganz Deutschland. Ich fühlte mich eher wie ein Parteipressesprecher denn wie ein einflussreicher Koalitionspolitiker und fand mich zumeist in einer Abwehrhaltung wieder, um die permanent eintreffende Kritik zu parieren.

Unwuchten in der Koalition gab es reichlich. Das Drama fing mit der sogenannten Hotelsteuer an, der Senkung der Mehrwertsteuer für Hotelübernachtungen von 19 auf sieben Prozent. Sie sollte eine Ouvertüre für eine spätere größere Steuerreform sein und war nicht nur von der FDP, sondern auch von der CSU gefordert worden. Die Tourismuspolitiker aller anderen Parteien im Bundestag hegten ebenfalls Sympathien dafür.

Der Bankier August von Finck hatte der FDP Spenden zugewendet, so wie dies auch viele andere taten, die die Ablösung der Großen Koalition wollten. Weil er in seinem breiten Anlageportfolio neben vielen anderen Beteiligungen auch einen Minderheitsanteil an der Mövenpick-Hotelgruppe hielt, wurde der FDP nun ab Ende 2009 hartnäckig unterstellt, sie sei eine »Mövenpick-Partei« – also käuflich. Den reduzierten Mehrwertsteuersatz hatten wir indessen schon Jahre vorher im Programm. Man kann davon halten, was man will – absurd war, uns als Erfüllungsgehilfen der Hotelbranche hinzustellen. Dennoch hing uns dieser Vorwurf wie ein Mühlstein um den Hals, wir wurden ihn nicht mehr los. Um uns in die Defensive zu bringen, brauchten unsere Gegner nur ein Wort: Mövenpick.

Die Debatte um die Steuersenkung führte auch zu einer der bizarrsten Situationen meiner politischen Laufbahn. Für einige Zeit war ich gleichzeitig Generalsekretär der Bundes-FDP und der FDP in Nordrhein-Westfalen, denn für das Amt des Generalsekretärs in Düsseldorf war noch kein Nachfolger bestimmt worden. Der dortige Landesvorsitzende Andreas Pinkwart hatte in einem *Spiegel*-Interview die Rücknahme der Steuersenkung gefordert, in Berlin dagegen hielt die FDP an diesem Schritt fest. An dem Wochenende, an dem das Interview erschien, war ich als Gast in die ZDF-Sendung »Berlin direkt« eingeladen. In der Sendung stand ich vor einem Millionenpublikum. Ich fühlte mich in einer Loyalitätsverpflichtung sowohl dem Bundes- als auch dem Landesvorsitzenden gegenüber. So musste ich, obwohl ich es nicht wollte, eines dieser völlig nichtssagenden Politikerinterviews geben: jeder Frage ausweichend wie einem entgegenkommenden Auto, denn ich wollte ja weder Andreas Pinkwart noch Guido Westerwelle vor den Kopf stoßen.

Schließlich sagte Angela Merkel nach der Niederlage der CDU/FDP-Koalition in Nordrhein-Westfalen im Mai 2010 das Vorhaben einer größeren schwarz-gelben Steuerreform ab. Der Vorhang für die Koalition war damit im Grunde genommen gefallen – nur dass die Darsteller noch drei Jahre auf der Bühne weiterspielten, während das Publikum längst enttäuscht die Ausgänge suchte. Tatsächlich hatte die CDU uns vom Kurs abgedrängt, unser zentrales Wahlversprechen wurde abgeräumt. Wir aber hatten nicht gegengesteuert. Auch ich persönlich hatte als Generalsekretär geschwiegen, das gebe ich zu. Ich habe mir geschworen: Das passiert mir nie wieder. Die Wähler erinnern sich noch jahrelang daran, dass die eigene Agenda verändert wurde, aber nicht daran, warum das geschah und ob es dafür gute Gründe gegeben hat.

Die Regierung Merkel/Westerwelle hatte angesichts der Turbulenzen im Zuge der Euro-Krise ihren Schwerpunkt von umfassenden Entlastungen hin zu einer schnelleren Haushaltskonsolidierung verschoben; das Ziel lautete nun, rasch ohne neue Schulden auszukommen. Tatsächlich war die schwarz-gelbe Legislaturperiode die erste und einzige in der deutschen Nachkriegsgeschichte, in der der Staat am Ende weniger Geld ausgab als zu Beginn der Wahlperiode – das war ein beachtlicher Erfolg, der mit teilweise harten Entscheidungen errungen werden musste. Die Stabilität der Staatsfinanzen, auf der Wolfgang Schäuble nach 2013 in der Großen Koalition aufbauen konnte, wurde in unserer Regierungszeit erreicht. Die »schwarze Null« war eigentlich schwarz-gelb. Schwarz-Rot konnte danach die Spielräume für Verteilungspolitik nutzen, die wir für eine Entlastung der Menschen erarbeiten wollten.

Aus meiner heutigen Sicht hätte dieser Strategiewechsel 2010 durch eine Neuverhandlung des Koalitionsvertrags legitimiert werden müssen. Dann hätten beide Partner sich gemeinsam neue Ziele gesteckt. Oder die Koalition wäre beendet gewesen. Stattdessen trat die Kanzlerin als eine Art Erziehungsberechtigte der pubertierenden FDP auf. Wir wirkten macht- und orientierungslos. Zudem galten wir als wortbrüchig, weil die von uns versprochenen Steuersenkungen nicht umgesetzt wurden. Paradoxerweise wollte eine große Mehrheit der Deutschen diese damals übrigens gar nicht. Ich bekam wütende Mails von Bürgern und Parteifreunden, die schrieben, man möge doch endlich von diesem toten Pferd absteigen. Als wir es taten, gab es dafür keine Anerkennung, sondern ebenfalls Protest.

Die FDP will gestalten, sie ist fähig zum Kompromiss. Aber Fehler wie in den Jahren 2009 und 2010 dürfen sich nicht wiederholen. Es gibt eine Grenze, ab der die politische

Glaubwürdigkeit Schaden nimmt: Wenn sie überschritten ist, dann ist es besser, von Bord zu gehen.

Die schlechten Umfragewerte gingen auch an Guido Westerwelle nicht spurlos vorüber. Gegen Ende 2010 begann eine Debatte über seine Person, es hagelte Kritik an seiner Auslandsreise nach Südamerika, bei der ihn sein Ehemann Michael Mronz begleitete, und an seinen Äußerungen zur »spätrömischen Dekadenz« im Zusammenhang mit der Debatte um Hartz IV. Auch wir Jüngeren in der FDP machten uns unsere Gedanken. Philipp Rösler, Daniel Bahr und ich veröffentlichten einen Text in der *FAZ*. »Jetzt erst recht« war er überschrieben, ein Neujahrsappell im Januar 2011 für »Erneuerungsprozesse« in der FDP. Darin schrieben wir: »Die erfolgreiche Oppositionsarbeit zur großen Koalition hatte ... dazu geführt, dass das Bemühen um thematische Verbreiterung und um die sympathische Vermittlung unserer konzeptionellen Vorschläge weniger dringlich schien.«

Westerwelle interpretierte diesen Text offenbar als Attacke gegen ihn. Das hatte, in Bezug auf meine Person, noch tieferliegende Ursachen. Zu meinem ersten Dreikönigstreffen 2010 als Generalsekretär hatte ich mir sehr genau überlegt, was ich sagen wollte. Mir fehlte es bundesweit noch an Bekanntheit und ich wollte diese Plattform nutzen, um einige meiner politischen Gedanken grundlegender auszuführen. Ich sagte in Stuttgart, die FDP solle eine Partei für diejenigen sein, die aufstiegsorientiert seien, nicht nur für diejenigen, die bereits aufgestiegen seien. Als Beispiel dafür nannte ich meine Zugehfrau – auch Menschen wie sie, die am persönlichen Vorankommen interessiert seien, sollten sich im politischen Angebot der FDP wiederfinden können.

Das war durchaus ein neuer Ton in der Debatte und stieß auf positive Resonanz.

Guido Westerwelle musste das Dreikönigstreffen aus Termingründen schnell verlassen, rief mich aber noch vom Auto aus an und sagte mir, dass ihm meine Rede sehr gut gefallen habe. Er sei richtig stolz darauf, mich als Generalsekretär vorgeschlagen zu haben, was wiederum mich sehr stolz machte. Aber es passierte auch etwas, was ich gar nicht beabsichtigt hatte: Ab diesem 6. Januar 2010 wurde ich in Journalistenkreisen als potenzieller Nachfolger Westerwelles im Amt des Parteivorsitzenden gehandelt. Wir hatten eine vergleichbare »Stimmlage«. Und ich war nun der junge Generalsekretär, der auch er einmal war. Seit meiner ersten Dreikönigsrede wurde und wird vieles, was ich tat und sagte, im Hinblick auf seine Person interpretiert.

Die Debatte um Guido Westerwelle kam auch im weiteren Verlauf meiner Amtszeit nicht zum Erliegen. Nach einer längeren Japanreise lud er Philipp Rösler, Daniel Bahr und mich an einem Sonntag Anfang April 2011 in seine Berliner Wohnung in der Mommsenstraße ein. Philipp Rösler war per Telefon zugeschaltet, wegen seiner Kinder war er an dem Abend zu Hause in Niedersachsen geblieben. Guido Westerwelle eröffnete uns, dass er nicht mehr als Parteivorsitzender antreten werde. Dazu musste er nicht, wie oft behauptet wurde, gedrängt werden. Ich hatte den Eindruck, dass er selbst zu der Auffassung gekommen war, sein Außenministeramt sei mit dem Vorsitz der FDP zunehmend schwerer zu vereinbaren. Mit diesem persönlichen Schritt hatten wir allerdings zu diesem Zeitpunkt nicht gerechnet, wir dachten, es werde schon weitergehen, auf irgendeine Art und Weise. Schöner wäre es aus unserer Sicht gewesen, der alte Parteivorsitzende Guido Westerwelle, den wir von früher her kannten und der so viele inspiriert hatte, wäre wieder zum Vorschein gekommen. Doch der Guido Westerwelle, den wir uns zurückwünschten, stammte aus einer anderen Zeit, den Oppositionsjahren der FDP. Jetzt waren wir Regierungspartei. Da geschieht es zwangsläufig, dass sich Rollen und Reden verändern. Jedenfalls sehe ich das heute so.

Am nächsten Tag traf sich das FDP-Präsidium. Nach der Sitzung kam Guido Westerwelle in mein Büro im Thomas-Dehler-Haus und stellte sich neben mich ans Fenster. Er schaute mich längere Zeit von der Seite an und meinte, im Grunde genommen sei die Sache aus seiner Sicht doch klar: »Du möchtest Parteivorsitzender werden, dann trete jetzt auch dafür an.« Ich fragte ihn, wie er darauf komme. Westerwelle sagte, er habe das die ganze Zeit über so wahrgenommen. Seit dem Dreikönigstreffen 2010 hatte er also tatsächlich geglaubt, ich hätte es auf sein Amt abgesehen. Er dachte, ich wäre sein ärgster Widersacher, dabei wollte ich ihm seine Position nie streitig machen. Im Rückblick liegt darin eine persönliche Tragik für mich, denn mein Parteivorsitzender hatte sich ein völlig falsches Bild von mir gemacht und eine Konkurrenz zwischen uns vermutet, die es nicht gab.

Wie sollte es jetzt weitergehen? Aus meiner Sicht sollte Philipp Rösler die Nachfolge von Guido Westerwelle antreten, er war der Erfahrenste und Älteste von uns, genoss in der Partei Rückhalt als niedersächsischer Landesvorsitzender und stand an der Spitze eines Bundesministeriums. Aber Philipp zögerte. Um eine Regelung für die Nachfolge von Guido Westerwelle zu finden, trafen wir uns im Dreierkreis immer wieder, auch abends privat beim Wein, wir hielten

Telefonkonferenzen ab, gingen verschiedene Szenarien durch. Es war ein quälender Prozess, in dem es sich keiner von uns leicht gemacht hat. Auch Philipp Rösler nicht. Am Ende entschied er sich, FDP-Vorsitzender werden zu wollen.

Die Überlegung war, dass Philipp Rösler Gesundheitsminister bleiben sollte und dass Daniel Bahr als Parlamentarischer Staatssekretär und ich als Generalsekretär ihn bei der Wahrnehmung seiner Aufgaben in Partei und Ministerium unterstützen würden. Dazu kam es aber nicht. Philipp Rösler eröffnete mir überraschend, dass er abweichend von der ursprünglich angedachten Aufstellung doch Bundeswirtschaftsminister werden wolle. Damit er als Parteivorsitzender auch positive Botschaften verbreiten könne. Ich hatte zuvor von einem solchen Schritt abgeraten. Zum einen war das Wirtschaftsministerium ein großes und weitverzweigtes Haus, das in unserer kritischen Lage kaum aus einer Doppelbelastung heraus, neben den schwierigen Aufgaben als Parteivorsitzender, zu führen war. Ein zweiter Grund für meine Bedenken war die Rolle von Rainer Brüderle: Die Rochade sah vor, dass er – gegen seinen erklärten Willen – den Platz als Wirtschaftsminister räumen und Chef der Bundestagsfraktion werden sollte. Diese personelle Neuaufstellung betraf nicht nur die politischen Führungskräfte, sondern natürlich auch die mit ihnen verbundenen Stäbe. Damit gab es jede Menge Verletzte und Enttäuschte, die dennoch zur Zusammenarbeit gezwungen waren. Bis hinein in die Mitarbeiterstäbe von Partei und Fraktion zerfiel die Mannschaft der FDP in einzelne Gruppen, die sich fortan gegenseitig bekämpften.

Wir fassten nicht richtig Tritt in der neuen Konstellation. Es fehlte eine Verständigung, wie die inhaltliche Strategie aussehen sollte. Ich hatte die Überlegung, eine neue Agenda mit zehn Punkten für die FDP zu entwickeln: einige Aspekte alten Denkens wie die ideologische Ablehnung jeder Form von gesetzlicher Lohnuntergrenze beenden, neue Themen wie Bildung nach vorne stellen. Wir hätten ankündigen können, dass wir das Entwicklungsministerium vor Ablauf der Wahlperiode wieder abgeben würden, da die Strukturreformen abgeschlossen seien. Ob uns das geholfen hätte? Ich weiß es nicht.

Philipp Rösler setzte – überlegt oder intuitiv – jedenfalls auf eine andere Herangehensweise. Er hatte schon früher gefordert, die FDP müsse sympathischer sein. Korrekturen am Kurs oder bei zentralen Inhalten waren nicht seine Priorität.

Also baute er auch die erste Rede als Bundesvorsitzender auf seinen großen Stärken auf: menschliche Nähe und Humor. Die Delegierten und die anwesenden Journalisten waren von seiner Vorstellungsrede als neuer Parteivorsitzender begeistert, auch diejenigen, die später verletzend über ihn gesprochen und geschrieben haben.

In Philipp Röslers Rede fiel ein Satz, der mir die letzte Illusion nahm, dass unser personeller Neuanfang einen inhaltlichen Aufbruch mit sich bringen würde: Ab jetzt werde geliefert, erklärte er. Der Wechsel an der Spitze führte also nicht zu einer neuen Agenda für die FDP, sondern im Gegenteil zur Bekräftigung der alten.

Im Herbst war die Parteiführung dann mit dem – unter anderem von Frank Schäffler initiierten – Mitgliederentscheid über die Haltung der FDP in der Euro-Rettungspolitik konfrontiert. Es ging darum, ob die FDP-Bundestagsabgeordneten für die Beteiligung Deutschlands am Rettungsfonds ESM (Europäischer Stabilitätsmechanismus) stimmen sollten. Hätten die Euro-Skeptiker gewonnen, dann hätte die FDP aller Voraussicht nach die Regierung Merkel verlassen müssen. Wir hatten uns verabredet, dass wir als Parteiführung für den Kurs der Regierung kämpfen wollten, auch wenn es einzelne fachliche Zweifel an der ESM-Lösung gab. Ein Auseinanderbrechen der Euro-Zone aber erschien uns als zu riskant.

Ab dem Frühsommer 2011 haderte ich mit der Rolle des Generalsekretärs. Sein dienender Charakter ist immer eine Herausforderung für eine unabhängige Persönlichkeit, aber nun wurde das Amt eine Last. Ich habe über die Motive im Einzelnen nie Auskunft gegeben. Daran will ich festhalten, weil man in dieser Funktion in einem besonderen und persönlichen Loyalitätsverhältnis zum Vorsitzenden und zur Partei insgesamt steht. Bestimmte Ereignisse und Strukturen sollten daher vertraulich bleiben.

Was ich sagen kann: Ich fühlte mich damals nicht mehr zugehörig und eingebunden. Nach und nach zog ich mich aus dem strategischen Zentrum der Partei zurück, statt mich offensiv einzuschalten, wie ich es heute machen würde. Das bestätigt mir rückblickend, dass ich mir zu Recht nicht die nötige Reife und Erfahrung für die Führung der Partei zugetraut habe. Die sogenannte Boygroup, die als Machtzentrum die Geschicke der Partei in die Hand genommen habe, wie es damals hieß, hat es so jedenfalls nie gegeben. Wenn ich für die Positionen der engeren Parteiführung öffentlich auftrat, wurde ich von anderen Teilen der Partei öffentlich und persönlich kritisiert – in der Regel stand ich dann ganz allein da. Mir wurde mehr als einmal schmerzlich bewusst, dass ich ohne jeden Flankenschutz operierte. Ich litt unter der schwierigen äußeren Lage der FDP und daran, dass wir intern dagegen nicht gemeinsam den Schulterschluss übten. Das zehrte an meinen Nerven und an meinen physischen Kräften. Ich spürte, dass ich auf Verschleiß fuhr. Meine damalige Sprecherin Kathrin Klawitter sagte im September nach einer Sitzung zu mir, ich sei im Präsidium isoliert. Ihre Wahrnehmung schockierte mich, öffnete mir aber auch die Augen.

Mein innerer Entschluss zum Rücktritt war also schon länger gereift, der Mitgliederentscheid sollte aber durch meinen Schritt nicht beeinflusst werden. Unmittelbar nach dem Einsendeschluss der Abstimmungsunterlagen war der Zeitpunkt gekommen, um mein Amt niederzulegen. Am 14. Dezember 2011 – exakt zwei Jahre zuvor hatte mich Guido Westerwelle als Generalsekretär vorschlagen – suchte ich Philipp Rösler am frühen Vormittag im Wirtschaftsministerium auf. Zu diesem Zeitpunkt fand das Ministerfrühstück der FDP-Bundesminister vor der Sitzung des Bundeskabinetts statt, an dem ich gewöhnlich teilnahm, für das ich mich dieses Mal allerdings entschuldigt hatte. Ich wartete stattdessen im Vorzimmer und sagte den Mitarbeiterinnen, ich hätte einen dringenden und unabweisbaren Gesprächswunsch. Als wir unter vier Augen waren, teilte ich Philipp Rösler meine Entscheidung mit, als Generalsekretär zurückzutreten. Er bat mich, diesen Schritt zu verschieben und erst im neuen Jahr zu vollziehen. Ihm schwebte eine Art geplanter Austausch vor. Ich lehnte das ab. Ein Rücktritt ist keine Verhandlungssache. Ich hatte sorgfältig abgewogen und war entschlossen. Mit aller Konsequenz: lieber als Hinterbänkler mit sich im Reinen als ein zombiehafter Spitzenpolitiker.

Es war sicherlich kein einfaches oder gar angenehmes Gespräch, das Philipp Rösler und ich führten. Dennoch hatte er durchaus Verständnis für meine Entscheidung, im Rahmen dessen, was die Situation zuließ. Tatsächlich hatte ich mit dem Rücktritt die Hoffnung verbunden, dass es mit einer neuen Konstellation und einer engeren Zusammenarbeit in der Spitze zu einem Aufbruch für die Partei kommen könnte. Über Spekulationen, ich wolle eine Kettenreaktion in Gang setzen, an deren Ende ich an der Parteispitze stehen würde, hätte ich gelacht, wenn die Stunden und Tage danach nicht von einem Gefühl der Bleischwere geprägt gewesen wären.

Nach dem Gespräch mit Philipp sendete ich sofort eine vorbereitete Erklärung an die Deutsche Presse-Agentur. In Berlin sickern Nachrichten nämlich schnell durch. Und ich wollte in dieser Situation kein von Gerüchten Getriebener sein. Meldungen der dpa haben einen fast amtlichen Charakter und prägen die Wahrnehmung politischer Ereignisse. Danach bat ich die Pressestelle, für 11.30 Uhr ein Statement in der Parteizentrale anzukündigen, und informierte unter anderem Rainer Brüderle und Hans-Dietrich Genscher telefonisch. Der Fraktionsvorsitzende und der Ehrenvorsitzende sollten von meinem Schritt nicht aus den Medien erfahren, was ich für eine Stilfrage hielt. Im rappelvollen Thomas-Dehler-Haus verlas ich meine über die dpa bereits verbreitete Erklärung im Wortlaut. Sie war so vage wie nötig, um den Eklat nicht größer zu machen, aber so klar wie möglich, um meine Motive anzudeuten. Ich ergänzte sie um zwei Worte: »Auf Wiedersehen.« Ich wollte damit deutlich machen, dass ich mich zwar aus einem Amt verabschiedete, aber nicht aus der Politik und schon gar nicht aus meiner Partei. Ein Teil der Hauptstadtpresse deutete diesen Abschiedsgruß als Kampfansage an die FDP-Führung, vermutete in meinem Abgang den Anfang eines kalkulierten Wiederaufstiegsvorhabens. Das war Unsinn. Hans-Dietrich

Genscher sagte viel später einmal zu mir, der sich anschließende Gang der Ereignisse und mein weiterer politischer Werdegang wirkten im Nachhinein auf ihn wie von einem Regisseur geplant. Tatsächlich aber war es eine Reihe unvorhersehbarer Ereignisse.

Nach meinem letzten Auftritt als Generalsekretär fuhr ich in meine Berliner Wohnung. Ich wusste, dass für mich nun eine Zeit des Schweigens anbrach. Was es öffentlich zu meinem Rücktritt zu sagen gab, hatte ich auf der Pressekonferenz gesagt. Jedes weitere Wort, jede tiefergehende Erklärung hätte meiner Partei nur geschadet. Genau das wollte ich nicht. Und so ließ ich selbst die ätzenden Äußerungen mancher Parteifreunde über meine Person unkommentiert stehen. Ich entschied mich, die Steine, die mir nachgeworfen wurden, nicht aufzuheben und zurückzuschmeißen. So schwer es mir auch fiel.

Ich verbrachte einige Tage zu Hause auf der Couch, ernährte mich überwiegend von Fertigspaghetti und schaute amerikanische Fernsehserien. Zufällig hielt sich Hans-Dietrich Genscher in diesen Tagen in Berlin auf. Er lud mich am Morgen nach meinem Rücktritt spontan zu einem gemeinsamen Frühstück ins Hotel Adlon ein. Er sagte, dass nach einem Rücktritt die Einsamkeit groß sei. Er hatte Recht.

Unterdessen wurde bekannt: Die Initiatoren des Mitgliederentscheids hatten die Abstimmung mit 44,2 Prozent verloren.

Ich hegte nach meinem Amtsverzicht die begründete Vermutung, dass es das für mich gewesen sein könnte mit der Politik. Mein höchstes Amt innerhalb der Partei war jetzt das des FDP-Kreisvorsitzenden im Rheinisch-Bergischen Kreis. In meiner verbleibenden Zeit als Bundestagsabgeordneter wollte ich mich nun in technologiepolitischen Fachthemen positionieren. Außerdem strebte ich den Vorsitz des bundesweit größten Parteibezirks Köln an. Ich ging davon aus, noch Sympathie in meiner politischen Heimat zu haben, rechnete aber auch damit, bei der Wiederaufstellung für den nächsten Deutschen Bundestag auf Widerstände zu treffen. In der Wirtschaft kann man in solchen Situationen im Zweifel das Unternehmen oder die Branche wechseln, Politik ist dagegen ein Nullsummenspiel: Damit einer aufsteigen kann, muss ein anderer den Platz räumen. Ich hatte meinen freiwillig geräumt und mich geschwächt – da bleibt kein Vakuum.

Zum Dreikönigstreffen 2012, knapp einen Monat nach dem Rücktritt, beendete ich meinen mir selbst auferlegten politischen Hausarrest. In Stuttgart machten viele der Besucher einen Bogen um mich. Ich war nicht mehr der gefeierte Redner wie noch ein Jahr zuvor, sondern der gefallene Held, der »Fahnenflucht« begangen hatte. Den Neujahrsempfang der NRW-FDP im Düsseldorfer Maritim-Hotel verfolgte ich am hinteren Ende des Raums im Stehen, anders als früher war kein Sitzplatz mehr für mich reserviert worden. »Der ›fahnenflüchtige‹ Ex-General Christian Lindner wird im ›Maritim‹ nicht mal bei der Vorstellung der Promis erwähnt«, bemerkte die *Westfalenpost*. Trotzdem: Ich fühlte mich befreit. Ich musste nicht länger in der Öffentlichkeit Dinge zurechtrücken, auf die ich in der Entscheidungsphase keinen Einfluss gehabt hatte und die ich deshalb mitunter nicht teilen konnte.

Am 14. März 2012 wurde in Düsseldorf überraschend der Landtag aufgelöst. Die rot-grüne Minderheitsregierung von Hannelore Kraft hatte sich verkalkuliert und nicht damit gerechnet, dass die FDP-Fraktion ihren umstrittenen Landeshaushalt ablehnen könnte. Oder die Führung unserer Fraktion hatte sich verkalkuliert, wie andere sagten, weil Rot-Grün von ihr falsch eingeschätzt wurde. Wir stagnierten zu dieser Zeit in den Umfragen für Nordrhein-Westfalen bei zwei Prozent. Eine Neuwahl, die das Nein zum Landeshaushalt nach sich ziehen würde, werde die FDP aus dem Parlament fegen, so die allgemeine Annahme. Deshalb würden die Freien Demokraten schon einlenken – ein Trugschluss. Die Freundinnen und Freunde im Landtag blieben hart.

Am Tag der Landtagsauflösung hatte ich mich in Berlin einer länger geplanten ambulanten Augenoperation unterzogen. Als ich nach der Behandlung mein Handy einschaltete, waren Dutzende Kurznachrichten von Freunden, Weggefährten und aktiven Mitarbeitern der Landtagsfraktion eingegangen – in Nordrhein-Westfalen stünden Neuwahlen an und ich würde nun gebraucht.

Eine Rückkehr in die Landespolitik hatte ich für mich ausgeschlossen. Das sagte ich auch anrufenden Journalisten, die von mir wissen wollten, wie es in Nordrhein-Westfalen weitergehe. Ich bat sie, von einer Veröffentlichung meiner Antwort abzusehen, solange ich meinen Entschluss noch nicht den Vorstandskollegen in Düsseldorf persönlich mitgeteilt hatte. Trotz meiner Absicht, das Angebot, in NRW Spitzenkandidat zu werden, abzulehnen: Es tat gut zu spüren, dass meine Landespartei mich, »den Fahnenflüchtigen«, nicht abgeschrieben hatte.

Als ich in Berlin-Tegel in das Flugzeug nach Düsseldorf stieg, war ich fest entschlossen, Abgeordneter im Bundestag zu bleiben. Vor der FDP-Sondersitzung, die in einem Hotel stattfand, baten mich der Landesvorsitzende Daniel Bahr und Fraktionschef Gerhard Papke um ein Gespräch. Auch Philipp Rösler war angereist, er hatte eigens eine geplante USA-Reise abgesagt. Seine Teilnahme an unserem Gespräch hatte sich Gerhard Papke jedoch ausdrücklich verbeten. Um 19 Uhr sollte der Vorstand tagen, um 19.30 Uhr saßen Papke, Bahr und ich noch immer beisammen.

Daniel Bahr als amtierender Bundesminister für Gesundheit schied schon aus objektiven Gründen für einen glaubwürdigen Wechsel in die Landespolitik aus. Gerhard Papke wollte nicht, weil er mit dieser Form der öffentlichen Exponiertheit fremdelte und mir die besseren Erfolgsaussichten zusprach. Im Laufe unserer Unterhaltung wich meine ablehnende Haltung dem Kribbeln der Möglichkeiten: Ich hatte als Spitzenkandidat die Chance, in Nordrhein-Westfalen die FDP so zu gestalten, wie ich sie mir in Stil und Inhalt immer in Berlin gewünscht hatte. Obwohl unsere Umfragewerte deutlich unter fünf Prozent lagen, auch wenn dieser Wahlkampf einem Himmelfahrtskommando gleichkam – nicht anzutreten wäre fahrlässige Mutlosigkeit gewesen.

Ich knüpfte eine Bedingung an meine Kandidatur: den Landes- und den Fraktionsvorsitz, also die Ämter, die meine beiden Gesprächspartner innehatten. Den Landesvorsitz wollte ich schon vor der Wahl übernehmen, den Fraktionsvorsitz im Erfolgsfall danach. Wenn ich die Verantwortung für diese Wahl und damit die Zukunft der nordrhein-westfälischen FDP übernahm, dann als selbstbestimmter Spitzenkandidat. Nie mehr, das hatte ich mir nach meinem Rücktritt als Generalsekretär geschworen, wollte ich der Sprechautomat anderer sein und politische Entscheidungen rechtfertigen, an denen ich nicht beteiligt war.

Ich hatte großen Respekt davor, dass beide, Daniel Bahr

und Gerhard Papke, meine Forderung akzeptierten. Es war ein Beispiel für politisches Fairplay. So trat ich als künftiger Spitzenkandidat und Landesvorsitzender vor die Kameras, in Jeans, noch mit geröteten, wässrigen Augen von der Operation. In einigen Zeitungen hieß es am nächsten Tag, ich hätte angesichts der neuen Aufgabe feuchte Augen gehabt, so ergriffen sei ich gewesen.

Der Journalist Peter Blechschmidt, mit dem ich vor dem Abflug nach Düsseldorf zuletzt in Berlin noch telefoniert hatte und dem ich mit voller Überzeugung beteuert hatte, ich werde in der Bundespolitik bleiben, kommentierte am folgenden Tag in der *Süddeutschen Zeitung,* verständlicherweise verwundert über das Resultat meiner Reise: »Erst der Rücktritt vom Posten des FDP-Generalsekretärs, jetzt der Aufstieg zum Spitzenkandidaten in Nordrhein-Westfalen: Christian Lindner legt ohne Zweifel ein atemberaubendes Tempo vor. Schlau wird man aus den Volten des 33-Jährigen genauso wenig wie aus denen seiner Partei.«

Wir plakatierten den Slogan »Lieber neue Wahlen als neue Schulden« und machten damit finanzpolitische Standfestigkeit, wie sie die Landtagsfraktion gerade bewiesen hatte, zu einer Charakterfrage. Programmatisch stellten wir eine unideologische Bildungspolitik nach vorn: »Das Gymnasium darf nicht sterben.« Unsere Umfragewerte stiegen. Die Medien beschäftigten sich wieder mit den Liberalen. »DAS ist meine FDP«, wählten wir auf Vorschlag des Kreativen Christian Labonté als Kampagnentitel, was mitunter als Seitenhieb auf die Bundesführung verstanden wurde. Ich wollte damit aber etwas anderes ausdrücken: die Sehnsucht nach einer FDP, die sich wieder auf das besinnt, was sie ausmacht. Die liberale Vorstellung von einem Staat, der die Menschen im Alltag in Ruhe lässt, aber bei den großen Lebensrisiken nicht im Stich – diese Idee wollten wir mit unserer Kampagne in den Vordergrund stellen.

Die gesamte Landespartei kämpfte gemeinsam um das politische Überleben. Vom frühen Morgen bis in die Nacht sprach ich auf Veranstaltungen. Wo ein Ortsverband zehn Wählerinnen und Wähler versammeln konnte, da kam ich zur Diskussion. Es war ein Rausch.

Wir erzielten 8,6 Prozent, und das zu einer Zeit, als die FDP bundesweit bei drei bis vier Prozent verharrte. Großer Wahlverlierer war die CDU mit Norbert Röttgen an der Spitze. Er hatte sinngemäß gesagt, leider entscheide ja nicht er darüber, ob er in Düsseldorf als Ministerpräsident gebraucht werde, sondern der Wähler. Noch am Wahlabend verbreiteten hochrangige Mitglieder der Bundes-FDP, unser gutes Ergebnis sei allein der Schwäche der CDU zu verdanken gewesen. Selbst über einen Erfolg konnte die FDP sich nicht mehr gemeinsam freuen.

Ziehen wie an Gummibändern

Infratest dimap, Sonntagsfrage, ARD, 9. 1. 2014:
CDU/CSU 41 %, SPD 27 %, Linke 8 %, Grüne 9 %, FDP 4 %, AfD 4 %, Sonstige 7 %

Unmittelbar nach meiner Wahl zum Parteivorsitzenden Ende 2013 sagte ich: »Die Zeit der Trauerarbeit ist zu Ende. Ab jetzt bauen wir vom Fundament aus neu auf.« Rückblickend betrachtet war das voreilig. Die Talsohle hatten wir damals längst noch nicht durchschritten. Es war auch nicht so, dass die Niederlage einen positiven Schock ausgelöst hätte. Viele in der FDP dachten, das Ergebnis sei ein Versehen der Wähler gewesen. Einen Rauswurf aus dem Bundestag hätten sie nicht gewollt, sie hätten sich quasi »verwählt« und seien nun sicher über das Ergebnis erschrocken, würden Reue zeigen. Wären die Wähler über das Ergebnis der Bundestagswahl ernsthaft schockiert gewesen und hätten es korrigieren wollen, dann hätte sich ein Anstieg der Umfragewerte für die FDP schon in den Monaten nach der Wahl ergeben müssen. Fast alle Umfrageinstitute veröffentlichten jedoch Zahlen, nach denen wir noch weiter abrutschten. Keine Spur von einer Bewegung des Bedauerns war zu erkennen – nicht einmal bei den eigenen Anhängern. Dabei wäre die Politik der Großen Koalition durchaus dazu angetan gewesen. Die SPD setzte sich über weite Strecken mit ihrem Programm durch, mit dem branchenübergreifenden Mindestlohn, der vorgezogenen Rente ab 63 und vielen anderen Dingen, die Anhängern der Sozialen Marktwirtschaft Bauchschmerzen bereiten mussten.

Kann man die Bundeskanzlerin für das Scheitern der FDP verantwortlich machen, wie es nicht wenige aus unseren Reihen taten? Sicher nicht. Das waren wir schon selbst. Die gegen Angela Merkel hinter vorgehaltener Hand geäußerten Vorwürfe aus der FDP fand ich immer peinlich. Damit macht man sich klein. Und die Partei der Selbstverantwortung sollte Schuld nicht bei anderen suchen. Denn wenn andere über das eigene Schicksal tatsächlich bestimmen würden, dann wäre man machtlos.

Seit 1866 treffen Liberale in Deutschland sich jedes Jahr am 6. Januar in Stuttgart, eine Tradition, die auf die erste Dreikönigsparade demokratischer Volksvereine in Württemberg zurückgeht. Die FDP und Dreikönig im Stuttgarter Staatstheater, das gehört zusammen wie die CSU und ihr Aschermittwoch in Passau. Für die Medien war Dreikönig eigentlich immer ein recht dankbarer Termin gewesen. Das politische Berlin lag größtenteils noch im Winterschlaf, aber die FDP gab dem politischen Theater bereits eine eigene große Bühne. Zum ersten Mal sollte ich im Januar 2014 als Parteivorsitzender im Staatstheater sprechen.

Es hätte allerdings auch mein letzter Auftritt dort sein können. Die Theaterintendanz pochte darauf, die Saalmiete zu erhöhen – aus unserer Sicht zum denkbar ungünstigsten Zeitpunkt, denn wir mussten ja auf jeden Euro achten und alle nicht zwingend nötigen Ausgaben streichen. Das Staatstheater gilt als eine Traditionsstätte des deutschen Liberalismus, die prächtige Kulisse ist Teil der Inszenierung und besitzt auch im Fernsehen einen hohen Wiedererkennungswert. Zuvor schon warfen Kulturpolitiker der Grünen in Baden-Württemberg die Frage auf, ob man uns die Oper überhaupt noch überlassen solle, das Theater müsse doch schließlich politisch neutral bleiben. Am Ende zahlte die FDP ein Vielfaches mehr an Miete, denn zumindest diese Traditionslinie wollten wir nicht auch noch kappen. Der baden-württembergische Landesvorsitzende Michael Theurer setzte dazu alle Hebel in Bewegung.

Zum Brauch des Treffens gehört es, dass der Parteivorsitzende am Rande der Kundgebung eine Gruppe von Sternsingern empfängt. Zusammen mit Michael Theurer stellte ich mich im Foyer auf, um wie jedes Jahr die Drei Könige mit Handschlag zu begrüßen. Das war mehr als bloße Traditionspflege, sondern auch die seltene Chance, zumindest mit einem Bild von unserer Veranstaltung in die Presse zu gelangen. Im Normalfall war eine Berichterstattung über die FDP, noch dazu mit Foto, so wahrscheinlich geworden wie ein Übertritt von Oskar Lafontaine zu den Liberalen. Wir mussten also jede Chance nutzen, um nicht völlig aus der öffentlichen Wahrnehmung zu verschwinden.

Nun hielten die Fotografen ihre Kameras griffbereit, warteten auf Caspar, Melchior und Balthasar. Minuten vergingen und es passierte – nichts. Ich versuchte, die peinliche Stille zu überspielen und etwas Small Talk mit den Journalisten zu betreiben. Die Sternsinger kamen nicht. Am nächsten Tag veröffentlichten einige Zeitungen tatsächlich ein Bild. Darauf abgebildet war ich, allein im Foyer stehend. Die *Stuttgarter Zeitung* spottete: »Wieder ein Tiefschlag – die Sternsinger lassen FDP-Chef Christian Lindner beim Dreikönigstreffen der Partei sitzen.«

Die Zeit seit der Bundestagswahl und dem Parteitag war zu kurz, um das Dreikönigstreffen grundlegend zu modernisieren. Auf der Leinwand im Hintergrund war ein großer An-/Aus-Schalter wie bei einem Computer zu sehen. Er sollte den Neustart der FDP symbolisieren. Oder befanden wir uns vielleicht eher im politischen Standby?

Ich hielt eine stark europapolitisch ausgerichtete Rede, denn im Frühjahr stand die Europawahl an. Ich begann mit einem Verweis auf den Beginn des Ersten Weltkriegs 1914 und Christopher Clarks Bestseller *Die Schlafwandler. Wie Europa in den Ersten Weltkrieg zog.* Ich plädierte für mehr Bürgernähe in Europa, warnte vor einer Transferunion, sagte aber auch, wir würden Europa nicht als Teil des Problems, sondern als Teil der Lösung betrachten. Und was uns beträfe, so hätten wir einen Vorteil: Wir als FDP seien jetzt so unabhängig wie nie zuvor in der Geschichte.

Aufbruchstimmung erzeugte das nicht. Es waren nur wenige Journalisten nach Stuttgart gereist, die sonst übliche Liveübertragung auf den Nachrichtensendern fiel aus. »Jedem Anfang wohnt ein Grauen inne«, bilanzierte die *Süddeutsche Zeitung.* Nochmals wurde mir klar, dass wir nun wirklich außerparlamentarische Opposition waren, dass wir in der ersten Bundesliga der Politik einfach nicht mehr mitspielten. Unter der Überschrift »Schlapp, schlapper, FDP« kommentierte der Journalist Hans Peter Schütz, der schon viele unserer Parteitage erlebt hatte, für *Stern.de:* »Treue Besucher des FDP-Dreikönigstreffens in Stuttgart dürften sich gewundert haben. Wann hat der Hauptredner jemals so wenig Beifall bekommen? Dieses Jahr stand der neue Vorsitzende der Liberalen, Christian Lindner, am Pult. Der Hoffnungsträger. Aber er hielt sich kurz, seine Worte plätscherten schlapp dahin. Schon bald stellte sich bei den Zuhörern der Eindruck ein: Genug jetzt mit der FDP, besser schnell ab nach Hause!« Recht hatte er, der Funke sprang nicht über, was mir schon auffiel, während ich sprach. Viele der dort anwesenden Liberalen hatten zudem erkennbar noch kein Zutrauen, dass die neue Führung die Europawahl schon für eine Trendwende würde nutzen können. Meine Rede war allerdings wirklich zum Fremdschämen langweilig. Und Caspar, Melchior, Balthasar? Der für die drei Könige zuständige Pfarrer hatte sie nicht losgeschickt. Er hatte vom Streit um die Nutzung des Staatstheaters gehört und dachte, das Dreikönigstreffen falle aus.

Nach der schlechten Presse flaute die Aufmerksamkeit weiter ab. Ich versuchte gegenzusteuern, schrieb Gastbeiträge für Regionalzeitungen, besuchte Redaktionen in Villingen-Schwenningen oder Remscheid, reiste durch Kreis-

und Ortsverbände. Aber es half nichts. Einfache Tricks und zündende Formulierungen, die früher funktionierten, um mit einem Zitat in die Medien zu gelangen, entfalteten keine Wirkung mehr.

Weil wir Publizität dringend brauchten, ließ ich mich damals auch auf Dinge ein, über die ich mich danach ärgerte. Für eine Illustrierte posierte ich zum Beispiel einmal als Marathon-Läufer, nach dem Motto: Der lange, verzweifelte Lauf der FDP. Ursprünglich hatte die Redaktion, weil sie ein düsteres Bild zeichnen wollte, ein noch absurderes, angeblich ironisch gemeintes Foto mit mir inszenieren wollen: Ich sollte in einer Art Hamsterrad auftreten. Solche Inszenierungen in der Presse meide ich seitdem. Manchmal sagt man besser ab, als die eigene Ernsthaftigkeit und Selbstachtung in Frage stellen zu lassen.

Allerdings hatte das Desinteresse der Journalisten auch etwas Gutes: In der Phase, in der unser Blick nach innen gerichtet war und wir mit dem Aufkehren der Scherben beschäftigt waren, wurde nicht über Misserfolge, Unzufriedenheit oder Nervosität berichtet. Dass wir medial kaum stattfanden, hatte den Effekt, dass wir geschont wurden.

Es sollte noch weiter abwärts gehen. Auch in der ersten Hälfte des Jahres 2014 hatten viele noch nicht ganz begriffen, was geschehen war. Symptomatisch war eine Bundesvorstandssitzung, in der Wolfgang Kubicki ein kurzes, pointiertes Papier zu Fragen der Innen- und Rechtspolitik vorlegte, das er gemeinsam mit den Mitarbeitern der Parteizentrale formuliert hatte. Daraufhin fühlten sich offenbar insbesondere diejenigen ehemaligen Abgeordneten auf den Schlips getreten, deren frühere Zuständigkeit hier berührt war. Wortmeldung auf Wortmeldung verlangte nach Ergänzungen, die das Papier auf einen unlesbaren und medial nicht vermittelbaren Umfang aufzublähen drohten. Kubicki platzte irgendwann der Kragen: »Freunde, ich glaube, ihr habt immer noch nicht kapiert, in welcher Lage wir uns befinden. Ihr hört jetzt sofort auf damit. Oder ich ziehe das Papier zurück, verlasse die Sitzung, führe mit der *Bild* ein Telefoninterview zu den Inhalten meines Entwurfs und habe dann mehr für die FDP erreicht als die ganze Debatte hier.« Das saß.

Ich empfand den Bundesparteitag in Dresden im Mai 2014 als endgültigen Tiefpunkt. Die Ränge waren leer, viele Medien verzichteten darauf, Berichterstatter zu schicken, die Stimmung in der Partei war – so fühlte auch ich es – schauderhaft. In seinem Grußwort in seiner Funktion als Landeschef und Spitzenkandidat sagte Holger Zastrow, der Wiedereinzug der FDP in den sächsischen Landtag im kommenden Herbst sei als Lebenszeichen enorm wichtig für alle Liberalen. Allerdings müsse man ehrlich sein: Es sei nicht unwahrscheinlich, dass wir auch dort scheitern würden. Das war entwaffnend realistisch. Aber Aufbruch klingt anders.

Ich selbst dachte bis tief in die Nacht hinein über meine Rede nach. Auch diese legte ich, wie beim Dreikönigstreffen, europapolitisch an. Denn mit der Europawahl zwei Wochen später am 25. Mai stand uns eine besondere Herausforderung bevor. Die FDP hatte 2009 mit elf Prozent ein historisch herausragendes Ergebnis erzielt. Nun aber verhießen die Umfragewerte für uns nichts Gutes. Es wuchs das Gefühl, dass wir kaum etwas gegen diese Flaute tun konnten. Außerdem wollte ich uns grundsätzlich zur Politik der Großen Koalition als Gegenmodell positionieren – in nahezu allen Politikfeldern. Oje. Als ich die Rede am Vormittag hielt, blickte ich von meinen Notizen, die ich mir damals noch detailliert machte, auf. Ich schaute ins Publikum. Dort sah ich zu einer mir bekannten Parteifreundin, die in der ersten Reihe saß; ausgerechnet in diesem Moment fiel ihr vor lauter Erschöpfung der Kopf nach unten. Ich sprach über die liberale Tradition der Entspannungspolitik und die Notwendigkeit eines neuen Verständigungsdialogs mit Russland. Zum Glück ahnte das Publikum nicht, dass es noch eine weitere halbe Stunde vor sich haben würde.

Nach Aussprache und Antragsberatung aß ich auf dem Messegelände draußen in der untergehenden Abendsonne eine leicht angebrannte Bratwurst, die Stimmung war gedrückt. Gemeinschaftsgefühl wollte nicht aufkommen, aber immerhin gab es auch keinen Streit. Dresden war für die Partei eine triste Pflichtübung, die sie über sich ergehen ließ. »Fast den ganzen Tag über benimmt sich das Plenum wie eine Schulklasse, die sich nicht zwingen will, dem Lehrer zuzuhören«, resümierte die *FAZ*. Allerdings waren die Delegierten gnädig mit mir, es kam nicht zum Scherbengericht über den Vorsitzenden. »Man kann nicht kämpfen, wenn man die Hosen voller als das Herz hat«, sagte ich in meiner Rede zur Motivation der sächsischen Wahlkämpfer. Ich meinte aber auch mich selbst.

Wir erarbeiteten auf dem Parteitag ein neues Rentenkonzept, das einen flexiblen Rentenbeginn ab 60 bei entsprechend reduzierten Bezügen vorsah: ein Vorschlag, der wesentlich innovativer und ambitionierter war als all das, was die Große Koalition mit ihren Rentenversprechen gerade plante. Früher hätte das für einen Aufmacher in der *FAZ* und einen größeren Kommentar im Wirtschaftsteil gereicht. Jetzt konnten wir froh sein, wenn wir damit überhaupt noch in den Kurzmeldungen der Nachrichtenagenturen vorkamen.

Wichtig indessen war mir in Dresden die Abgrenzung von der AfD. Zwar waren bei der Bundestagswahl nur 50 000 FDP-Wähler direkt zu dieser Protestpartei gewechselt, im Vergleich zu 470 000 ehemaligen Unionswählern, die für sie stimmten. In Teilen der Partei aber herrschte noch immer der Irrglaube vor, die FDP solle ihr Glück darin suchen, zu einer Art »AfD light« zu werden. Ich zitierte in meiner Rede aus einer Stellungnahme, die ein Funktionär der Republikaner abgegeben hatte. Er schrieb, die AfD stelle Forderungen, die seine Partei schon seit 20 Jahren erhebe. Damit wollte ich eines zeigen: Die AfD war bereits vor ihrer Spaltung keine herkömmliche Partei, sie bewegte sich außerhalb des demokratischen Spektrums – schon allein deshalb konnte sie keine Blaupause oder gar ein Kooperationspartner für uns sein.

Als Bewährungsprobe stand uns nun die Europawahl bevor, immerhin eine bundesweite Wahl, und das nur rund ein halbes Jahr nach der Bundestagswahl. Früh war klar, dass Alexander Graf Lambsdorff als Spitzenkandidat der FDP antreten sollte, der Vizepräsident des Europäischen Parlaments. Als Neffe des legendären »Marktgrafen« verkörperte er nicht nur seines Namens wegen eine starke liberale Marke. Alexander war in Brüssel bereits ein über die Parteigrenzen hinweg anerkannter Abgeordneter.

Für den Wahlkampf standen uns lediglich 600 000 Euro zur Verfügung und wir drangen, was die Berichterstattung in den Medien betraf, kaum durch. Die Vorbereitung der Europawahl erfolgte improvisiert, die Reorganisation unserer Parteizentrale – mit deutlich weniger Mitarbeitern – war noch nicht abgeschlossen und die Finanzen mussten konsolidiert werden. Die neue Parteiführung war gerade wenige Wochen gewählt. Wir standen noch in »rauchenden Ruinen«, wie ich damals sagte, als Ende Januar 2014 bereits die Aufstellung der Wahlliste und die Verabschiedung des Programms anstand. »Improvisiert«, das galt aber auch im Hinblick auf den eigenen politischen Kompass.

Als wir die ersten Entwürfe für die Kampagne und unsere strategische Aufstellung diskutierten, wurde die Bedeutung von Personen anfangs völlig überschätzt. Es mag verwunderlich wirken, wenn ich das heute sage, da wir doch in den kommenden Jahren stark auf die Wirkung von Personen reduziert wurden. Aber es ist einfach falsch zu glauben, in der Situation, in der wir waren, würde es ausreichen, ein paar Namen auszutauschen. Viele in der Partei hofften darauf: Wenn die alten Namen weg wären und nun Lindner und Kubicki vorne stünden, dann gingen die Werte der Umfragen rasch wieder nach oben. Aber so war es natürlich nicht. Die Wählerinnen und Wähler sind – zu Recht – anspruchsvoller. Daher wehrte ich mich auch vehement gegen den Rat, in der Europawahl selbst »aufs Plakat« zu gehen.

Personen sind wichtig. Sie müssen aber immer Werte und Inhalte transportieren, für welche die Partei glaubwürdig steht. Da ich für das Europaparlament nicht kandidierte, wäre mein Erscheinen auf einem Plakat eine Mogelpackung gewesen: Wir hätten etwas ins Schaufenster gestellt, was man gar nicht kaufen konnte. Auch das hätte Glaubwürdigkeit gekostet. Zudem hätte es unseren eigentlichen Spitzenkandidaten klein gemacht.

In der Diskussionen in Gremien und mit unserer damaligen Werbeagentur fiel mir auf, wie wenig über ein klares Profil gesprochen wurde und wie groß das Bedürfnis war, als »sympathisch« zu erscheinen. Nach den Jahren 2009 bis 2013, in denen jeder von uns verbal immer wieder »verprügelt« worden war, konnte ich dieses Bedürfnis verstehen. Aber eine Partei braucht in erster Linie ein klares Profil, das sie von anderen Parteien unterscheidet. Plakatvorschläge von »schönen sonnigen Tagen mit blauem Himmel« oder »Kandidatenbildern in großen Menschengruppen, die das Soziale betonen«, hielt ich daher für grundfalsch. »Freunde, es wird kein Foto von mir und Alexander auf einem Kinderspielplatz geben«, sagte ich. »Erstens habe ich noch keine Kinder. Zweitens kandidiere ich nicht.« Drittens bliebe völlig offen, was die Botschaft sein solle. Wolfgang Kubicki stärkte mir als erfahrener Wahlkämpfer den Rücken.

Wir alle waren erst dabei zu realisieren, was es bedeutet, »Apo« zu sein. Die Kreativen schlugen vor, massiv mit großen deutschen und europäischen Fahnen als Hintergrundmotiv zu arbeiten. Der Entwurf war umstritten, fand aber doch seine Anhänger im Präsidium mit der Begründung, dies wirke doch besonders staatstragend und seriös. Eine Mehrheit, zu der ich gehörte, überzeugte genau dieses Argument nicht. Von einer Partei, die gerade aus dem Bundestag geflogen ist, erwartet man doch nicht, dass sie staatstragender und seriöser wirkt als alle anderen. Ich empfand die Entwürfe als spießig und altbacken. Marco Buschmann tat das Mögliche, um etwas Frische in die Werbelinie zu bringen. Die Fahnen verschwanden. Was kam, war eingefärbter Sichtbeton.

Diese Debatten waren nervtötend, aber für uns alle am Ende lehrreich. Es war unübersehbar, dass die FDP kein Bild mehr von sich selbst hatte. Mit dem herkömmlichen Instrument der politischen Grundsatzrede hatte ich auf dem Bundesparteitag im Dezember einige Koordinaten gesetzt, aber das reichte nicht und verändert eine Organisation nicht nachhaltig. Ein neues Grundsatzprogramm zu erarbeiten schied ebenfalls aus. Das gültige war erst 2012 verabschiedet worden – seitdem hatte sich zwar die Lage der FDP verändert, aber nicht die Lage der Welt. Außerdem machte ich mir keine Illusionen mehr über Grundsatzprogramme und ihre kurzfristigen Auswirkungen auf Identität und äußere Wahrnehmung einer Partei – die werden im täglichen Handeln geprägt. Und dafür benötigte die Partei einen gemeinsam getragenen Kompass, um professioneller über Themen, Ziele und Kommunikation entscheiden zu können. Für das weitere Jahr 2014 war die Aufgabe damit klar.

Unsere Hoffnung, wenigstens das Ergebnis der Bundestagswahl halten zu können, erfüllte sich nicht. Mit 3,3 Prozent schnitt die FDP bei der Europawahl noch einmal um mehr als einen Prozentpunkt schlechter ab – sie erzielte nicht einmal halb so viele Stimmen wie die AfD. Nur weil das Bundesverfassungsgericht die Fünf-Prozent-Hürde gekippt hatte, konnten wir überhaupt noch Abgeordnete nach Brüssel entsenden.

Das Wahlergebnis war bedauerlich und Alexander Graf Lambsdorff wurde unter Wert geschlagen. Er ist ein exzellenter Außen- und Europapolitiker, wobei sein Horizont weit über diese Themen hinausreicht. Sein Amt als Vizepräsident des Europäischen Parlaments, das er von der liberalen Fraktion erhielt – nicht wegen der Größe der FDP, sondern als Anerkennung seiner Substanz –, nutzte er in den Jahren danach klug und souverän für die Wahrnehmung unserer

Positionen in den Medien. Von Verbänden und Redaktionen wurden außer dem Vorsitzenden nur wenige Köpfe der FDP akzeptiert. Wenn aber der Name Alexander Lambsdorff fiel, öffneten sich viele Türen.

Die Lage schien in dieser Zeit aussichtslos. So aussichtslos, dass mir im Umfeld des Dresdner Parteitags der Chef des »Vereins deutscher Eremiten« schrieb, als »Vertreter einer politischen Minderheit«. Er äußerte eine Bitte nach politischer Kooperation: »Aus unserer Sicht ist Minderheitenschutz unermesslich für liberale Politik, weswegen wir uns an Ihre Partei wenden.« Ich antwortete ihm: »Ich musste etwas schmunzeln, weil ich mich gefragt habe, wie Eremiten eine Mitgliederversammlung organisieren. Ihnen wird sicher öfter passieren, dass man Sie für einen Scherz der Titanic-Redaktion hält.« Ich schrieb ihm aber auch, er habe mich neugierig gemacht – und bat um die »Zusendung weiterer Informationen«. Die kamen freilich nie.

Schon vor der Wahl hatte ich in einem Schreiben an Führungskräfte in der Partei appelliert, nicht vorschnell aufzugeben: »Die Wiederaufrichtung der FDP braucht Nervenstärke.« Die wirtschaftliche Lage in Deutschland sei exzellent, mehr Menschen als zuvor schätzten ihre Situation als gut ein. Deshalb sei es nicht überraschend, dass seit der Bundestagswahl keine nennenswerte Veränderung in der öffentlichen Meinung zu verzeichnen sei. Das war eine Durchhalteparole.

2014 – dieses Jahr kam mir vor wie ein ständiges Ziehen an Gummibändern, die immer wieder zurücksprangen. Wir hatten uns nach der Wahl nie der Illusion hingegeben, wir könnten uns verloren gegangenes Vertrauen innerhalb weniger Monate »zurückerarbeiten«. Aber es sah so aus, als wären die Vorbehalte gegen uns wie in Beton gegossen. Wenn ich bei Veranstaltungen über unideologische Energiepolitik, individuellen flexiblen Renteneintritt oder Schuldenabbau sprach, dann nickten die Zuhörer mir wohlwollend zu. Aber wählen wollten sie uns trotzdem nicht.

Die Schatten der Vergangenheit blieben. Am 5. Juni 2014 verbreitete die Nachrichtenagentur dpa, dass »die FDP« eine Büste von Theodor Heuss »verscherbele«. Das erweckte den Eindruck, der Partei ginge es so elendig, dass ihr nichts mehr heilig sei. Dabei hatte die Partei gar nichts damit zu tun. Es ging um die alte FDP-Fraktion, die aus rechtlichen Gründen streng von der Partei getrennt war und deren Vermögens-gegenstände versteigert wurden. Davon sagte die dpa leider nichts.

Noch unerfreulicher war, dass die dpa offenbar genau wusste, wie hoch der Anschaffungspreis der Büste war. Das war ungewöhnlich und ich informierte mich bei einem der Liquidatoren. Der erteilte die Auskunft, eigentlich verfüg-ten nur drei Personen über diese Information. Zudem sei es ohnehin erstaunlich, dass die Agentur bereits kurz nach der Einstellung der Büste ins Versteigerungsportal des Bundes informiert gewesen sei. Alles spräche für einen »Tipp-Ge-ber«.

Wir versuchten die Büste dann als Partei zu ersteigern. Obwohl wir alles andere als viel Geld zur Verfügung hat-ten, boten wir mit. Wir gaben ein Gebot deutlich oberhalb des Anschaffungswertes ab. Das erschien uns als viel. Denn in Liquidationen erzielen versteigerte Gegenstände diesen Wert meist nicht. Doch ein Unternehmer aus Nordrhein-Westfalen hatte uns um einen kleinen Betrag überboten. Obwohl das Verfahren anonymisiert ablief, machten wir ihn ausfindig. Der Käufer versicherte, dass er das Kunstwerk sehr schätze und es für eine Dauerausstellung zu Ehren des Alt-Bundespräsidenten als Leihgabe zur Verfügung stellen wolle. Da wussten wir die Büste wenigstens in guten Händen.

/4/ Selbstkritik und Selbstreflexion

Der Freiheit des Einzelnen verpflichtet

Unsere Gesellschaft wird vielfältiger, weil die Lebenspläne der Menschen unterschiedlicher werden. Bildung und die Emanzipation von den Rollen, die noch bei unseren Großeltern und Eltern oft durch die familiäre Herkunft bestimmt worden sind, haben zu einem Schub an Individualisierung geführt. Durch Zuwanderung kamen und kommen andere kulturelle und religiöse Einflüsse ins Land. Unser Zusammenleben wird bunter.

Wer vom Kollektiv her denkt, der schaut mit Skepsis auf diese Vielfalt. Jede Form von Kollektivismus, egal ob von links oder rechts, geht von einer bestimmten Homogenität der Gesellschaft aus – oder mindestens von einer Gleichförmigkeit der Mehrheit der Gesellschaft. Linken geht es zumeist um ökonomische Egalität, den Völkisch-Autoritären um die ethnische Identität und Konservative fürchten eben um die Einheit der Gesellschaft in kultureller Hinsicht. Wenn Unionspolitiker einen Beitrag zum Wahlkampf leisten oder nur von unangenehmen Themen wie der Flüchtlingspolitik ablenken wollen, dann bieten sich Zeitungsbeiträge und Interview-Äußerungen zur »Leitkultur« an, denn das kostet nichts. Im Mai 2017, vor der Landtagswahl in Nordrhein-Westfalen, legte Bundesinnenminister Thomas de Maizière gleich einen Zehn-Punkte-Katalog dazu vor, der unter anderem die Hinweise enthielt, dass wir uns zur Begrüßung die Hand gäben und in einem christlich geprägten Land lebten.

Fraglos, gesellschaftlicher Zusammenhang erfordert einen von allen geteilten Konsens. Er ist notwendig, unabhängig von Einwanderung, durch Migration wird er aber noch dringlicher. Denn bei jeder Form von Integration stellt sich die Frage: Integrieren – aber in was? Nach meiner Wahrnehmung erklären sich Integrationsprobleme der Vergangenheit wie der Gegenwart auch aus einer Unsicherheit hinsichtlich unserer eigenen Identität. Die angezettelten Debatten zur Leitkultur sind Versuche, darauf eine Antwort zu finden. Insbesondere der Verweis auf den christlichen Glauben wird in einer multireligiösen Zukunft aber kaum den erforderlichen ethischen Minimalkonsens bezeichnen können. Gerade weil andere Bekenntnisse wie der Islam hierzulande mehr Raum beanspruchen, ist es defensiv und ein zivilisatorischer Rückschritt, darauf mit der Berufung auf das »christliche Abendland« zu antworten. Religion ist keine politische Kategorie. Ganz abgesehen davon, dass das Fundament der Werte, auf die sich manche der Apologeten einer Leitkultur berufen, mit der Aufklärung, dem römischen Recht und der griechischen Demokratie auch Quellen hat, die über das Christentum hinausreichen.

Eine liberale Gesellschaft verfolgt keine eigenen, gar vorherbestimmten Ziele. Ihre Regeln stecken lediglich den Rahmen ab, innerhalb dessen »angstfreies Andersseindürfen für alle« möglich sein muss, wie der Philosoph Odo Marquard einmal sagte. Jedem muss freigestellt sein, so zu leben, wie er es für richtig hält, auch wenn dies möglicherweise unseren eigenen Vorstellungen und den Traditionen der Mehrheitsgesellschaft widerspricht. Zu oft wird übrigens übersehen, dass Fortschritt gerade aus der Abweichung von der gesellschaftlichen Norm erwächst. Innovation und gesellschaftlicher Wandel entstehen auch von den Rändern her, nicht nur aus der Masse in der Mitte. Deshalb sind Nischen zur legitimen Entfaltung essentiell. Auf Vielfalt gibt es eine Antwort: Respekt.

Das Grundgesetz ist eine liberale Verfassung. Es beschreibt also eine offene Ordnung, in der jeder sein Glück suchen darf. Aber diese Offenheit ist nicht wertfrei, sondern im Gegenteil selbst ein Wert: die Würde und Freiheit eines jeden Einzelnen, die Gleichberechtigung der Geschlechter, die Religionsfreiheit, der Schutz von Minderheiten – diese Garantien unserer Gesellschaft sind unverhandelbar, es kann für niemanden darauf einen Rabatt geben. Insbesondere kann Religion keine Ausrede für Rückschritt hinter diese Werte sein. Deshalb ist übrigens von religiösen Führern eine deutliche Absage an jegliche religiöse Begründung von Terror und Gewalt zu erwarten, genauso wie ein Bekenntnis zu Toleranz gegenüber Anders- und Nichtgläubigen.

Ich ziehe einen Verfassungspatriotismus jeder Form von Leitkultur vor. Ich musste mir oft Widerspruch dagegen anhören; es hieß, ein Verfassungspatriotismus sei nicht umfassend und identitätsstiftend genug, um eine kulturell zunehmend vielfältiger werdende Gesellschaft zu überwölben und zusammenzuhalten. Zitiert wird in diesem Zusammenhang der frühere Verfassungsrichter Ernst-Wolfgang Böckenförde mit seiner berühmten These, der freiheitliche, säkularisierte Staat lebe von Voraussetzungen, die er selbst nicht garantieren könne. Mit dieser Argumentationsfigur wird dann doch wieder eine Leitkultur-Debatte durch die Hintertür eröffnet. Die Liberalität des Grundgesetzes verstehe ich aber nicht als Offenheit für alles im Sinne eines beliebigen Relativismus. Aus unserer Verfassung spricht eine Werteordnung, in der die Weisheit von Generationen und kulturelle Evolution gespeichert sind.

Ausschließlich auf der Grundlage unserer verfassungsrechtlich garantierten Werte kann sich eine freie Gesellschaft entfalten. Aber die freiheitliche Verfassung muss am Ende von Menschen mit freiheitlicher Gesinnung getragen werden. Das unterscheidet den Verfassungspatriotismus von einem nackten Legalismus wie in der Weimarer Republik, als es eine liberale Verfassung gab, aber keine liberale Gesellschaft. Er muss und soll mit Leben erfüllt werden. Sicherlich wollen Liberale keine staatlichen Sittenwächter, denn wir betrachten den Staat nicht als Erziehungsanstalt. Die Werte des Grundgesetzes korrespondieren aber mit Bürgertugenden, die der frühere Verfassungsrichter Udo Di Fabio einmal in einem Katalog gesammelt hat.

Eine liberale Ordnung fordert in diesem Sinne zum Beispiel vom Einzelnen die Courage, auch ganz persönlich im Alltag für Prinzipien einzustehen, das heißt, die Verfassung vorzuleben. Wer, um nur ein Beispiel zu nennen, im Freundeskreis sitzt und hört, wie von seinem Gegenüber am Tisch pauschalisierende Urteile über Muslime in die Welt gesetzt werden, der muss seine Stimme erheben. Wer schweigt, stimmt zu. Und lebt gerade keine Liberalität.

Zu den liberalen Tugenden gehört auch die Übernahme von Verantwortung. Der Staat kann und darf nicht alles mit Gesetzen vorgeben. Anders gesagt: Eine Freiheit, die nicht auch im Einzelfall missbraucht werden kann, ist keine

Freiheit. Als sittliches Prinzip muss ihr aber die Zuweisung und Übernahme von Verantwortung gegenüberstehen. Verantwortung ist ein ebenso inflationär verwendetes wie schwer zu greifendes Wort. Für mich ist es kein leerer Begriff. Er bedeutet für mich, Gründe angeben zu können für die eigenen, frei gefällten Entscheidungen; damit meine ich Gründe, die im gesellschaftlichen Diskurs auch standhalten. Es mag beispielsweise eine rechtlich nicht zu beanstandende Entscheidung gewesen sein, dass der VW-Konzern seinen Vorstandsvorsitzenden mit 3000 Euro Pension pro Tag in den Ruhestand schickte, nachdem er das Unternehmen fast in den Ruin getrieben hatte. Gründe, die über »Vertrag ist Vertrag« hinaus überzeugend wären, sehe zumindest ich keine.

Zu den Bürgertugenden gehört zudem der kluge Gebrauch des eigenen Verstandes bei der kritischen Würdigung von Tradition und Erfahrung. Und natürlich gehören Respekt und Toleranz dazu, zu verstehen als besonnener Umgang mit schmerzhaften Differenzen.

Das kann und soll kein abschließender Katalog sein, aber doch ein Hinweis darauf, dass die Offenheit einer liberalen Ordnung keine achselzuckende Teilnahmslosigkeit ist. Sie stellt hohe Anforderungen an ihre Mitglieder. Ihre Liberalität ist bisweilen unbequem, sie ist auch eine Frage des Charakters. Eine freie Gesellschaft ist nie ruhig und nie harmonisch, sondern sie ist immer konfliktbehaftet. Stets konkurrieren Sinnentwürfe miteinander. Aber wo Differenzen im Dialog bearbeitet werden, in der Nachbarschaft oder im Parlament, in Vereinen oder vor Gericht, da werden sie zum Motor und zur Voraussetzung für gemeinsamen Fortschritt.

Der Soziologe Richard Florida untersuchte 2002 in seinem Buch *The Rise of the Creative Class* den Zusammenhang zwischen Kultur und wirtschaftlichem Wachstum. Er interessierte sich in seiner Studie insbesondere für Berufsgruppen, die eine eigenständige kreative Leistung erbringen, wie Architekten, Kulturschaffende, Menschen im Bildungsbereich oder auch solche mit Managementaufgaben. Und er konnte eines zeigen: dass Kreativität als Standortfaktor zum ökonomischen Erfolg beiträgt. Er sagt, dafür müssten drei »Ts« zusammenkommen: Technologie, Talent und Toleranz. Dann könne eine Region kreative Menschen anziehen und die Wirtschaft werde boomen. Technologie, Toleranz und Talent – wenn das nicht ein Programm für Deutschland wäre.

Ein neues Lebensgefühl

Institut für Demoskopie Allensbach, Sonntagsfrage, 16. 7. 2014:
CDU/CSU 40,5 %, SPD 25 %, Linke 8,5 %, Grüne 11 %,
FDP 3,5 %, AfD 6 %, Sonstige 5,5 %

Die Umfragewerte blieben mies. Das machte alles noch schlimmer, denn gerade für kleine Parteien können schlechte Prognosen wie ein Brandbeschleuniger wirken. Meinungsforscher sprechen vom Effekt der »verlorenen Stimme«: Auch wenn Menschen eine Partei sympathisch finden, wählen sie diese nicht, weil sie nicht an deren Einzug ins Parlament glauben. Wenn in einem Restaurant monatelang die Tische leer bleiben, macht irgendwann selbst die Stammkundschaft einen Bogen um das Lokal.

An Ratschlägen und Analysen fehlte es nie. Im Gegenteil: Wir wurden mit ihnen fortwährend geradezu überschüttet. Zu jedem Tipp, den wir erhielten, wurde zugleich von anderen das Gegenteil empfohlen. Die einen wollten die FDP nach links, die anderen mehr nach rechts lotsen. Die einen forderten ein »radikal marktwirtschaftliches« Profil, die anderen ein »sozialeres«. Die einen empfahlen mehr Bürgerrechtsthemen, die anderen plädierten dafür, zu Gunsten der inneren Sicherheit die liberale Bedenkenträgerei einzustellen. Die einen sahen uns in der Rolle eines Don Quixote, der gegen die Windmühlen eines dekadenten »links-grünen Zeitgeistes« anzukämpfen habe. Für andere waren wir die bedingungslose Speerspitze des Fortschritts, die Tradition nicht zu bewahren, sondern zu überwinden hatte.

Als besonderes Kuriosum erinnere ich mich an die rüde E-Mail des Geschäftsführers eines großen Düsseldorfer Informationsbrief-Verlages aus dem September 2014, der in mühevoller Kleinarbeit unzählige Adressen unserer Führungskräfte und Gliederungen im Internet recherchiert und nun angeschrieben hatte. Er hatte mir zuvor »als einzige Chance, noch einmal eine Wende herbeizuführen«, drei Themen vorgeschlagen. Wir sollten uns gegen Rauchverbote aussprechen, da es sein könne, dass »maßvolle Raucher aufgrund des Wohlgefühls ... länger leben als griesgrämige Anti-Raucher«. Außerdem sollten wir den Klimawandel leugnen und uns für Kernenergie aussprechen. Ich antwortete ihm, so wie ich auf so gut wie alle Bürgerinnen und Bürgern reagiere, dass wir uns in Nordrhein-Westfalen bereits parlamentarisch für eine Liberalisierung des rigiden Rauchverbots einsetzten, die planwirtschaftliche Züge tragenden Klimaschutzgesetze in den Ländern ablehnten, weil mit der vorgeschobenen Begründung des Klimaschutzes ganz andere ideologische Ziele angestrebt würden. Und dass wir das Erneuerbare-Energien-Gesetz mit seinen Subventionen aufheben wollten, die Messe bei der Kernenergie sei aber gelesen. Meine Antwort genügte ihm offensichtlich nicht, denn er verteilte sie nun zusammen mit seiner ursprünglichen Nachricht an weite Teile unserer Partei. Er urteilte: »Das Aussitzen eines erträglichen, aber für die Partei bedeutungslos gewordenen Landtagsmandates und die Absicht, mit Drei-Tage-Bart und Vernetzung mit Facebook ... jugendliches Leistungsvermögen auszustrahlen, werden zur Seifenoper, wenn ihnen keine Taten folgen.«

Bei all den Vorschlägen gab es eine Gemeinsamkeit: Die meisten Ratgeber empfahlen das, was sie schon seit vielen Jahren immer wieder vorgetragen hatten. Das wussten wir, weil wir exakt diese Ratschläge von exakt diesen Ratgebern schon viele Male zu allen möglichen Zeiten bekommen hatten. Das ist per se nichts Schlechtes. Es lässt aber daran zweifeln, ob die Ratschläge wirklich auf einer sorgfältigen Analyse beruhten. Oft hieß es, wir müssten jetzt endlich einmal radikaler werden. Ich glaubte allerdings nicht, dass die FDP als aggressive Nischenpartei erfolgreich sein würde. Wirklich liberal denkende Wähler erwarteten eine lösungsorientierte Gestaltungspartei und keine religiöse Vereinigung.

»Generell verschissen« habe die Marke FDP, hatte Wolfgang Kubicki 2011, da waren wir noch Regierungspartei, gesagt. Inzwischen stand er nicht mehr allein mit dieser Meinung, andere in der Parteispitze sahen das ähnlich. Aus einer der ersten Sitzungen des neugewählten Bundesvorstands Anfang 2014 nahm ich ein Stimmungsbild mit, das sich so zusammenfassen lässt: Vielleicht ist es am besten, den Laden gleich zuzumachen.

Die Partei musste erst intern aufgerichtet werden, bevor wir wieder auf Zustimmung von außen würden hoffen können. Ohne auf jeden tagespolitischen Winkelzug reagieren zu müssen, wir waren schließlich nicht im Parlament vertreten, konnten wir uns auf eine Aufgabe konzentrieren: genau herauszufinden, was der unverwechselbare Beitrag der Liberalen für die deutsche Politik sein kann. Diese »Langstreckenstrategie« überzeugte nicht jeden. Manche befürchteten, wir würden uns mit philosophischer Selbstbespiegelung aufhalten, wo die FDP doch schnell und mit eher plakativen Thesen vor dem völligen Untergang gerettet werden müsse. In einer Partei einen Veränderungsprozess langfristig über Jahre anzulegen, das war eine Wette auf die eigene Nervenstärke.

Wir planten die Wiederaufrichtung der Partei in sieben verschiedenen Phasen bis 2017, die sich unter anderem an den Terminen der bis zur Bundestagswahl anstehenden Landtagswahlen orientierten. Außerdem wollten wir den Prozess bewusst für die Öffentlichkeit transparent machen. Nicht nur das Ziel, auch der Weg sollte eine Botschaft sein.

Nicola Beer wollte zugleich eine Parteireform vorantreiben, um die Beteiligung der Mitglieder zu verbessern und deren Rechte zu stärken. In der Folge wurde es unter anderem auf Parteitagen Praxis, dass jedes Mitglied – und nicht nur die Delegierten – das Wort ergreifen konnte. Ein Ombudsmann wurde eingeführt, der dem Parteitag über die Beachtung seiner Beschlüsse durch den Vorstand berichtete. Die Basis der Freien Demokraten wurde gegenüber der Führung gestärkt.

Den Auftakt zu unseren Erneuerungsbemühungen bildete eine Konferenz der Kreisvorsitzenden Anfang 2014 in Erfurt. Sie sind das Rückgrat einer jeden Partei. Bei dieser Zusammenkunft beschrieb ich den Fahrplan und sprach von den kommenden Europa- und Landtagswahlen. Mein Powerpoint-Vortrag begann mit einer Karikatur des Zeichners Klaus Stuttmann, die im Wahlkampf 2013 in einigen Zeitungen erschienen war. Marco Buschmann hatte sie ausgegraben und wir zeigten sie den Mitgliedern auch bei späteren Veranstaltungen immer und immer wieder. Zu sehen waren fünf FDP-Politiker, die einander der Reihe nach einen Dolch in den Rücken stechen. Darunter stand: »Fest vereint in den Bundestagswahlkampf!«. Einer der fünf sollte offenbar ich sein, wohl der mit der hohen Stirn. »Nicht die anderen haben die FDP besiegt«, sagte ich dazu, »wir haben uns selbst ruiniert.«

Ein Mal gab es für meinen Vortrag Zwischenapplaus von den anwesenden Kreisvorsitzenden. Ich sagte daraufhin, dies sei eine interne Veranstaltung und ihr Zweck der entspannte Dialog. Man möge doch auf Beifall zu Gunsten von Zeit zur Aussprache verzichten, so wie ich aus dem gleichen Grund versuchen würde, alle rhetorischen Girlanden wegzulassen. Dieser Hinweis und der selbstkritische Umgang mit der Karikatur wurden danach von vielen als Indiz dafür gewertet, dass sich in der Partei vielleicht doch ein Wandel abzeichne. Solche scheinbaren Nebenaspekte, vermeintliche Petitessen, sind in ihrer emotionalen Bedeutung nicht zu unterschätzen.

In meiner Grundsatzrede auf dem Bundesparteitag im Dezember 2013 hatte ich für die FDP programmatisch einen 360-Grad-Liberalismus definiert, der den einzelnen Menschen stärken soll. In Erfurt wollte ich daran anknüpfen und einen Vorschlag machen, wo diese Grundprinzipien ihren Platz in der Parteienlandschaft finden könnten. Ich stellte die Position der Parteien in meiner Präsentation grafisch vereinfacht dar. Das alte Links-rechts-Schema taugte dafür nicht. Die Gesellschaft ist komplizierter geworden. Ich zeichnete also zwei einander kreuzende Linien. Die senkrechte Achse bildet die Einstellung der Menschen zur Zukunft ab: oben der Wunsch nach Fortschritt, unten Angst vor Veränderung. Die waagerechte Achse gab an, wem die Menschen mehr vertrauen: links dem Kollektiv mit dem Wert der Gleichheit und der Orientierung auf den Staat, rechts dem Individuum mit den Ideen von Freiheit, Markt und Vielfalt. Es ergab sich ein Achsenkreuz mit vier Quadranten, in die ich die Parteien einsortierte. Die Grünen positionierte ich im zweiten Quadranten oben weit links, unten weit links im dritten Quadranten die Linkspartei, die AfD ganz unten rechts im vierten Quadranten, SPD und CDU überlappend in der Mitte des Achsenkreuzes. Und die FDP? 2013 erschien die liberale Partei den meisten Menschen als eine Vereinigung erstarrter, verbohrter Egoisten, die vor allem Zukunftsangst verband. Deshalb setzte ich die FDP in den vierten Quadranten unten rechts. Dabei gehört ein liberale Partei natürlich in den ersten Quadranten, also nach oben rechts: optimistisch, progressiv, weltoffen und individualistisch im besten Sinne des Wortes! Das aber war weit weg von der Wahrnehmung durch die Menschen und wohl auch von der Realität.

Wir alle wollten in den ersten Quadranten – und so hatten wir für die weitere Arbeit der Partei zwar noch keinen endgültigen Kompass, aber eine erste Richtung, die wir anpeilen und auf die wir Kurs nehmen konnten. Inoffiziell haben wir unseren Erneuerungsprozess deshalb später »Q1-Strategie« getauft. Marco Buschmann hat aus dieser spontanen Eingebung im Laufe der Jahre mit Hilfe von viel wissenschaftlicher Literatur ein fundiertes Analyse-Instrument geformt. Es hat uns oft geholfen, unsere Ideen zu erklären.

Wir wussten also grob, wohin wir wollten, und auch von den Fehlern, die die FDP in der zurückliegenden Wahlperiode gemacht hatte – angefangen mit falsch gewählten Ministerien über nicht eingelöste Wahlversprechen bis hin zur peinlichen Leihstimmenkampagne. Was bei der Analyse aber bisher fehlte, war eine »Tiefenbohrung«. Noch vor der Bundestagswahl begegnete ich Benjamin Grosch, einem unserer Mitglieder und im Beruf Partner einer großen Unternehmensberatung. Nach der Niederlage kontaktierte er mich und bot seine Unterstützung dabei an, die Ausgangslage der FDP systematisch zu analysieren. Das Angebot nahmen wir dankend an. Der Blick von außen ist nicht nur objektiver, es hätte auch wie eine Abrechnung gewirkt, wenn die neue Führung ihre Vorgänger auseinandergenommen hätte. Davon hatten wir uns freigemacht, jeder trug Verantwortung für die Lage. Schuldzuweisungen – wem hätten sie nutzen sollen?

In enger Abstimmung mit Marco Buschmann wertete Benjamin Grosch zusammen mit seiner Kollegin Victoria Peill und anderen Experten vorhandene Statistiken aus, beschaffte neue Daten und befragte Fokusgruppen potenzieller Wähler – alles pro bono. Die Erkenntnisse der Studie waren ernüchternd. In der Wahrnehmung der Menschen war die FDP nicht mehr vorhanden, in der Erinnerung an ihre Regierungszeit wurde sie als konzeptlos und defensiv empfunden. Gleichzeitig gab es aber auch Hoffnung: Nicht so sehr die Programmatik galt als abstoßend, sondern das Bild, das die Menschen von uns hatten. Für dem Liberalismus zugeneigte Wähler waren demnach zum Beispiel der Abbau von Schulden, die Förderung des Mittelstands, die Energiepreise und der Schutz vor der Macht der Banken besonders wichtig. Klassisch liberale Themen also. Weniger der Liberalismus als politisches Prinzip war vom Wähler abgestraft worden als eine über die Jahre hochmütig gewordene Partei, so die Feststellung. Freiheit, Mut, Fortschrittsorientierung und wirtschaftliche Vernunft – das erwarteten die Wähler noch immer von der FDP. Sie brachten es auch nach wie vor mit ihr in Verbindung, mehr als mit jeder anderen Partei. In der Tiefe waren unsere Markenwerte also weiterhin intakt. Viele Wähler allerdings nahmen uns gegenwärtig als »Dagegen-Partei« wahr: als politische Kraft, die sich in erster Linie an den Ideen ihrer Mitbewerber abzuarbeiten versuchte, statt selbst konstruktive Vorschläge zu unterbreiten. Ausgerechnet uns Liberalen fehlte offenbar der Mut, unsere eigene Komfortzone zu verlassen.

Später berichteten Medien, die Boston Consulting Group habe die Strategie der FDP entwickelt. Wahr ist: Der Schadensbericht, den die externen Profis vortrugen, half uns sehr, denn hier hatten Experten gearbeitet, die keine Schablone im Kopf hatten. Die Schlussfolgerungen aber wollten und mussten wir in Präsidium und Bundesvorstand selbst ziehen. Was eine Partei ist und will, das lässt sich nicht von außen rein im Hinblick auf Erfolg und Publikumswirksamkeit festlegen. Die FDP ist ein politischer Organismus mit Traditionen und Überzeugungen. Zudem: Wer strategische Grundentscheidungen an Externe delegiert, wird seiner Führungsverantwortung nicht gerecht. Aber es war hilfreich, dass uns kluge und kritische Fragen gestellt wurden.

Parteien formierten sich historisch an Konfliktlinien in der Gesellschaft wie Kapital gegen Arbeit, Stadt gegen Land, konfessionelle Bindungen gegen Säkularismus, Ökonomie gegen Ökologie. Solche harten Interessengegensätze führten zu relativ stabiler Anhängerschaft. Unsere Gesellschaft hat sich indessen längst verändert, die alten Gegensätze haben ihre Prägekraft verloren.

Viele Führungskräfte, die in allen Parteien den Ton angeben, sind davon überzeugt, es gebe heute daher ein einfaches Rezept für Wahlerfolge: Man müsse sich nur ein Programm geben, in dem möglichst viele Positionen stehen, die den Leuten, die man überzeugen möchte, einen Nutzen verschaffen. Marco Buschmann nannte das diplomatisch die »Wunschzettel-Theorie«: Wer ein Programm hat, das dem Wunschzettel vieler Menschen entspricht, wird dementsprechend auch von vielen Menschen gewählt. Böser könnte man sagen: Durch Versprechen werden Stimmen gekauft – und der umverteilende Wohlfahrtsstaat wird immer größer. Sollte es Unsicherheiten hinsichtlich des Gewünschten geben, dann helfen Meinungsumfragen. Es ist die Methode, mit der Angela Merkel lange Zeit erfolgreich Politik gemacht hat. Sie hat sie noch perfektioniert, indem die Wahlprogramme der Union ein Medley der Aussagen der Wettbewerber bieten. Dementsprechend hätte die FDP nur vernachlässigte Zielgruppen suchen müssen, denen wir dann die Wünsche von den Lippen abgelesen und in das Programm übertragen hätten.

Für die Erneuerung der Freien Demokraten konnte das

gerade nicht der Weg sein. Weder passte er zum Anspruch einer liberalen Partei, noch versprach er Erfolg. Meine These ist, dass soziodemografische Merkmale wie Beruf, Einkommen und Alter immer weniger das Wahlverhalten bestimmen werden, dafür aber Wertvorstellungen, Lebensstil, das Gerechtigkeitsgefühl und persönliche Ziele wichtiger werden – Haltungsfragen. Marco Buschmann bestärkte mich mit Ergebnissen aus der Konsumforschung, wonach selbst bedeutende Kaufentscheidungen wie die für ein Auto zumeist nach Gefühl getroffen und erst nachträglich rationalisiert werden.

Die methodische Konsequenz für uns: Wir suchten nicht Leute, für die wir ein Produkt kreierten, sondern klärten erst unsere eigene Position. Und dann wollten wir diejenigen finden, die dieses liberale Lebensgefühl teilten, die wir also glaubwürdig und authentisch repräsentieren konnten – und die uns daher nicht nur aus taktischem Interesse oder als kleineres Übel unterstützen würden. Dazu mussten wir ein Leitbild entwickeln, das über einzelne Wahlkämpfe und die Tagespolitik hinaus Bestand haben sollte. Und das komprimierter und klarer ist, als es ein Grundsatzprogramm einer Partei auf vielen Seiten und mit vielen Kompromissen sein kann. Auf der Basis dieses Leitbilds wollten wir die konkreten Projekte und Forderungen definieren, die wir mit Priorität in Wahlprogrammen, Parlamenten und Regierungen angehen mussten, um unsere Vorstellungen umsetzen zu können. Das Leitbild sollte der Kern der Marke FDP sein, die wir dann am Ende auch ästhetisch verdichtet kommunizieren wollten, damit unsere potenziellen Unterstützer ihr eigenes Lebensgefühl durch unsere Kampagnen auf der Straße intuitiv wiedererkennen würden. Das Leitbild soll uns dabei helfen, als

Partei so zu werden, wie wir sein wollen. Der Erneuerungsprozess geht nach der gewonnenen Bundestagswahl mit anderen Mitteln weiter – abgeschlossen ist er nicht.

Zurück ins Jahr 2014. Im Sommer traf sich das Bundespräsidium zu einer Klausurtagung, um die Arbeit aufzunehmen. Wir saßen nicht wie sonst in der Parteizentrale zusammen, sondern in Berlin-Friedrichshain. Eine FDP-Präsidiumssitzung in einem Backpacker Hostel, das war eine Premiere. Zur weiteren Aufheiterung trug das Tagungsgetränk bei: »Fountain of Youth«.

In der engeren Parteiführung hatten wir für die restlichen Kolleginnen und Kollegen des Präsidiums eine Präsentation zum Einstieg in die Diskussion vorbereitet. Die Mission der FDP war dort vorläufig mit »Chancen ermöglichen« beschrieben. Viele Folien zeigten die sich daraus ergebenden politischen Ziele und Projekte. Als Erster meldete sich Wolfgang Kubicki zu Wort. Er sagte, das, was er da auf den Folien sehe, stehe wieder genau für die Partei, in die er einmal begeistert als junger Mensch eingetreten sei.

Während dieser Klausurtagung erzielten wir weit mehr als nur sachliche Fortschritte. Die FDP war die vermutlich zerstrittenste Partei in Deutschland, die ihre internen Konflikte in einer besonders gehässigen Weise öffentlich austrug. Am Abend nach den Beratungen waren wir dabei, ein Team zu werden. Das war ein erster Durchbruch.

Im Präsidium waren wir einig. Jetzt wollten wir den Bundesvorstand überzeugen. Er ist das höchste Beschlussgremium nach dem Bundesparteitag und das wichtigste Scharnier in die Landesverbände. Wenn wir dort überzeugten, dann wäre es wahrscheinlich, dass wir die ganze Organisation für unsere Strategie gewinnen konnten. Und umgekehrt. Es war wie die Präsentation eines Start-ups vor potenziellen Investoren.

Die Klausurtagung Anfang Juli 2014 sah eine ausführliche Präsentation des Leitbildentwurfs vor, aber vor allem wollten wir die Erhebungen und Überlegungen zeigen, die ihm vorausgegangen waren. Üblicherweise sind Strategiedebatten in allen Parteien mehr lästig als nützlich, weil erzählt wird, was gefällt. Wir wollten hingegen eine offene Debatte, die auf der Basis eines Prototypen mit Konzept, Erfolgsfaktoren und empirischen Daten stattfand. Das hatte es nach meiner Kenntnis mindestens in der FDP so noch nie gegeben.

Zum anderen wollten wir die Bundesvorstandsmitglieder motivieren, dass man es schaffen kann, sich aus einem Tief herauszuarbeiten – am besten durch die Fallstudie einer anderen liberalen Partei in Europa. Fündig wurden wir bei Democraten 66, der »sozialliberalen« unserer beiden Schwesterparteien in den Niederlanden. D66 hatte bei den Parlamentswahlen 1994 mit 15,5 Prozent noch besser abgeschnitten als die FDP 2009, war danach jedoch ebenfalls in große Schwierigkeiten geraten, aus denen sie sich zwischenzeitlich wieder befreien konnte. Im kleineren Kreis gab es im Vorfeld eine Kontroverse, ob wir ausgerechnet diese Partei einladen sollten, weil wir doch programmatisch der »rechtsliberalen« VVD von Ministerpräsident Mark Rutte näher standen. War D66 nicht zu »links-grün«? Egal, befand ich, denn es ging um Methoden und nicht die Übernahme von Inhalten. Außerdem wollten wir uns ja gerade aus den alten Denkmustern befreien.

Die Klausurtagung begann wie eine Therapie-Sitzung in depressiver Stimmung. Unsere Präsentation hatte der Bundesgeschäftsführer gnadenlos auf zwei Stunden angelegt. Den Vortrag teilte ich auf: Die politisch-strategische Einführung wollte ich als Vorsitzender übernehmen. Nicola Beer stellte die Ergebnisse der Mitgliederbefragungen vor. Und Marco Buschmann legte die Marktforschung, also die »Schadensbilanz«, dar sowie die sich daraus ergebenden Arbeitshypothesen. Schon diese Aufteilung sollte ein Signal sein, dass wir als Team arbeiteten und arbeiten müssten. Nicht einer allein plante die Zukunft der Partei, sondern gemeinsam gingen wir die Aufgaben an.

Der neue Weg entsprach nicht unseren Gewohnheiten und auch nicht den Intuitionen jedes Mitgliedes unseres Bundesvorstandes. Immer wieder gab es Getuschel. Wir ermunterten alle, Bedenken offen auszusprechen, damit wir sie gemeinsam besprechen und uns eine Meinung bilden konnten. Ich erinnere mich an ein besonders großes Staunen, als gezeigt wurde, dass man die Anhänger der FDP weniger an ihrem Haushaltseinkommen – ein Vorurteil, das auf der Basis oberflächlich interpretierter Daten immer wieder gerne verbreitet wurde –, sondern an ihrem Bildungsgrad und einer besonders optimistisch-fortschrittsorientierten Haltung erkennen konnte. Natürlich gab es in der Partei nicht wenige, die meinten, die FDP sei das Sammelbecken für enttäuschte Konservative, die mit der CDU nicht zufrieden seien.

Vor dem Saal saß eine langjährige Mitarbeiterin der Partei. Immer wieder passierten sie Mitglieder des Bundesvorstandes, die kurz die Sitzung verlassen mussten. Später sagte sie, zu Beginn hätte aus den Gesichtern Resignation gesprochen. Am Ende fragte sie, ob wir »Haschkekse« ausgeteilt hätten.

Nach unserem Vortrag sprach Lousewies van der Laan,

Europaabgeordnete der D66. In Umfragen landete die Partei zeitweise bei 0,5 Prozent. Von einem 4,8-Prozent-Ergebnis wie bei der FDP habe sie zwischenzeitlich nicht mal mehr zu träumen gewagt, sagte sie.

Im Wahlkampf 1994 hatten D66 komplett auf ein Thema gesetzt und damit einen historischen Triumph errungen. Das Thema sei »Bildung, Bildung, Bildung« gewesen. »Klingt ja wie die Steuern bei uns.« Bei der anschließenden Regierungsbildung aber verzichtete unsere Schwesterpartei auf das Bildungsministerium. Lousewies sagte, man habe stattdessen das Außenministerium besetzt. Es gab befreiendes Lachen und Applaus. Das kam uns bekannt vor.

Hier begann der Abstieg von D66, der etwas langsamer als bei der FDP verlief, dafür aber umso desaströser war. »Habt keine Angst«, machte van der Laan uns Mut. Wenn wir professionell an die Sache herangingen, kämen wir auch wieder aus der Krise heraus. D66 hatte nicht bloß die Gründe der jeweils letzten Wahlniederlagen analysiert, sondern sich einem tiefgreifenden, mehrjährigen Modernisierungsprozess unterzogen. Man konnte noch tiefer sinken als in unserem Fall. Und man kann die Wende schaffen, wenn man die Probleme grundlegend angeht. Das wollten wir auch. Zuletzt, bei der Parlamentswahl 2017, erzielte D66 übrigens 12,2 Prozent der Stimmen.

Bis zu dieser Klausursitzung des Bundesvorstandes glaubten manche bei uns, dass wir nur historisches Unrecht erlitten hätten, weil die Wähler uns einfach nicht hätten verstehen wollen. Es würde also genügen, rasch das Leck auf unserem beschädigten Boot zu schließen und die FDP dorthin zurückzusteuern, von wo aus sie 2009 aufgebrochen war. Doch das hätte nicht ausgereicht: Aus dem Kahn, der vom Kurs abgekommen war, sollte ein wendiges Motorboot werden.

Unsere Schlussfolgerungen aus der Ausgangslage und den Entwurf des Leitbilds stellten wir im Anschluss der gesamten Partei vor. Dazu gingen wir einen anderen Weg als sonst üblich. Wir wollten verhindern, dass jeder seine eigene Version verbreitete. Deshalb bildete der Bundesgeschäftsführer 80 Mitglieder zu parteiinternen Botschaftern aus. Auch Bundesvorstandsmitglieder mussten sich »schulen« lassen, wenn sie die Präsentationsfolien zeigen wollten. Die Parteigliederungen organisierten mehr als 350 Veranstaltungen. Insgesamt 15 000 Mitglieder schickten uns daraufhin Verbesserungsvorschläge zu unserem Leitbildentwurf – als E-Mail, Brief oder SMS. Wir führten auch Online-Panels unter den Mitgliedern durch.

Der Prozess war breit und intensiv, er bot jedem einzelnen Mitglied eine Palette von Möglichkeiten, seine Meinung zu äußern. Aus der deutschen Parteienlandschaft ist mir kein vergleichbarer Ansatz bekannt. Es war ein Prozess der Vergangenheitsbewältigung und Selbstvergewisserung zugleich; die Mitglieder konnten sich ihren Frust von der Seele reden, jedoch mit dem Fokus, daraus etwas konstruktiv für die Zukunft abzuleiten. Mehr als einmal spielte sich ab, was mir Marco Buschmann von einer Veranstaltung in München erzählte: Bevor er sein Laptop aufklappte, um über das Leitbild zu sprechen, waren einige Parteimitglieder schon auf Krawall gebürstet. Es herrschte eine Stimmung nach dem Motto: Was sich die da in Berlin ausdenken, das kann sowieso nichts werden. Marco versprach, auf jede Frage einzugehen und sich so viel Zeit wie nötig zu nehmen – die Runde saß dann von 18.30 bis 1.30 Uhr in der Nacht zusammen.

Am Ende sagten ihm viele Mitglieder, sie hätten zum ersten Mal das Gefühl gehabt, von der Parteiführung ernst genommen zu werden. Was früher als Herrschaftswissen gegolten habe, werde nun offen geteilt und erklärt.

Wir nahmen viel aus solchen Runden mit, zum Beispiel wurde aus dem Motto »Chancen ermöglichen«, das manche als zu unspezifisch, traditionslos und zu wenig liberal empfanden, im Laufe des Prozesses der Leitgedanke »Mehr Chancen durch mehr Freiheit«. Aus der Partei heraus war kritisiert worden, »Chancen ermöglichen« stelle zu sehr den Staat in den Mittelpunkt und könne als Paternalismus verstanden werden. Den Leitsatz, eine »Republik der Chancen« anzustreben, verwarfen wir ebenfalls. Den Freiheitsgedanken wollten wir stärken, und dies sollte nicht durch zusätzliche, möglicherweise verwirrende Assoziationen verwässert werden.

Selbst die Presse begann nun unseren Wandel zu würdigen. Die *Welt* zum Beispiel schrieb über ein Regionalforum, das wir in Bonn veranstalteten: »Rasche Heilserwartungen sind übertrieben, doch immerhin tut Lindner etwas Besonderes, womit sich andere Parteien generell schwertun. Er lässt in der Partei ganz offen diskutieren, auch mit dem Risiko, dass die Führung Kritik abbekommt.«

Schließlich legten wir auf einem Schaubild von der Größe eines DIN-A4-Blattes fest, was uns als Partei wichtig sein sollte – darauf zu lesen war keine blumige Parteitagslyrik, sondern es standen dort sehr konzentriert die drei Grundprinzipien, die uns künftig leiten sollten: Offenheit für Fortschritt, die Liebe zur Freiheit und faire Spielregeln. Als Auftrag enstand daraus der Leitsatz: »Die Freien Demokraten helfen mir, Chancen zu schaffen und zu nutzen, damit ich selbstbestimmt und eigenverantwortlich leben kann in einem liberalen Rechtsstaat mit Sozialer Marktwirtschaft.« Aus diesem Leitgedanken ergaben sich konkretere Ziele, zum Beispiel für die weltbeste Bildung für alle zu kämpfen, einen unkomplizierten Staat anzustreben oder Selbstbestimmung in allen Lebenslagen zu ermöglichen. Das Leitbild ist das Urmeter, an ihm müssen sich alle unsere Antworten in der Tagespolitik messen lassen, denn nicht noch einmal soll die FDP die Orientierung verlieren.

Natürlich gab es auch weiterhin Kritik an diesem Prozess. So wie mancher außerhalb der FDP kommentierte, wir arbeiteten zu wenig die Vergangenheit auf und blieben ein neues Programm schuldig, so bemängelte manches Mitglied, wir beschäftigten uns zu stark mit uns selbst, wir seien zu verkopft und im Grunde sei doch alles richtig gewesen. Eine Kommunalpolitikerin der bayerischen FDP zum Beispiel schrieb in einem offenen Brief, der an mich gerichtet war: »Die Menschen, Herr Lindner, erwarten von der FDP keinen mitfühlenden Liberalismus, sondern wollen von uns ihre Freiheit als Bürger, Unternehmer, Arbeiter oder Steuerzahler gegenüber einer dreisten Regierung verteidigt sehen. Diese Menschen erwarten von der FDP keine Leitbild-Debatten über Freiheit, sondern eine laute Stimme gegenüber einer Regierung, die sie ihnen tagtäglich nimmt.«

Die Debatte hat manches offenbart, was uns bis in die Monate nach der Wahlniederlage hinein gefesselt hatte. Und sie gab uns einen klaren Kompass. Der spätere Beschluss des Bundesparteitags 2015, für den wir das Leitbild unter dem Titel »German Mut« ausformuliert hatten, brachte das auf den Punkt: »Jeder Mensch hat es in der Hand: Veränderung, Chancen, Aufbruch. Unser Auftrag ist daher klar: Stärken wir den Glauben der Menschen an sich selbst. Wir glauben an die Kraft und die Energie des Menschen. Wir glauben daran, dass es immer eine Möglichkeit gibt. Niemals sollen ›Ja, aber …‹ und Co. die Oberhand behalten. Wir vertrauen auf die Kraft der Freiheit und machen den Optimismus zu unserem Antrieb.«

Wir wussten nun, welches Angebot wir glaubwürdig unterbreiten konnten. Ein Angebot für alle, deren Wunsch nach Selbstbestimmung groß ist, die bereit zur Übernahme von Verantwortung für sich und andere sind, die Mut zu Veränderungen aufbringen und die Freude daran empfinden, etwas zu schaffen. Einem Unternehmer, der statt Wettbewerb in der Marktwirtschaft eher die Subvention für seine Photovoltaikanlage schätzt, könnten wir nichts anbieten. Der Lehrerin dagegen, die mit der Elterninitiative und Sponsoren darauf hinwirkt, dass in ihrer Klasse digitale Lernmittel genutzt werden können, die Gemeinde und Land nicht bereitstellen, würden wir versuchen zu helfen, indem zum Beispiel bürokratische Regeln beseitigt werden. Eine Politik für Menschen mit Unternehmensgeist war das Ziel, nicht für einzelne Berufsgruppen oder Branchen.

Ob ein solches Leitbild tatsächlich politische Relevanz besitzt, zeigt sich, wenn seine Ansprüche mit traditionellen politischen Reflexen konfrontiert werden. Am nachdrücklichsten in Erinnerung geblieben ist mir in diesem Zusammenhang die Debatte um die Versandapotheken. Die Freien Demokraten wurden in der Vergangenheit gerne als »Apotheker-Partei« diffamiert. Wir hatten und haben Respekt vor allen Freien Berufen, weil dort unsere Werte von Leistungsbereitschaft, Unabhängigkeit und Eigenverantwortung gelebt werden. Dennoch sind wir als Liberale zuerst der Wahlfreiheit der Kunden und dem Gedanken des fairen Wettbewerbs verpflichtet.

Das herkömmliche Geschäftsmodell der Apotheken vor Ort ist einem Wandel unterworfen. Der Marktanteil von Versandapotheken steigt, die auch verschreibungspflichtige Medikamente anbieten. Die Antwort des CDU-geführten Gesundheitsministeriums lautete: Versand verbieten. Der *Spiegel* schrieb, dass die Apotheker-Lobby nach dem Ausscheiden der FDP aus dem Deutschen Bundestag ursprünglich Nachteile befürchtet hatte, sich nun aber im Grunde alle anderen Parteien um ihren Schutz bemühten. Der Beitrag verschwieg die eigentliche Pointe, dass sich nämlich eine Partei vorbehaltlos für die Freiheit der Kunden eingesetzt hat, den Bezugsweg für Arzneimittel zu wählen, der ihren Wünschen und Bedürfnissen am besten entspricht: die Freien Demokraten. Einerseits wollten wir den Apotheken ärgerliche Bürokratie ersparen, sie etwa für Nachtdienste besser honorieren und auch die Beschränkungen beim Sortiment lockern, damit sie beispielsweise über kosmetische Artikel Umsätze erzielen konnten. Andererseits waren wir gegen ein Verbot des Versandhandels, der allerdings auf besondere Rabatte verzichten und sich an die Preisbindung halten müsste, damit der Wettbewerb fair und nicht ruinös wäre. Dafür wollte wir alle rechtlichen Möglichkeiten nutzen.

Die Wellen der Empörung schlugen dennoch hoch. Einen veritablen Shitstorm gab es in den Apotheker-Fachmedien, die nahezu täglich gegen uns und speziell gegen meine Person eine Kampagne betrieben. In meinem Posteingang stapelten sich die wütenden Zuschriften von Apothekern, die beteuerten, nie wieder FDP wählen zu wollen. Wir gehörten auf den »Müllhaufen« – das war noch eine relativ freundliche Formulierung. Wir seien von den Versandapothekern »gekauft« worden – nur weil ein Anbieter einen Stand bei den Ausstellern auf unseren Bundesparteitagen hatte. Der Vorwurf war eine Absurdität, denn den Versendern wollten wir ja die Rabatte streichen. Unsere Fans also würden sie kaum werden. Auch innerhalb unserer Partei gab es anfänglich Bedenken; hier würde eine vermeintlich treue Unterstützergruppe ohne Not vor den Kopf gestoßen, hieß es. Im Bundestagswahlprogramm aber haben wir uns klar positioniert: gegen ein Verbot des Apothekenversandhandels.

Einladungen zu den parlamentarischen Sommerfesten von Verbänden in Berlin habe ich nie annehmen können, weil ich mich auf Veranstaltungen im Land konzentriert habe. Im Sommer 2017 machte ich eine Ausnahme – und ging ganz bewusst zu den Apothekern. Ich wollte mich stellen, aber zugleich dem Eindruck entgegentreten, wir sähen in ihnen ein Feindbild oder wollten nur ein Exempel statuieren. Ich erinnere mich genau, wie ich staunend beäugt und von Verbandsoffiziellen umringt wurde. Sahra Wagenknecht würde die Apotheken vor der Konkurrenz durch turbokapitalistische Versender schützen, dafür müssten sie dann auf ihren Gewinn 70 Prozent Steuern zahlen, scherzte ich. Bei der FDP gebe es ein mittelstandsfreundliches Programm, aber eben um den Preis, sich im Interesse der Kunden einem fairen Wettbewerb stellen zu müssen.

Natürlich konnte ich dort niemanden überzeugen. Aber mir schrieben während dieser Phase viele Apotheker, sie könnten unseren Standpunkt zumindest nachvollziehen. Einige wurden sogar Mitglied der FDP. »Das Eintreten der FDP für Marktwirtschaft und Mittelstand ist für mich umso glaubwürdiger geworden, nachdem Ihre Partei dafür auch Schelte von alten Freunden in Kauf nimmt«, schrieb ein Apotheker. Ich glaube das auch: Wer Interessengruppen nur jeden Wunsch von den Lippen abliest, erfährt vielleicht für den Moment Unterstützung, bekommt aber keinen Respekt. Am Ende degradiert man sich zum nützlichen Idioten.

Keine Sau braucht die FDP?

Forschungsgruppe Wahlen, Sonntagsfrage, ZDF, 14. 11. 2014: CDU/CSU 41 %, SPD 26 %, Linke 8 %, Grüne 10 %, FDP –, AfD 7 %, Sonstige 8 %

Im Herbst 2014 reihten wir uns zwischen den Violetten, der Bayernpartei und der Partei für Gesundheitsforschung ein: Wir waren unter die »Sonstigen« gefallen. Mehrere namhafte Umfrageinstitute, darunter die Forschungsgruppe Wahlen und Infratest Dimap, wiesen uns nicht mehr als eigenständige Kraft aus. Das hieß, wir schafften bei den Befragungen keine drei Prozent. Gleichzeitig standen Landtagswahlen an, im Herbst 2014 in Brandenburg, Thüringen und Sachsen, im Frühjahr 2015 dann in Hamburg und Bremen. Die Anspannung stieg, weil Erfolge nicht in Reichweite zu liegen schienen.

Wir arbeiteten parallel zu den laufenden Wahlkämpfen in den Ländern weiter an der Fehleranalyse und unserem neuen Leitbild. Schon bei der Kreisvorsitzendenkonferenz Anfang des Jahres in Erfurt hatte ich die Partei darauf vorbereitet, dass wir erst zum Dreikönigstreffen 2015 mit einem erneuerten Profil und mit neuem optischen Auftritt öffentlich werden könnten. Spätestens ein gutes Ergebnis in Hamburg müsse dann beweisen, dass unser Konzept an der Wahlurne funktioniere. Die Bürgerschaftswahl sollte unser »Eisbrecher« werden, der erste Erfolg, der dazu diente, der Öffentlichkeit, aber auch uns selbst zu beweisen, dass wir auf dem richtigen Weg waren.

Die Voraussetzungen dafür schienen gut zu sein. Bereits bei der letzten Bürgerschaftswahl 2011 war es der Spitzenkandidatin Katja Suding als Newcomerin gelungen, einen Überraschungserfolg zu erzielen. Inzwischen hatte sie allen gezeigt, dass sie mehr als eine attraktive Erscheinung ist, auf die sie zuvor manche reduzieren wollten. Die liberale Bürgerschaftsfraktion hatte unter ihrer Führung in der Opposition Profil gewonnen. Hamburg ist außerdem eine Dienstleistungsmetropole mit vielen gut ausgebildeten Menschen. Als Frau, die einen anspruchsvollen Beruf und Familie gleichzeitig bewältigte, war sie als Spitzenkandidatin die perfekte Repräsentantin für unser neues Leitbild. Und in einem Stadtstaat wäre es selbst mit unseren begrenzten Ressourcen möglich, eine große Sichtbarkeit zu erreichen. Wenn nicht in Hamburg eine erste Stabilisierung gelingen würde, wo sollte es sonst möglich sein?

Ein großes Problem allerdings gab es, und das war die Hamburger FDP selbst. Sie war seit vielen Jahren tief zerstritten, missgünstig schaute man aufeinander. Man kann sagen, dass es zwei Lager gab. Das eine scharte sich um Katja Suding und die Bürgerschaftsfraktion, das andere um eine ehemalige Bundestagsabgeordnete. Sämtliche Versuche, diese Spaltung zu überwinden, misslangen. Eine Ursache war, dass es im Landesverband die weitverbreitete Ansicht gab, die Lagerbildung wäre etwas Gutes, weil sie zu einem

System der gegenseitigen Kontrolle führe. Als Katja Suding versuchte, diese innere Spaltung mit einer Kandidatur für den Landesvorsitz zu überwinden, unterlag sie – Landesvorsitz und Fraktionsvorsitz in der Hamburgischen Bürgerschaft sollten nicht in einer Hand liegen, befand die Partei.

Ein derart zerstrittener Landesverband aber war brandgefährlich für unser Projekt. Er konnte unsere Bemühungen weit über Hamburg hinaus zunichte machen. Würden wir dort und anschließend in Bremen scheitern, dann stünden erst im Frühjahr 2016 wieder Landtagswahlen an. Bis dahin hätten wir uns vielleicht dauerhaft unter die »Sonstigen« eingereiht und unser Verlierer-Image nicht mehr abschütteln können.

Also fuhr ich an Pfingsten 2014 nach Hamburg, um in einer Sitzung den Streit zu schlichten. Die Landesvorsitzende hatte zwischenzeitlich angekündigt, für die Bürgerschaft kandidieren zu wollen – ein Affront gegen Katja Suding. Nur mit größter Mühe und langem Zureden konnte ich sie davon abbringen. Im Gegenzug versprach Katja Suding eine enge Kooperation zwischen Fraktions- und Parteiführung. Der Burgfrieden hatte nur wenige Tage Bestand. Der Streit schlug inzwischen überregional Wellen. »Ein zerstörerischer Kreislauf. Sicher nicht für Hamburg. Auf jeden Fall aber für die FDP«, kommentierte die *Welt* damals. Weder für Außenstehende noch für der FDP etwas näher Stehende seien »die Ursachen dieses jeden Inhalts entbehrenden Streits nachvollziehbar«. Katja Suding entschied sich, die Partei vor eine harte Wahl zu stellen: Sie stehe als Spitzenkandidatin nur zur Verfügung, wenn ihre Kontrahentin nicht auf die Liste für die Bürgerschaftswahl gewählt werde.

Viele waren empört, dies sei eine Form der Erpressung. Aber Katja bewies starke Nerven. Und die Mehrheit der Partei nutzte die Chance, für klare Verhältnisse zu sorgen. Die unterlegene Landesvorsitzende war so erbost, dass sie sich zu einem Frontalangriff auf die FDP entschied und mit einer kleinen Gruppe von FDP-Mitgliedern eine neue Partei gründete – die »Neuen Liberalen«. Für uns überraschend war, dass sie nun argumentierte, die FDP sei ihr nicht sozial genug – so hatte sie sich als Bundestagsabgeordnete nie geäußert. Innerhalb der FDP sorgte diese Parteigründung für Aufsehen. Vor allem wurde in einigen Medien die Gefahr einer größeren Abspaltung heraufbeschworen, die möglicherweise den gesamten Wiederaufbau der FDP gefährden könne. »Der Paukenschlag in Hamburg zeigt, dass bei ausbleibendem Erfolg Lindner jederzeit mit Richtungsdebatten und Flügelkämpfen rechnen muss«, meinte das *Handelsblatt.* Und es beschrieb damit exakt die Szenarien, die ich ja bereits im Herbst 2013 auf mich hatte zukommen sehen.

Einerseits tat es mir um jedes Mitglied leid, das uns verließ. Wenn das aber der Preis für eine neue Einigkeit in Hamburg sein sollte, dann milderte das den Schmerz erheblich. Gehen die Quertreiber, so ist die verbliebene Organisation zwar kleiner, aber sie gewinnt an Einigkeit und Handlungsfähigkeit. Und genau so kam es: Die Krise führte dazu, dass sich der Landesverband zusammenraufte. Ein Landesparteitag wählte Katja Suding zur neuen Vorsitzenden in Personalunion mit dem Fraktionsvorsitz. Ein kleiner Landesverband bei einer Wahl in einem Stadtstaat – in der Aufmerksamkeitsdemokratie kann er entscheidend sein. Die Geschehnisse in Hamburg zeigten, dass ein Veränderungsprozess, wie wir ihn in der FDP angegangen waren, immer auch von Konstellationen abhängig ist, die man nicht unter Kontrolle hat. Mitunter ist Glück im Spiel. Oder Pech.

Damit war der unwegsame Teil der Strecke aber noch nicht bewältigt. Im Juni 2014 befand ich mit meiner Frau in einem Wochenendurlaub in Rheinland-Pfalz. Als ich am Samstagmorgen um 07.45 Uhr zum ersten Mal mein iPhone vom Nachttisch nahm, zeigte das Display ein halbes Dutzend »Anrufe in Abwesenheit« und etliche Kurznachrichten an. Es gab offenbar eine »Lage«, wie ich solche Situationen gegenüber meinen Mitarbeitern nenne. An diesem Vormittag war es eine Äußerung unserer stellvertretenden Bundesvorsitzenden Marie-Agnes Strack-Zimmermann. Sie hatte mit der *Rheinischen Post* darüber gesprochen, wie schwer es sei, das Imageproblem unserer Partei zu lösen, und über Gedankenspiele in ihrem Kreisverband berichtet, ob eine Umbenennung der FDP nicht eine Lösung sein könne. Oje, dachte ich, von unseren inhaltlichen Bemühungen war ja zu diesem Zeitpunkt noch nichts bekannt, also musste die interessierte Öffentlichkeit vermuten, wir beschäftigten uns nur mit Oberflächlichkeiten. Was wir jetzt in keinem Fall brauchten, war eine Debatte über einen neuen Namen. Eine Modernisierung unseres öffentlichen Auftritts zog auch ich in Erwägung, aber erst musste doch die Substanz in der Sache stimmen. Bei mir hatten sich nun schon die Frühaufsteher unter den Empörten von innerhalb und außerhalb der Partei gemeldet. In einem Telefonat berichtete mir die Kollegin, dass die Meldung nur durch eine Indiskretion aus einer Sitzung entstanden und von ihr in dieser Form nicht beabsichtigt gewesen sei. Wir mussten die Sache aus der Welt schaffen, ohne dass unsere Vize-Vorsitzende Schaden nahm. Ich lobte in einer Pressemitteilung also die

Debattenkultur in der FDP, verwies aber auf das Beispiel des Motorradherstellers Harley-Davidson. Der habe trotz einer schweren Krise nicht auf Mofas umgestellt und seinen eingeführten Namen aufgegeben, sondern an seiner Schwäche gearbeitet, den Motoren. Auch Wolfgang Kubicki widersprach sofort öffentlich.

Die Medien stürzten sich dennoch auf die Debatte. Die Presse steckte im Sommerloch, Strack-Zimmermanns Äußerungen wurden dankbar aufgenommen. *Spiegel Online* hielt eine Umbenennung für »die beste FDP-Idee seit langem«. Dort hieß es: »Mit den drei alten Buchstaben wird diese Partei nicht mehr glücklich. Seit Jahren predigen FDP-Granden den Deutschen in Sonntagsreden ›Mut zu Reformen und Veränderung‹. Nun könnten die Kubickis dieser Welt ausnahmsweise einmal selbst echten Reformmut beweisen.« Sticheleien in den sozialen Netzwerken ließen nicht lange auf sich warten, die Zeitungen berichteten ausführlich über eine mögliche Namensänderung. Vorgeschlagen wurde unter anderem: »KMU, Keiner Mag Uns« und »FIW, Fähnchen im Wind«. Einer schlug »RIP« vor – »Requiescat in pace«.

Paradoxerweise konnten wir zeitgleich eine leichte Verbesserung der demoskopischen Werte beobachten. Freilich muss man wissen, dass in Umfragen alle Veränderungen in der Größenordnung von etwa drei Prozentpunkten auch Zufall sein können. Denn so groß ist die methodische Fehlerrate. Trotzdem hakten wir bei Experten nach, ob dahinter auch ein realer Effekt stecken könnte. Bei denjenigen, die nicht sofort auf die Messfehlertoleranz verwiesen, fiel die Antwort so aus, dass wir nicht wussten, ob wir lachen oder weinen sollten: Die FDP sei medial so irrelevant, dass sich die für die FDP ansprechbaren Menschen freuten, überhaupt mal etwas von uns zu hören – selbst wenn es nur Hohn und Spott seien.

In dieser Zeit wurden wir oft mit Neos verglichen, der neugegründeten liberalen Partei in Österreich. Angesichts ihres Erfolgs musste es doch die Hypothek der Vergangenheit sein, die die FDP unten hielt, konnte man vielfach lesen. Möglicherweise könne sie einen Teil dieser Hypothek mit einem neuen Namen loswerden. Neos war 2012 als neue Bewegung ins Leben gerufen worden, fusionierte später mit dem zuvor erfolglos gebliebenem »Liberalen Forum« und schaffte es aus dem Stand heraus mit fünf Prozent in den Nationalrat. Mehrfach fuhren Delegationen der FDP nach Wien. Auch ich fragte mich: Was können wir von Neos lernen? Bei meinen Besuchen und im Gespräch mit Matthias Strolz, dem Chef der Neos, stellte ich es fest: Das Unverkrampfte, Lockere und die Authentizität, das hatte diese neue Formation uns Freien Demokraten voraus. Die FDP aber ist eine Traditionspartei. An wesentlichen Wegmarken der Bundesrepublik hatte unsere Partei maßgeblich mitgearbeitet. Das war nichts, wofür wir uns entschuldigen wollten. Im Gegenteil gibt das Wissen um die eigene Herkunft Orientierung. Wir wollten nicht aus der Tradition ausbrechen, sondern aus ihr heraus neu denken. Und wir wollten Methoden und Stil dem anpassen, was liberales Denken ausmacht – Fortschrittsoptimismus, Fehlertoleranz, Lebensfreude. Freie Demokratische Partei – das drückte für mich immer noch genau das aus, was in Deutschland auch zukünftig gebraucht würde: eine Partei für Menschen, die selbst denken und selbst anpacken wollen.

Die Debatte um unseren Namen war ein PR-Desaster.

Wir konnten zu diesem Zeitpunkt nicht ahnen, dass es noch schlimmer kommen würde. In Brandenburg, Thüringen und Sachsen wurden im Herbst 2014 neue Landtage gewählt. Schon zu Zeiten, in denen es der FDP bundesweit gut ging, war es hier besonders schwer gewesen, ins Parlament zu kommen. Der Wahlkalender meinte es nicht gut mit uns. In den ostdeutschen Landesverbänden glaubte man, die Bundespartei hätte sie fallen gelassen, weil die Neuaufstellung der Partei zu lange dauere. Der Landesvorsitzende aus Brandenburg beklagte sich darüber in einer Bundesvorstandssitzung und sagte, er werde aus diesem Grund ab jetzt eigenmächtig handeln. Mit seinem Vorwurf hatte er unrecht: Wir ließen die ostdeutschen Verbände keineswegs im Stich – und doch war es so, dass sich der Leitbildprozess nicht künstlich beschleunigen ließ oder wegen dreier Landtagswahlkämpfe über den Haufen geworfen werden konnte.

In den Landtagswahlkämpfen tat ich, was mir möglich war. Ich nahm in Thüringen und Brandenburg alle Termine wahr, um die mich die Landesverbände gebeten hatten. Ich fuhr in Kleinstädte, um an Grillfesten mit 20 Parteimitgliedern teilzunehmen, bei denen von Presse oder potenziellen Wählern weit und breit nichts zu sehen war. Dort gab es spärlichen Applaus, dann folgten Beschwerden über die Bundespartei, die nach Ansicht des Publikums ja nichts auf die Reihe bekam und allenfalls mit abgehobener Selbstbeschäftigung befasst war. Einmal war ich an einem Samstag 430 Kilometer zu einer kleineren Veranstaltung in Thüringen unterwegs, bei der ich aufgrund der Verkehrslage mit einer Verspätung von 45 Minuten ankam. Der örtliche Landtagsabgeordnete begrüßte mich vor meiner Rede spöttelnd mit den Worten: »Na, da hast du mir ja ein ganz schönes Ei ins Nest gelegt.« So motiviert durfte ich im Anschluss die 430 Kilometer zurückfahren. Der Samstag war gelaufen. Ich hatte Verständnis für die Untergangsstimmung der Parteifreunde im Wahlkampf. Mehr als einmal stellte ich mir dennoch die Sinnfrage meiner Wahlkampfunterstützung, wollte mir aber selbst nicht vorwerfen, irgendetwas unversucht gelassen zu haben.

1971 hatte der Schauspieler Klaus Kinski während eines später legendär gewordenen Auftritts in Berlin einen Besucher seiner »Jesus Christus Erlöser«-Tour mit den Worten angeschrien: »Du dumme Sau!« Für die Boulevardpresse war es ein Fest – für Klaus Kinskis Management wohl auch. Denn dieser Skandal brachte ihm viel Aufmerksamkeit, neue Auftritte und vermutlich stiegen die Gagen eher, als dass sie fielen. Diese Skandal-Taktik stand vielleicht Pate für die Kampagne, mit der die Brandenburger FDP 43 Jahre nach Kinski den Wiedereinzug in den Landtag schaffen wollte. Der Landesvorsitzende und der Spitzenkandidat informierten unseren Bundesgeschäftsführer regelmäßig über die Vorbereitungen des Wahlkampfs. Was man uns zeigte, war eine brave und konventionelle Werbelinie – aber nicht die wirkliche, wie wir kurz danach erfahren mussten.

Wir hatten es zu jener Zeit angesichts unserer desaströsen Umfragewerte enorm schwer, überhaupt in die Medien zu gelangen. Als die Bundesregierung neue Steuer-Rekordeinnahmen meldete, schrieb ich deshalb einen offenen Brief an Finanzminister Wolfgang Schäuble, in dem ich den Abbau der kalten Progression forderte und eine Benachteiligung der Mittelschicht beklagte. Ich bettelte beim damaligen Chefredakteur der *Bild*-Zeitung, Kai Diekmann, der FDP eine Plattform zu eröffnen, da keine andere Partei die Frage der Entlastung thematisiere. Er erbarmte sich und mein Brief erschien als Faksimile auf Seite 2 der *Bild*-Zeitung – ein medialer Sechser im Lotto. Daraufhin wurde ich ins ZDF-Morgenmagazin eingeladen – auch das war ein kostbares Ereignis. Ich freute mich auf diese Gelegenheit, weil ich dort eine inhaltlich wohlbegründete Position würde vortragen können, die gut zu den Freien Demokraten passte.

Doch dann standen von einem Tag auf den anderen 120 Großplakate in ganz Brandenburg. Auf ihnen war der Slogan zu lesen: »Keine Sau braucht die FDP«. Der Spruch überlagerte auch die Webseite des brandenburgischen Landesverbands, sodass einige Twitter-User zuerst dachten, sie sei von Hackern gekapert worden. In der Landesgeschäftsstelle wurde auf einen Anrufbeantworter umgestellt, der die Ansage vor sich hinleierte: »Keine Sau braucht die FDP. Deswegen können wir Ihren Anruf leider nicht entgegennehmen.« Die Folgen waren entsetzlich: Aus ganz Deutschland erreichten uns wütende Nachrichten von Parteimitgliedern, die ein Austrittsschreiben beilegten oder ihren Austritt ankündigten. Mein Auftritt im ZDF-Morgenmagazin drehte sich fast nur noch um die Plakate und die Reaktionen darauf. Ich wurde gefragt, ob die Kampagne mit Billigung der Bundespartei erfolgt sei. Ich sagte, ich hätte zunächst einmal den Atem anhalten müssen, als ich davon erfahren habe; doch hätte ich verstanden, dass die Kollegen mit der »ironischen, pointierten und provokanten Zuspitzung« nach Möglichkeiten suchten, um in die Öffentlichkeit zu kommen und Gehör für ihre Argumente zu finden. Das war sehr vornehm ausgedrückt. Selbstverständlich konnte ich den Spitzenkandidaten aus Brandenburg nicht vor laufenden Kameras niedermachen. Im Morgenmagazin ging es in meinem Gespräch jedenfalls sehr viel um Schweine und kein bisschen mehr um Steuerpolitik. Das Interview war eine vertane Chance für die FDP und eine weitere beklemmende Fernseherfahrung für mich.

Der damalige Brandenburger FDP-Landesvorsitzende sagte, so sei nun einmal tatsächlich die Stimmung in seinem Land, die wolle er auf den Plakaten bloß wiedergeben. Er war der Meinung, unser Leitbildprozess sei für den Wahlkampf nicht hilfreich, weshalb der Landesverband nun einen eigenen Weg gehen müsse. Ein paar Tage später wurden die Plakate mit neuen Sprüchen überklebt – »jeder Arbeitslose« brauche die FDP, damit neue Jobs entstünden; oder »jede Lesbe« brauche sie, damit Toleranz in der Gesellschaft herrsche. Das aber interessierte niemanden mehr. Die Brandenburger Kampagne hatte zwar erreicht, was uns sonst fehlte: jede Menge Medienaufmerksamkeit. Wer die FDP öffentlich so zum Gespött macht, bekommt naturgemäß viele Medienauftritte. Doch mit jedem Bericht, jedem Interview wurde die FDP als grotesker wahrgenommen. An Politiker werden nun mal andere Erwartungen gestellt als an Künstler wie Klaus Kinski. Kreative dürfen provozieren oder verrückt sein. Auch erfolgreichen Geschäftsleuten verzeiht man gern ein wenig Protzerei, wenn sie sich ihren Wohlstand denn nach den geltenden Spielregeln verdient haben. Aber ein Politiker muss sich im Griff haben. Das verlangen die Menschen zu Recht von ihm, denn er trägt Verantwortung für das Gemeinwesen.

Die FDP Brandenburg erhielt am Ende dieser Kampagne 1,8 Prozent der Wählerstimmen. Es war eines der schlechtesten Landtagswahlergebnisse in der Geschichte der Freien Demokratischen Partei überhaupt. Der Spitzenkandidat

verließ übrigens später die FDP. Er wechselte zur Linkspartei.

Witzig und humorvoll war die ganze Angelegenheit jedenfalls nicht. »Den FDP-Chef muss umtreiben, dass ihm
der Zugriff auf die Landesverbände kaum noch gelingt. Zer-
fallserscheinungen untergraben seine kaum gefestigte Autorität«, meinte die *Stuttgarter Zeitung*. Mancher wird sich fragen, ob wir nicht hätten einschreiten müssen. Die Antwort
ist: Das ging und geht nicht. Die Parteien sind demokratisch
organisiert, nicht nach dem Führer-Prinzip. Die Landesverbände sind autonom. Sie werden durch gute Argumente
überzeugt – oder gehen eigene Wege. Damit war auch klar,
was wir an unserer Organisation ändern wollten: ein ge-
schlossenes, koordiniertes Auftreten, weil jeder Wahlkampf
ein Wahlkampf der Gesamtpartei war. In der Mediengesell-
schaft gelten Gebietsgrenzen nicht.

Entsetzt reagierten die Spitzenkandidaten in Thüringen
und in Sachsen, Uwe Barth und Holger Zastrow, die parallel
Wahlkampf führten. Sie verstanden sofort, dass die Menschen die FDP nur noch als verzweifelt und unseriös wahrnehmen würden. Zastrow selbst machte unter anderem mit
dem Slogan »Sachsen ist nicht Berlin« Werbung. Wollte er
seinen Landesverband damit von der Bundespartei abkop-
peln? Zastrow betonte, er habe etwas anderes gemeint:
dass die Koalition aus CDU und FDP in Sachsen viel besser
funktioniere, als diejenige aus Union und FDP »in Berlin«
funktioniert habe. Man habe sehr viel mehr von dem umgesetzt, was man versprochen habe, und viel vertrauens-
voller zusammengearbeitet. Ich selbst hatte kaum Auftritte
im Wahlkampf, diese waren von der sächsischen FDP nicht
erwünscht. Die FDP in Sachsen landete bei 3,8 Prozent. Hol-

ger Zastrow sagte am Wahlabend, er empfinde es als »verdammt ungerecht«, dass die Landes-FDP in den »Berliner Topf reingerührt« worden sei. Ich versuchte, in einem Zeitungsinterview diplomatisch zu reagieren: »Obwohl unsere Freunde mit ›Sachsen ist nicht Berlin‹ ihre Eigenständigkeit und die Erfolge von Schwarz-Gelb plakatiert haben, stand für viele Menschen offenbar nochmals die FDP des Jahres 2013 zur Wahl«. Intern signalisierte ich in einer Vorstandssitzung, dass es einer allein nicht schaffen könne. Ich lud Holger Zastrow und alle anderen ein, sich jetzt umso mehr in die Bundespartei einzubringen.

»Von Pleite zu Pleite«, titelte *Spiegel Online,* und in der *Welt* war zu lesen: »Ungebremst im Abwärtstrend«. Einen völligen Verriss präsentierte schließlich der Bremer *Weserkurier,* der im September – nach den ostdeutschen Wahlen und angesichts der bevorstehenden Abstimmung in Hamburg – diese Zeilen auf seiner Meinungsseite veröffentlichte: »Einmal mehr hat Christian Lindner, der in dem Hamburger Streit als Schlichter wirken wollte, auf ganzer Linie versagt. Aus dem Hoffnungsträger ist längst ein politischer Konkursverwalter geworden, der nur noch mit mäßigen Durchhalteparolen auf sich aufmerksam macht.«

Mit fundierten Sachbeiträgen zu aktuellen Themen drangen wir während dieser Zeit kaum durch. Wenn etwas abgedruckt würde – so wurde uns auch aus den Redaktionen renommierter Zeitungen signalisiert –, dann solle es doch bitte um eine Beschreibung der »neuen FDP« gehen. Am vermeintlichen Verfall einer Organisation herrschte mehr Interesse als an politischen Inhalten.

Im Herbst 2014 stand alles auf der Kippe, das war mein Gefühl. Mir schrieb mir ein Unternehmer, der eine große

Handelskette aufgebaut hatte, er wünsche uns viel Glück, denn wir würden ja Mut zeigen. Allerdings sei er zu der Auffassung gelangt, die Neuaufstellung und die handelnden Personen könnten »in keiner Weise« zu einem Comeback der Partei im Bundestag führen. Hätten wir vielleicht doch schneller Ergebnisse liefern sollen, auch wenn diese nur vorläufigen Charakter gehabt und in der Partei nicht breit diskutiert worden wären? Ich glaubte unverändert nicht, dass dies mehr und schnelleren Erfolg versprochen hätte. Ohnedies wäre es zu spät. Jetzt käme es auf Konsequenz an. Und darauf, die Nerven zu behalten.

/5/ Scheitern und siegen

Mutbürger statt Wutbürger

Sitzungen der Landesparlamente sind wie das Spätabend-
programm im Öffentlich-Rechtlichen – inhaltlich meist
wertvoll, aber miese Einschaltquote. Als der Landtag von
Nordrhein-Westfalen am 29. Januar 2015 turnusgemäß zu
einer Sitzung zusammenkam, ahnte daher niemand, dass
diese Parlamentsdebatte zu einem YouTube-Hit werden
würde. Die damalige Ministerpräsidentin Hannelore Kraft
gab vor dem Parlament eine Regierungserklärung zur Digitalisierung ab. Sie wolle den Gründergeist fördern, sagte sie.
Und dazu gehöre auch eine Kultur der zweiten Chancen für
diejenigen, die beim ersten Versuch gescheitert seien.

Die FDP hatte bereits kurz zuvor auf ihrem Dreikönigstreffen die Gründerkultur zum Thema gemacht. Wenn in
Deutschland ein Drittel der Studienabgänger ihre Zukunft
im Öffentlichen Dienst suchen, hat das womöglich weniger
mit einem Faible fürs Beamtentum zu tun als mit der Beam-
tenmentalität im Umgang mit Gründern. Damit meine ich
nicht nur die bürokratischen Hindernisse, die Gründungswilligen in den Weg gestellt werden, sondern auch eine
gesellschaftliche Haltung. Voraussetzung für eine Gründerkultur ist die Bereitschaft, ins Risiko zu gehen. Woher aber
soll diese kommen, wenn Scheitern als Makel gilt?

In meiner Entgegnung an Hannelore Kraft im nordrhein-westfälischen Landtag griff ich den Gedanken der zweiten Chance auf. Ich wollte Hannelore Kraft zustimmen – ein parlamentarischer Moment mit Seltenheitswert. Meine Rede ging in die 23. Minute, als ein Kollege der SPD-Fraktion rief: »Sie haben ja Ihre eigenen Erfahrungen mit dem Gründen gemacht.« Sein Zwischenruf war eine Anspielung auf die öffentlich hinlänglich bekannte Tatsache, dass ich in der Hochphase der New Economy ein Unternehmen mitbegründet hatte, das dann nicht erfolgreich war. »Haben Sie Ihrer Ministerpräsidentin nicht zugehört«, fragte ich. Sie habe doch betont, man solle das Scheitern nicht zu einem Stigma machen. Durch seinen »dämlichen Zwischenruf« habe er die Regierungserklärung zur Makulatur gemacht. Welchen Eindruck mache seine Äußerung auf irgendeinen gründungswilligen Menschen? Meine Empörung kam von tief innen. Die Arroganz gegenüber denjenigen, die bereit waren, etwas zu wagen, und die Häme, die sie erwartete, wenn das Wagnis nicht gelang – das machte mich wütend. Und an diesem Tag ließ ich meine Wut raus.

Einige Tage nach der Rede rief mich mein Pressesprecher Moritz Kracht an. Jemand habe ein Video von mir bei YouTube eingestellt. Der Clip sei inzwischen schon mehr als 100 000 Mal gesehen worden. Ich hatte keine Idee, um was für ein Video es sich handeln könnte. Ich bin Politiker, und wenn Politiker so viele Klicks bekommen, dann steckt dahinter meist ein Shitstorm. Doch das Gegenteil war der Fall: Unter dem Titel »Wutrede« wurde jener Ausschnitt aus der Plenardebatte gezeigt, in dem ich meinen Gefühlen freien Lauf gelassen hatte. Meine Worte fanden offenbar große Zustimmung. Online-Medien wurden auf das Video aufmerksam und verbreiteten es ebenfalls. Binnen kürzester Zeit hatte die Reichweite die Millionen-Grenze überschritten. Die Kommentare zu meiner Rede kamen diesmal nicht von grantelnden Nörglern, die so oft die öffentliche Wahrnehmung prägen, sondern von Menschen, die den Erfolgreichen ihren Erfolg und den Gescheiterten ihre zweite Chance gönnten. Diese Reaktionen haben mich berührt. Und sie haben mir gezeigt, dass es in Deutschland eine Gegenbewegung zum Volkssport Schadenfreude gibt.

Kurz nach meiner »Wutrede« fand im Hamburger Bürgerschaftswahlkampf eine Veranstaltung zum Thema »Gründerkultur« statt. Der Termin und das Thema standen schon seit Wochen fest. Wir hatten mit 50 Besuchern gerechnet – es kamen fast 300. Unter ihnen waren nicht nur Menschen aus der Start-up-Community, sondern auch viele, die das Video gesehen hatten und sich angesprochen fühlten. Die Auseinandersetzung im Landtag enthielt ja auch eine besondere Pointe: Die FDP wusste, wie sich Scheitern anfühlte, sie hatte Häme und Spott erfahren. Nun hatten wir den Umgang mit einmal Gescheiterten zum Thema gemacht. Aus eigener Erfahrung konnten wir nachempfinden, wie wichtig es ist, eine neue Chance zu bekommen. Wir ergriffen Partei für die, die keinen Erfolg hatten und es neu versuchen wollten. Die FDP zeigte Emotion, das kannten viele Menschen von uns nicht mehr. Wir konnten viel theoretisieren über unser Leitbild; der Zufall wollte, dass es hier lebendig wurde.

Die Anspielungen auf meine eigenen Erfahrungen mit unternehmerischem Scheitern begleiten mich seit mehr als einem Jahrzehnt – vor jeder Wahl, in jedem Portrait. Ich bin inzwischen daran gewöhnt. Als ich Ende 2004 zum ersten Mal als Generalsekretär der nordrhein-westfälischen FDP vorgeschlagen wurde, erschien im *Tagesspiegel* kurz vor dem Parteitag ein Artikel mit dem Titel »Der Pleite-General«. Der Text wurde für die Landespresse ein großes Thema, weil er insinuierte, dass bei der Insolvenz des Start-ups, an dem ich beteiligt war, etwas nicht mit rechten Dingen zugegangen sein könnte.

Unternehmerisch tätig war ich ja schon als Schüler. Ich experimentierte und suchte. Zusammen mit meinem Schulfreund Christopher Peterka meldete ich mein erstes Gewerbe an – Werbung. Der Anstoß zur Gründung hatte sich eher zufällig ergeben. Wir waren von den Stadtwerken in Wermelskirchen als Betreuer für ein Internet-Café engagiert worden, doch es kamen kaum Besucher. Wir schlugen vor, gegen etwas Geld Werbung zu machen. Das funktionierte so gut, dass wir unsere Dienste dann anderen anbieten wollten. Um uns bei den potenziellen Kunden bekannt zu machen, betrieben wir anfangs vor allem Öffentlichkeitsarbeit in eigener Sache. Der Video-Beweis kam im Bundestagswahlkampf 2017 aus dem Archiv wieder in die Öffentlichkeit.

Später machte ich allein weiter und verantwortete ab 1999 respektable Etats für Unternehmen aus dem Rheinland. Ich begleitete zum Beispiel regionale Telefongesellschaften an den Markt – vom Logo über die Broschüren, Plakate und Websites bis zur Konzeption der Ladenlokale. Während des Zivildienstes arbeitete ich tagsüber als Hausmeister in einer Bildungsstätte und nachts für meine Kunden – die körperlich anstrengendste Phase meines Lebens, die ich nicht wiederholen möchte.

Die sieben Jahre Selbstständigkeit in der Werbebranche waren der erfolgreiche Teil meines Unternehmerdaseins.

Nun zu dem, der nur eine »dornige Chance« wurde, dem gescheiterten Internet-Start-up, das ich mitbegründet hatte: Zusammen mit zwei Partnern wollte ich eine sprachgesteuerte Suchmaschine entwickeln. Die Nutzer sollten mit natürlicher Sprache und mit einem Gegenüber in menschlicher Gestalt auf dem Display, einem Avatar, durch das Internet navigieren können. Und das später auch auf dem Mobiltelefon – das Wort Smartphone gab es ja noch nicht. Damals war das Zukunftsmusik, heute Standard. Als vierter Partner stieg gleich bei der Gründung ein privater Investor ein, der rund zwei Millionen Euro Risikokapital für die technische Entwicklung und den Geschäftsaufbau zur Verfügung stellte. Er hatte sich bei der Kreditanstalt für Wiederaufbau (KfW) refinanziert, ein in der Branche übliches Vorgehen. Bis heute arbeitet unser damaliger Kapitalgeber mit der Bank zusammen, was belegt, dass es damals keine wie auch immer gearteten Unregelmäßigkeiten gab. Ich selbst hatte keine Geschäftsbeziehung zur KfW.

Im April 2001 schied ich aus der Geschäftsführung der Firma aus, mein Kapitalanteil betrug noch weniger als zehn Prozent. Unser Investor übernahm selbst die Kontrolle, um zu schauen, ob er einen Turnaround schaffen könnte. Ein Zerwürfnis gab es nicht, ich bearbeitete weiter Projekte für die Firma. Aber ich konzentrierte mich hauptsächlich auf mein immer noch bestehendes Marketing-Gewerbe, mein Studium und vor allem auf das zwischenzeitlich errungene Mandat im Düsseldorfer Landtag. Mit einem der Geschäftsführer jener Kapitalbeteiligungsgesellschaft, Peter Wolff, bin ich übrigens bis heute befreundet, obwohl er mit der Investition in meinen Gründungsversuch keinen Erfolg hatte. Ehrenamtlich koordiniert er seit 2015 für die FDP und mich persönlich ein liberales Netzwerk in die Gründer- und Start-up-Community.

Was führte zum Scheitern? Zum einen fehlte in unserem Team zur Gründung eines Technologie-Start-ups ein Techniker. Diese Kompetenz am Markt einzukaufen, war teuer und langwierig. Heute würde ich so kein Unternehmen mehr gründen. Zum anderen änderte sich das Marktumfeld fundamental: Als wir Anfang 2000 auf Kapitalsuche gingen, fiel die Finanzierung leicht. Alle wollten dabei sein und investieren. Als im Jahr 2001 die zweite Runde der Finanzierung unseres Unternehmens anstand, war die »Dot-Com-Blase« bereits geplatzt und der »nukleare Winter« hatte begonnen. Kapital war keines mehr am Markt, auch mögliche Kundenbudgets wurden aufgelöst. Gegen Ende 2001 musste die Nachfolgegeschäftsführung daher Insolvenz anmelden.

Jahre später schrieb eine Zeitung im Zusammenhang mit meiner »Wutrede«, ich sei zum »Schutzheiligen der Gescheiterten« geworden. In der Tat erhielt ich nun Einladungen, auf »FuckUp-Nights« zu reden. Bei diesen Veranstaltungen trafen sich Menschen, um über ihre Niederlagen zu sprechen: wie es zu ihrem Scheitern kam und was sie daraus gelernt haben. Bei den Treffen wurde über Fehlgriffe auch gelacht, hier war Misserfolg kein Makel, sondern ein selbstverständlicher Teil des Wirtschaftslebens. Unternehmer zu sein ist aus meiner Sicht eine Lebensform und kein Beruf – nicht allein fachliche Exzellenz ist entscheidend, sondern die Fähigkeit, sich immer wieder selbst zu motivieren und Frustrationen zu überwinden. Ich nahm mehrere Einladungen zu »FuckUp-Nights« an. Schließlich hatte ich gleich zwei Fallstudien zu bieten: ein Start-up und eine Partei. Die

Auftritte waren für mich durchaus befreiend – eine Übung in Selbstironie.

Ich setze mich für eine neue Gründerkultur nicht nur aus biographischer Betroffenheit ein. Für Freie Demokraten muss es immer ein Ziel sein, Menschen zu unterstützen, die ihre Lebensträume und ihren Wunsch nach Unabhängigkeit realisieren wollen. Die Starken und Etablierten, die es schon geschafft haben, verdienen Anerkennung. Aber denjenigen, die es erst noch schaffen wollen, den Newcomern, Abweichlern und Außenseitern gehört unsere Leidenschaft.

Beispielsweise ist für viele potenzielle Gründer schon die Vorbereitung des eigentlichen Starts eine Hürde, weil während der Phase der Erarbeitung eines Geschäftsplans und der Suche nach einer Finanzierung natürlich trotzdem der Lebensunterhalt bestritten werden muss. Wer keine eigenen Ersparnisse und keinen Sponsor hat oder keine Unterstützung aus der bereits vermögenden Familie erwarten kann, der sieht zu oft von der Umsetzung seiner Idee ab. Wer weiß, wie viele Patente und Geistesblitze deshalb nicht zu Arbeitsplätzen und Steuereinnahmen geführt haben. 2016 trugen mir Mathematik- und Informatikstudenten diese Sorge bei einem Besuch der Universität Paderborn vor. Gut ein Jahr und einen Regierungswechsel in Nordrhein-Westfalen später haben wir die Erprobung eines »Gründerstipendiums« auf den Weg gebracht, durch das 1000 Gründungswillige für ihr Vorhaben bis zu ein Jahr lang eine Finanzierung von 1000 Euro im Monat erhalten sollen. Die Widerstände und Risiken sind groß genug, dass nicht auch noch die Angst vor dem leeren Kühlschrank dazukommen muss.

Von einer Gründerkultur profitieren nicht nur die zukünftigen Unternehmer selbst, sondern wir alle. Es gewinnen die Kundinnen und Kunden Wahlfreiheit, weil neue Spieler die Platzhirsche durch neue Produkte und Dienstleistungen unter Wettbewerbsdruck setzen. Die Arbeitnehmerinnen und Arbeitnehmer erhalten Alternativen – woher sollen schließlich die neuen Jobs kommen, die wir im Zeitalter der Digitalisierung benötigen, wenn nicht aus Startups? Und es stärkt die wirtschaftliche Basis unseres Landes, wenn Wertschöpfung bei uns gelingt. Wenn Menschen bereit sind, etwas zu wagen, dann ist diese dynamische Gründerkultur Ausdruck des Zukunftsvertrauens einer Gesellschaft insgesamt; sie ist die Hefe im Teig einer Volkswirtschaft.

Mir jedenfalls gibt es zu denken, dass wir im internationalen Vergleich Nachholbedarf haben. Die Gründe sind vielfältig. Bürokratische Lasten, steuerrechtliche Rahmenbedingungen, das Angebot von Investitions- beziehungsweise Risikokapital, die Verfügbarkeit von Fachkräften und der Transfer von wissenschaftlicher Erkenntnis in wirtschaftliche Anwendung – all das kann bei entsprechendem politischen Willen optimiert werden. Mentalitäten hingegen lassen sich nicht über Nacht verändern.

Eine Studie der Handelshochschule Leipzig im Auftrag der FDP-Landtagsfraktionen hat ermittelt, dass Gründungswillige als entscheidende Hürde die Angst vor dem Scheitern überwinden müssen. Das können wir ihnen durch Respekt erleichtern. Eine innovationsfreundliche Gesellschaft muss erkennen, dass wirtschaftlicher Fortschritt Wagnisse voraussetzt. Eine neue Technologie zu entwickeln oder eine neue Dienstleistung anzubieten, das sind Experimente, die sich von der Existenzgründung im von mir hochgeschätzten Handwerk unterscheiden. Denn es gibt kein gesichertes

Erfahrungswissen, es wird erst geschaffen. Scheitern muss erlaubt sein – um danach woanders neu zu starten.

Die Branchen, auf denen unser Wohlstand basiert, sind alle mehr als ein Jahrhundert alt, zum Beispiel Maschinenbau, Fahrzeugbau, Medizin und Chemie. Unsere Wirtschaftsstruktur lebt von mittelständischen Familienbetrieben, die nicht in Quartalszyklen denken, sondern in Generationen. Deutschland hat dadurch eine historisch und international beeindruckende Prosperität und Stabilität erreicht. Sie ist indessen keine Garantie für die Zukunft. Ich sehe Start-ups daher auch als ausgelagerte Forschungsabteilungen, die mit Pioniergeist und schlanker Hierarchie Neues schaffen. In ihrer Vernetzung mit Mittelstand und Industrie liegt die Chance, um mit Digitalisierung oder Biologisierung unsere traditionellen Stärken weiterzuentwickeln. Weil dieser Brückenschlag für den Arbeitsmarkt und die Wettbewerbsfähigkeit unseres Landes zentral ist, sollte er eine der prioritären Aufgaben der Wirtschaftspolitik werden.

Im US-amerikanischen Aktienindex Dow Jones sind zahlreiche Milliarden-Konzerne wie Alphabet (Google), Amazon oder Facebook notiert, die erst vor wenigen Jahren gegründet wurden. Im Deutschen Aktienindex hingegen finden sich Unternehmen mit langer und großer Geschichte. Die SAP SE als größter außeramerikanischer Softwareanbieter ging bereits 1972 an den Markt. Wir sollten den Ehrgeiz haben, dass wir im Jahr 2030 an unserer Börse Namen lesen können, die wir heute noch nicht kennen. Dazu müssen wir die Rahmenbedingungen in Deutschland und Europa verbessern. Damit neue Unternehmen in diese Größenordnungen wachsen können, benötigen sie zum Beispiel einen einheitlichen Binnenmarkt – im digitalen Feld eine noch unabgeschlossene Aufgabe der Europäischen Union. Diesen Spielern fehlt zudem eine Finanzierung in Dimensionen, die hierzulande bislang kaum leistbar ist. Privates Kapital ist bei Versicherungen, Versorgungswerken und anderen Kapitalsammelstellen aber durchaus vorhanden – mehr als zwei Billionen Euro. Die vom Staat mitbestimmten Anlagebestimmungen sollten wir maßvoll liberalisieren, damit die Mittel nicht nur in Anleihen und Immobilien gelenkt werden, sondern auch Investitionen in den unternehmerischen Sektor attraktiv werden.

Stehen wir uns nicht länger selbst im Weg. »Made in Germany« steht für Perfektionismus. An höchsten Qualitätsansprüchen ist nichts auszusetzen, doch wir brauchen zugleich Fehlertoleranz. Sie ist in Deutschland unterentwickelt. Dabei ist menschliches Handeln immer fehlerhaft.

Gerade die Politik krankt am Unvermögen, Fehler einzugestehen und zu korrigieren. Gesetze und Programme, die ihren Zweck nicht erfüllen, werden kaum je aus dem Verkehr gezogen. Sie bleiben bestehen, weil die Initiatoren einen Gesichtsverlust befürchten, wenn sie souverän einen Irrtum eingestehen. Sie müssen damit rechnen, dass ihnen bei zukünftigen Vorhaben entgegengehalten wird, doch früher schon Fehleinschätzungen erlegen zu sein. Also wird ein Bypass gelegt, um auf anderem Wege das eigentliche Ziel zu erreichen. Der Nach-Nach-Nachfolger kann aufräumen – wenn überhaupt. Als Folge wachsen der Staat, sein Budget und die Bürokratie, die sich über unser Leben legt. Zeit für ein Umdenken.

Im Bundestagswahlkampf 2017 habe ich in der Schlussphase in nahezu jeder Rede bekannt, dass die Freien Demokraten Fehler gemacht hätten. »Ich verspreche Ihnen eines:

Wir werden wieder Fehler machen. Aber nicht dieselben wie früher. Wir werden uns für Sie neue einfallen lassen.«

Eine Wahl als Eisbrecher

Infratest dimap, Sonntagsfrage, ARD, 13. 2. 2015:
CDU/CSU 42 %, SPD 24 %, Linke 8 %, Grüne 10 %, FDP 3 %,
AfD 7 %, Sonstige 6 %

Mit einem neuen Leitbild allein würden wir es nicht schaffen, wieder auf die Erfolgsspur zu finden. Auch unser Auftreten musste dokumentieren, dass die Freien Demokraten sich verändert hatten und neues Vertrauen verdient hätten.

Über die Jahre hinweg hatte ich Kontakt mit Andreas Mengele gehalten, einem der Geschäftsführer der Berliner Werbeagentur »Heimat«. Ich kannte ihn aus dem Landtagswahlkampf 2000 in Nordrhein-Westfalen. Zwischenzeitlich war die Agentur gewachsen und gehörte mit prämierten Kampagnen zu den kreativsten der Republik. Mit Humor ein Lebensgefühl zu kommunizieren, einer Marke Sympathie einzuhauchen, das war eine Spezialität von »Heimat« geworden. Sympathie und Humor – beides brauchte die FDP.

Andreas Mengele saß im Juni 2014 in meinem Büro in Berlin auf eine Tasse Kaffee. Unseren Bundesgeschäftsführer Marco Buschmann hatte ich dazugebeten. Wir sprachen über die allgemeine Lage der FDP. Ich erwähnte, dass die Partei eine Agentur suche. Andreas Mengele winkte ab – das Thema Politik sei für ihn abgehakt. »Heimat« hatte sich nach dem Wahlsieg in Nordrhein-Westfalen 2001 mit der FDP überworfen.

Wir weihten Mengele dennoch in unsere Analysen und Ideen für das Leitbild ein, um ihn für den methodischen und strategischen Neuanfang zu interessieren. Es ging nicht um eine hübsche neue Verpackung für etwas Altbewährtes, sondern um die Evolution einer Traditionspartei. Ich wies darauf hin, es handele sich bei dem anstehenden Projekt nicht um einen singulären Wahlkampf, sondern ab 2015 um alle Kommunikationsmaßnahmen bis zur Bundestagswahl, weil erst dies einen kohärenten Auftritt erlaube – wann und wo gab es das in einer Partei? Wir versuchten ihn mit dem etwas großspurigen Hinweis umzustimmen, das Comeback der FDP sei die kommunikativ größte Herausforderung dieser Zeit. Als Andreas Mengele mein Büro verließ, war aus seinem rigorosen Nein ein »Wir denken darüber nach« geworden.

Wenige Wochen später sahen wir uns wieder, »Heimat« war an Bord. Wir hatten uns für einen zentralen Dienstleister entschieden, ohne dass wir von der Agentur eine einzige Idee für unser Vorhaben präsentiert bekommen hatten. Mancher mag das für unprofessionell halten, aber wir suchten ja gerade einen Konterpart, der radikal frei an die Sache herangehen sollte. Da zählten kreatives Potenzial und persönliche Chemie für uns mehr als die augenblickliche Begeisterung für eine Pointe in einem Meeting. Den konventionellen Weg waren wir übrigens parallel gegangen. Wir hatten mehrere teilweise renommierte Agenturen zu Präsentationen geladen. Eine schlug vor, wir sollten uns zuerst auf großen Plakaten in deutschen Großstädten mit demütiger Geste für all das entschuldigen, was der Liberalismus falsch gemacht habe – und zwar in den vergangenen Jahrzehnten …

Uns gefiel an »Heimat«, dass deren Mitarbeiter Berater waren, die ihrem Kunden nicht nach dem Mund redeten. Sie sagten uns ihre Einschätzung höflich, aber bestimmt ins Gesicht. Insbesondere der Chef-Kreative Matthias Storath machte davon lustvoll Gebrauch. Genau das benötigten wir in unserer Situation. Die FDP brauchte nicht Diplomatie, sondern schonungslose Offenheit.

Den Beratern von »Heimat« wiederum schien unsere Entschlossenheit zu gefallen. Man dürfe keine Angst vor Veränderung haben, hatten sie uns von Anfang an mit auf den Weg gegeben. Sie betonten stets, das Projekt könne nur als »ko-kreativer« Prozess erfolgreich sein. Man müsse sich aneinander reiben und sich intensiv austauschen können, denn sie seien Werbeleute und keine Politiker. Das heiße aber auch: Wenn die FDP keine Substanz aufbringe, könne auch keine Kommunikation gelingen.

Wir hatten weder Angst vor Veränderung, noch gab es bei uns einen Mangel an neuen programmatischen Ideen. Jeder wusste um die Dimension der Krise, in der wir uns befanden. Durch den Leitbildprozess hatten wir uns dessen vergewissert, was uns ausmachte. Wir wussten aber auch um die breite Lücke, die zwischen unserem tatsächlichen Angebot und seiner Wahrnehmung bei den Menschen bestand.

Die *Frankfurter Allgemeine* schrieb damals, »Heimat« übernehme den »momentan vielleicht schwierigsten Job in der Werbebranche«: »Nur Opel hatte bis vor dem Relaunch mit der Kampagne ›Umparken im Kopf‹ wohl einen ähnlich schlechten Ruf in Deutschland.« Interessanterweise trennte sich Opel später von seiner Agentur und engagierte unsere.

Unser neuer Auftritt sollte zum ersten Mal beim Dreikönigstreffen 2015 sichtbar werden. Seit es die FDP gibt, nutzt
sie diese Kundgebung in Stuttgart, um immer wieder neue
Kraft zu sammeln. Hans-Dietrich Genscher sagte einmal:
»Bei Dreikönig startet für die FDP das politische Jahr neu.«
Damit meinte er, dass die Bürger über die Weihnachtstage
vielleicht etwas von dem vergessen, was sie in den vergangenen Monaten möglicherweise an der FDP geärgert hat,
und man die Chance habe, wieder in die Zukunft zu schauen.
Dafür müsse man dann aber auch neue und inspirierende
Gedanken präsentieren. Welche Veranstaltung passte also
besser zu einem Relaunch? Außerdem stand kurz danach
die Bürgerschaftswahl in Hamburg an.

Grundlage der Auftragsbeschreibung an die Agentur waren die Ergebnisse unseres Leitbildprozesses. Die lagen Ende
Oktober 2014 vor. Das hieß: Bis zum Dreikönigstreffen
blieben zwei Monate. Beschleunigen ließ sich nichts. Erst
wollten wir mit unseren Mitgliedern über die Frage diskutieren, was uns ausmacht, bevor wir Externe an Bord holten
konnten, die uns bei unserem Design helfen sollten. Erst die
Substanz, dann die Form. De facto blieben also die Monate
November und Dezember abzüglich der Weihnachtspause,
um ein für die Neupositionierung kritisches Projekt abzu-
schließen. In der Industrie nimmt man sich für einen neuen
Auftritt ein Jahr oder mehr Zeit – bei uns musste es in sieben
Wochen gelingen.

Marco Buschmann und ich verbrachten einen Nachmittag
bei »Heimat« und debattierten über Gestaltungsoptionen.
Eine Umbenennung der FDP war für uns ausgeschlossen.
Dennoch müsse ein disruptives Momentum für die Freien
Demokraten erreicht werden, sagten wir. »Für die Freien

Demokraten«, wiederholte einer aus der Agentur. Die Sache war klar: Ab sofort wollten wir nicht mehr die Organisation »Eff-Dee-Peh« sein. Wir waren »Freie Demokraten«! Also Menschen, die durch das gemeinsame Lebensgefühl des Freisinns und demokratische Verantwortung verbunden sind. Wir baten die Agentur, diesen Gedanken für das Präsidium auszuarbeiten.

Während die meisten anderen Menschen Weihnachtsgeschenke besorgten, trafen wir uns im Führungsgremium am 11. Dezember 2014 in den Räumen von »Heimat«. Wie es sich für eine Kreativ-Agentur gehört, betrieb »Heimat« einigen Aufwand, um ihre Mitarbeiter aus konventionellen Denkschablonen herauszuholen. Im Raum befand sich eine riesige Holzkonstruktion, die aussah wie ein Berg mit Sitzgelegenheiten auf unterschiedlichen Ebenen und einem kleinen Plateau oben auf dem Gipfel – der »Affenfelsen«. Im Laufe des Nachmittags bestieg ihn der über siebzigjährige Hermann Otto Solms: »Von hier oben kann ich besser auf euch junge Leute aufpassen.«

Die Agentur stellte uns die Überlegungen vor, wie man unser Leitbild in einen werblichen Auftritt überführen könne. Neben dem ausgeschriebenen Parteinamen als Logo wurden unsere Traditionsfarben Blau und Gelb leicht variiert. Und eine neue Farbe kam ergänzend ins Spiel: Magenta. Sie sollte die Disruption in unserer Entwicklung und die Vielfalt der Partei gleichermaßen symbolisieren. Ich erinnere mich nicht an eine kritische Stimme. Die entscheidende Frage war nun, ob man das Publikum auf einen Schlag mit der radikalen Veränderung konfrontieren wolle: »Freie Demokraten« statt »Eff-Dee-Peh«. Im Lehrbuch, so die Berater von »Heimat«, würde man eher einen »Soft Launch«

empfehlen – einen gleitenden Übergang. Denn viele Menschen würden auf rasche Veränderungen gestresst reagieren. Das Risiko wollte ich eingehen. Wir mussten bei der Hamburg-Wahl einen ersten Erfolg erreichen, und wir hatten schlicht keine Zeit. Außerdem: Jetzt, wo wir gesehen hatten, was möglich war, wie konnten wir uns da mit weniger bescheiden? Katja Suding als Spitzenkandidatin bestand geradezu darauf, mit dem neuen Auftritt vor die Wählerinnen und Wähler zu treten. Für Wolfgang Kubicki war die Sache so eindeutig, dass er sie für »überhaupt keiner Diskussion wert« hielt.

Bei den Mitarbeitern von »Heimat« kam Unruhe auf. Wir hörten den Warnhinweis, dass es ja auch organisatorisch heikel sei, innerhalb von drei bis vier Wochen und dann noch in der Weihnachtszeit den Relaunch einer Partei mit Hunderten von Orts-, Kreis-, Bezirks- und Landesverbänden sowie Fraktionen auf allen Ebenen vorzubereiten. Ich fragte unseren Bundesgeschäftsführer Marco Buschmann, ob das ginge. Seine Antwort: »Das ist objektiv unmöglich. Aber wir finden trotzdem einen Weg.«

Wie üblich hatten wir vor Weihnachten die Einladung zu unserer Dreikönigskundgebung 2015 an die Medien versandt. Der Rücklauf war fatal: Nur sieben Anmeldungen aus Redaktionen tröpfelten ein. Wenn sich daran nichts änderte, würde die Veranstaltung jenseits der öffentlichen Wahrnehmung ablaufen. Journalisten hatten uns immer wieder geraten, noch mehr auf Inhalte zu setzen, um in der Berichterstattung vorzukommen. Das hatten wir im Laufe des Jahres 2014 mit Penetranz getan: Die substanziellen Konzeptpapiere, die man von uns einforderte, waren dann am Ende doch immer »zu lang, zu fachlich oder zu komplex«

oder die FDP einfach nur »zu bedeutungslos«, um uns Beachtung zu schenken. Dasselbe geschah mit Informationen zu unserem Strategieprozess. Zwar wurden wir nie müde, immer wieder zu erklären, was für ein spannendes und in der Parteienlandschaft doch einzigartiges Projekt das sei, aber unter den Journalisten stieß das nicht wirklich auf Interesse. Zu kompliziert, zu langwierig, zu theoretisch, hieß es.

Dann bekam ich eine E-Mail von Andreas Mengele. Die *Welt am Sonntag* fragte bei ihm an, ob die Redaktion mit ihm ein Interview über den anstehenden Relaunch der FDP führen könne. Zu Beginn unserer Zusammenarbeit hatten wir »Heimat« gebeten, ihre Arbeit als Werbeagentur für uns erst einmal nicht zu offensiv nach außen zu kommunizieren. Der Veränderungsprozess sollte nicht wie ein plumper Werbetrick aussehen, schließlich hatten wir weit mehr verändert als nur »die Verpackung«.

In seinem Buch *Höllenritt Wahlkampf* schreibt der Werbeprofi Frank Stauss, geistiger Vater vieler SPD-Wahlkämpfe: »Die erste Frage, die ich immer von Journalisten gestellt bekomme, dreht sich um Farben, Anzüge, Kostüme, Brillen, Pillepalle.« Farben? Da hatten wir etwas anzubieten ... Wir schrieben Andreas Mengele, dass er den Interviewtermin mit der Zeitung wahrnehmen solle.

In dem Gespräch kündigte er einen »radikalen Neustart in der Darreichungsform« an. Der neue Auftritt werde frischer und moderner, lebendiger und weniger statisch sein, denn zu den klassischen Vorurteilen gegenüber der FDP zähle es, dass sie seelenlos und kühl sei. Außerdem annoncierte er eine neue Farbgestaltung. »Blau und Gelb erinnern vor allem an die ›alte‹ FDP«, sagte Mengele. Man wolle optisch wärmere Töne setzen und in der Werbung »sichtbar machen, was an Menschlichem und Einfühlsamem im Programm der Partei steht«. Das neue Magenta wurde enthüllt.

Sein Interview schlug hohe Wellen. Ich bekam unzählige aggressive E-Mails, die neue Inhalte statt neuer Farben forderten. Noch größer war die Zahl der Reaktionen in den sozialen Medien, die sich über uns lustig machten. Einige schlugen vor, dass sich die »neue Christian Lindner-FDP ein pinkes Einhorn als Wappentier« zulegen solle. Andere fragten, ob wir nun von der Deutschen Telekom gesponsert würden, weil die Farbe Magenta genannt worden war. Nach dem Interview verzehnfachte sich die Zahl der angemeldeten Journalisten innerhalb kürzester Zeit.

Viele hatten uns aber im Vorfeld schon abgeschrieben. In der *Rheinischen Post* war vor dem Dreikönigstreffen zu lesen: »Es ist kein akuter Bedarf für die FDP zu erfühlen, so dass die Umfragen weiter in den Keller rauschen, und weil die Umfragen so schlecht bleiben, gibt es auch keinen Bedarf, sich näher mit der FDP zu beschäftigen, was ihre Wahrnehmbarkeit zusätzlich verringert.« So war das Umfeld, innerhalb dessen wir unseren Neustart versuchten.

Das FDP-Präsidium stand zwar hinter dem neuen Auftritt. Würde das aber auch in gleicher Weise für den Bundesvorstand gelten? Aus diesem Grund bereitete die Parteizentrale die gesamte Dreikönigskundgebung sowohl im alten Design als auch im neuen vor. Wir wollten, dass der Bundesvorstand frei entscheiden konnte. Denn die enge Zeitplanung ließ erst am Abend vor Dreikönig zu, dass wir in dem Gremium zusammenkamen.

Marco Buschmann stellte das neue Erscheinungsbild vor. Er leitete es aus unserem Leitbild her, indem er das alte kastenförmige FDP-Logo mit dem Beamer an die Wand warf und fragte: »Wenn man sich Freiheit, Vielfalt und offenes Denken vorstellt, hat man dann das Bild von so einem Kasten vor Augen?« Dann folgte der neue Entwurf. Fast alle Bundesvorstandsmitglieder meldeten sich zu Wort und lobten ihn. Einen Aspekt diskutierten wir freilich länger. Wollten wir wirklich die Unterzeile »Die Liberalen« aus dem Logo streichen? Weil es mir wichtig war, dass hier niemand einen Bruch mit unserer Vergangenheit unterstellen konnte, machte ich darauf aufmerksam, dass erst 1982, in einer Phase extremer Verunsicherung, die Bezeichnung »Die Liberalen« in das Logo aufgenommen worden sei. Die Gründergeneration um Theodor Heuss hingegen habe sich damals bewusst gegen den Parteinamen »Liberaldemokratische Partei« und für »Freie Demokratische Partei« entschieden. Ich wies darauf hin, dass außerhalb eines kleinen Kreises von Eingeweihten die Verbindung mit dem Wort »Freiheit« für uns kommunikativ trennschärfer wäre als mit dem Wort »liberal«, das bedauerlicherweise inzwischen für vieles und von vielen in Anspruch genommen würde.

Wir setzten noch weitere Signale der Erneuerung: Wir bestückten die Bühne mit sechs weißen Sesseln im Halbrund – es sah nun eher wie bei »Anne Will« im Fernsehen aus als wie bei einer Parteikundgebung mit Pult und Vorstandstisch. Ein Teil des Präsidiums musste deshalb im Parkett Platz nehmen. Früher war es so, dass die FDP jedes Mal mehr Sitzgelegenheiten auf der begrenzten Bühne des Stuttgarter Staatstheaters aufstellen musste. Denn jeder, der im Führungszirkel Rang und Namen hatte, wollte sein Gesicht dort oben zeigen. Wir wussten aus vielen Diskussionen im Rahmen des Leitbildprozesses, dass sogar die eigenen Mitglieder dieses Setting seltsam fanden. Ihr Eindruck war: Da oben sitzen lauter Leute dicht gedrängt in engen Sitzreihen, die zwar alle keine Aufgabe bei der Veranstaltung haben, aber trotzdem ihre Bedeutung unterstreichen wollen. Auch das Rednerpult, hinter dem man sich verstecken und von dem aus man über alles Mögliche wettern konnte, entsorgten wir. Mein Wunsch war, dass die Reden lockerer werden sollten – auch und gerade meine eigene. Die Rednerinnen und Redner sollten frei stehen und sich mehr oder weniger von einem Manuskript befreien, um als Persönlichkeiten wirken zu können.

In dem alten Theatersaal wurden die Besucher mit einem großen »#3k15« im Hintergrund begrüßt, was für das Dreikönigstreffen 2015 stand. Nach der Begrüßungsrede des baden-württembergischen Landesvorsitzenden Michael Theurer wechselte die Optik hinter ihm. Die neuen Farben waren zu erkennen.

Nach dem Prozess der Selbstvergewisserung konnten wir nun endlich nach außen hin dokumentieren, dass die FDP nicht mehr die alte war. Am Ende meiner Rede wurde schließlich das volle neue Logo mit dem Schriftzug »Freie Demokraten« eingeblendet.

Auf *Zeit Online* wurde der FDP »ein Lob ausgesprochen«, man fühle sich »fast an einen Frühlingstag« erinnert: »Mittelblau der Himmel, und das liberale Gelb gleicht ein wenig warmen Sonnenstrahlen. Passend dazu Akzente in freundlichem Magenta.« Der *Tagesspiegel* bot gleich mehrere Farbpsychologen auf, die analysieren sollten, was es mit der Farbe auf sich hätte. Der Tenor dort war: Magenta sei kaum geeignet, um vom Image der »kalt-zynischen Partei« wegzukommen.

Insgesamt herrschte eine verhaltene Aufbruchstimmung. Es war zu spüren: Wer jetzt noch zu den Freien Demokraten kam, der musste Überzeugungstäter sein. Während meiner Rede bat ich einen Mann, Friethjof Jessen-Klingenberg aus Niedersachen, der im Publikum saß, aufzustehen. Er war 1948 in die Partei eingetreten und machte nun unter großem Applaus ein Victory-Zeichen. Das Gefühl lag in der Luft, sich für eine FDP-Mitgliedschaft nicht mehr schämen oder verstecken zu müssen. Am Ausgang des Staatstheaters lagen Taschen mit dem Schriftzug »Freie Demokraten« aus. Sie wurden plötzlich wieder mitgenommen und nicht rasch in einer zweiten Tasche versteckt, wie das bei früheren FDP-Veranstaltungen zu beobachten war.

Hinter den Kulissen gab es dennoch Unsicherheit und Meinungsverschiedenheiten. Ein Mitglied der Führung sagte im Bundesvorstand in jenen Tagen, es wisse nicht, wofür die FDP gegenwärtig stehe. Das war, wohlgemerkt, am Ende des mehrmonatigen Leitbildprozesses und kurz vor dem entscheidenden Dreikönigstreffen 2015. Das enttäuschte, verärgerte und erschreckte mich zugleich.

Für mich war das ein Grund, bei Dreikönig einige Gedanken zu präsentierten, die das Leitbild greifbar machen und durch eine beispielhafte Erzählung erden sollten. In meiner Rede sagte ich, große Veränderungen begännen stets mit einer Idee, in der Wirtschaft und im Leben insgesamt. In den USA gingen Menschen zur Existenzgründung in die Garage. In Deutschland aber wäre Bill Gates schon an der Baunutzungsordnung seiner Garage gescheitert. Wie absurd. Ich wolle nicht in einem Land leben, »das mehr Bedenken als Garagen hat«, sagte ich. Ich wollte als überwölbendes Motiv den Gründer- und Pioniergeist zum Ausdruck zu bringen, für den die FDP als liberale Partei traditionell stand und der sie auch selbst wieder beflügeln sollte.

In meiner Rede versuchte ich eingehender zu beschreiben, was sich als Ergebnis unseres Leitbildprozesses abgezeichnet hatte: das Bild des Menschen, der zur Freiheit befähigt ist und der die Chancen ergreift, die sich ihm eröffnen. Ich erwähnte eine kurze Erzählung des Schriftstellers Franz Kafka: »Er erzählt uns von einem Mann, der sein Leben lang vor einer Tür sitzt und sich nicht traut, hineinzugehen, weil ein Wächter in der Nähe steht. Kurz vor dem Tod des Mannes sagt ihm der Wächter: Ich schließe diese Tür jetzt ab, sie war die ganze Zeit nur für dich bestimmt. Der Mann war frei, aufzustehen und die Tür zu durchschreiten. Frei zu sehen, was hinter der Tür möglich ist. Aber ihm fehlte der Mut, diese Freiheit zu leben.« Ich skizzierte eine Partei, die politisch dazu beitragen will, Menschen so zu stärken, dass sie ihre Chancen sehen und nutzen konnten. Eine Partei, die die Chancen in der Gesellschaft vervielfältigen und die Hürden aus dem Weg räumen will. Die »Positionslichter« der erneuerten Freien Demokraten als einer fortschrittlichen, weltoffenen Kraft, die Vertrauen in den Einzelnen setzt, ihn dabei ausdrücklich auch zur Wahrnehmung seiner Freiheit befähigen will, waren damit eingeschaltet.

Nun kam es darauf an, unsere Erneuerung so zu vermitteln, dass sich auch wieder Bürger bei Wahlen für unser Angebot entschieden; denn noch hingen uns die schlechten Ergebnisse der Landtagswahlen in Ostdeutschland nach. Und viel Zeit hatten wir nicht mehr, denn die von uns als »Eisbrecher-Wahl« vorgesehene Entscheidung in Hamburg stand in nur knapp zwei Monaten bevor. Scheiterten wir, dann wäre 2015 politisch ein weitgehend verlorenes Jahr gewesen, wir hätten weiterhin um jede Sekunde Medienaufmerksamkeit kämpfen und uns gleichzeitig gegen das Image der ewigen Verliererpartei wehren müssen. Auch mit der neugewonnenen innerparteilichen Einigkeit wäre es möglicherweise schnell vorbei gewesen.

Einen »Versuchsballon«, auch was das neue optische Erscheinungsbild der Partei betraf, hatten wir noch Ende 2014 aufsteigen lassen. Beim »Hamburger Abend« der FDP in Berlin präsentierten wir ein Plakat mit der Spitzenkandidatin Katja Suding, auf dem der Slogan »Unser Mann für Hamburg« prangte. Die Aktion wurde zu einem Aufreger in den Medien, über den etliche Journalisten berichteten. In der *Frankfurter Allgemeinen Sonntagszeitung* wurde das Motiv sogar als Illustration zu einem Artikel auf einer halben Seite abgedruckt – das war als Wahlwerbung unbezahlbar für uns.

In Umfragen dümpelte die Partei in Hamburg bei zwei bis drei Prozent herum, die große Beliebtheit des sich liberal gebenden Bürgermeisters Olaf Scholz trug nicht zu einer verbesserten Ausgangslage für uns bei. Immer noch hing Katja Suding das Vorurteil an, vor allem aufgrund ihrer sympathischen Erscheinung gewählt worden zu sein. Dabei konnte sie vier Jahre erfolgreiche parlamentarische Arbeit vorweisen und hatte sich auch im Kampf um die Führung ihres Landesverbands behauptet. Sie hatte also »ihren Mann gestanden«. Das hatte unsere Agentur zum Thema gemacht und durch Irritation Aufmerksamkeit erzeugt.

Wie sehr der Spruch auf andere Weise ins Schwarze traf, zeigte sich beim Dreikönigstreffen. Katja Suding saß vorne in einem der weißen Talkshow-Sessel. Die Kamera der *Tagesschau* zoomte zuerst eine gefühlte Ewigkeit lang auf ihre Beine, schwenkte dann im Zeitlupentempo nach oben, um für einen kurzen Moment auf ihrem Gesicht zu verweilen. Es gab viel Kritik an dieser Art der politischen Bebilderung zur Hauptsendezeit, vor allem in den sozialen Netzwerken. Der Chefredakteur von »ARD aktuell« sah sich sogar zu einer gewundenen Entschuldigung veranlasst.

Schwer war der Wahlkampf in Hamburg dennoch. Unser Problem, wahrgenommen zu werden, war trotz der Farbe Magenta nicht verschwunden.

Die Hansestadt blickte auf eine längere sozialliberale Tradition zurück. Außerdem hatten die Grünen dort einmal erfolglos mit der CDU koaliert. Als sich unsere Umfrageergebnisse besserten, wurde in den Medien prompt über ein rot-gelbes Bündnis spekuliert. Es deutete sich an, dass die SPD ihre absolute Mehrheit verlieren und Olaf Scholz deshalb einen Koalitionspartner brauchen würde. Die Grünen als potenzieller Partner gerieten aufgrund der Spekulationen so sehr in Panik, dass sie im Schlussspurt ihre Plakate mit dem Spruch überklebten: »Rot-Gelb verhindern!« Wir konnten unser Glück kaum fassen. Eben noch waren wir eine aussichtslose Splitterpartei, die kaum Erwähnung fand, jetzt schon ein stadtweiter Machtfaktor, der hektische Reaktionen des politischen Gegners provozierte. 7,4 Prozent der Stimmen erhielten die Hamburger Freien Demokraten am Ende – es war das beste Ergebnis in der Stadt seit 1974.

Die Trendwende war noch nicht erreicht. Aber es war die erste Stabilisierung.

Politik, ein Marathonlauf

45 Monate Parteivorsitzender in der »Apo«, das waren 372 000 Kilometer im Auto, 453 Flüge, 673 Interviews und 951 Reden auf Veranstaltungen. In der *Frankfurter Allgemeinen Sonntagszeitung* schrieb Peter Carstens einmal: »Mit seinem Chauffeur verbringt Christian Lindner mehr Zeit als mit irgendeinem anderen wachen Menschen. Ob er überhaupt schläft, scheint fraglich.«

Im politischen Berlin wird viel und intensiv gearbeitet. Der Zeiteinsatz für ein Parlamentsmandat oder gar eine Führungsfunktion ist höher, als die Kritiker »der Politiker« es sich vorstellen. Arbeit am Schreibtisch, Sitzungen von Präsidium, Fraktionsvorstand, Fraktion, Arbeitskreisen und Parlamentsausschüssen, Medientermine und dann noch ausgewählte Veranstaltungen im Land.

Eine solche Routine gab es seit Dezember 2013 für uns nicht mehr. Die Freien Demokraten waren im Plenarsaal nicht vertreten und in den Fernsehstudios nicht gefragt. Eine Partei erhält ihren Zusammenhalt und ihr Profil durch gemeinsame Kommunikation. Die Medienpräsenz der Spitze nehmen Mitglieder und Unterstützer auf, um sie zu vervielfältigen. In den nationalen Medien waren unsere Möglichkeiten beschnitten, also mussten wir uns selbst eine Öffentlichkeit schaffen. Weil ich als Vorsitzender einer außerparlamentarischen Partei die Menschen nicht mehr über die *Tagesschau* zu Hause an den Bildschirmen erreichen konnte, ging ich nun zu ihnen persönlich. Das bedeutete, so viele Parteigliederungen wie möglich durch Veranstaltungen in Wahlkämpfen zu unterstützen, möglichst jede Einladung mit externem Publikum anzunehmen, die letzte

Lücke im Terminkalender mit einem Betriebsbesuch in Begleitung einer Lokalzeitung zu schließen und die Redaktionen von Regionalzeitungen zu besuchen, um ein Interview zu platzieren. Meine Zeit als Parteivorsitzender ohne Bundestagsmandat war eine lange Reise durch Deutschland.

Meine Büros im Düsseldorfer Landtag oder dem Hans-Dietrich-Genscher-Haus in Berlin waren zumeist verwaist. Mehr als zwei oder drei Stunden im Monat verbrachte ich dort nicht. Und wenn, dann um Gäste zu empfangen. Meine Büroleiterin Katrin Grothe plante meine Tage generell in Routen, wie sie ansonsten nur für die heiße Phase von Wahlkämpfen üblich sind. So viele Termine wie möglich galt es zu verbinden. Es gab einen »Ankertermin« in einer bestimmten deutschen Stadt, zum Beispiel den Auftritt vor einer Handwerkskammer. Um diesen herum platzierten wir dann weitere Termine. Fand die Veranstaltung etwa in München statt, fragten wir beim *Münchner Merkur*, ob dort Interesse an einem Redaktionsbesuch bestünde. Wir führten eine Liste aller größeren deutschen Städte mit Angaben, wer schon einmal wegen eines Termins angefragt hatte und mit wem ein Austausch als sinnvoll erschien. Am Ende der Planung standen dann Autobahn, Redaktionsbesuch, Autobahn, Rede, Autobahn. Dann ein Flug. Mit dem zweiten Dienstfahrzeug Autobahn, Rede an einer Hochschule und Selfies mit Studierenden, Autobahn, Rede und Selfies mit Besuchern, Autobahn – um am späten Abend wieder in Düsseldorf oder Berlin zu sein, wenn es irgendwie ging. Während der Fahrten und Flüge las ich auf dem iPad meine Akten, tauschte Mails mit meinen Mitarbeitern aus, beobachtete online die Medienlage, beantwortete Bürgerbriefe, twitterte oder gab Telefoninterviews.

Durch die intensive Reisetätigkeit mussten wir vieles von dem absagen, was unter normalen Umständen zum politischen Geschäft gehört hätte. Einladungen zu dienstlichen Auslandsreisen, Höflichkeitsbesuche von Botschaftern anderer Staaten, die Präsenz bei Veranstaltungen in der Hauptstadt zur Repräsentation der FDP, Vier-Augen-Gespräche mit Journalisten oder Kollegen anderer Parteien beim Mittagessen – das alles konnte mit wenigen Ausnahmen nicht stattfinden. Über unser politisches Überleben wurde woanders entschieden: in Turnhallen, auf Grillfesten, bei Diskussionsabenden der örtlichen Handwerkskammer.

Diese Zeit hat die »Geländegängigkeit« der FDP erhöht. Und auch meine eigene. Der intensive Kontakt mit Menschen außerhalb des politischen Berlins vermittelt ein tieferes Verständnis von Wahrnehmungen, Sorgen und Erwartungen als Umfragen.

Ich habe viel gelernt über die landsmannschaftlichen Mentalitätsunterschiede in Deutschland. In Sachsen wird über anderes gelacht als in Bremen, in Mecklenburg-Vorpommern wird an anderen Stellen applaudiert als in Baden-Württemberg. Ich möchte diese Reisen nicht missen, ich werde daher zukünftig daran festhalten. Aber die Dosis darf geringer sein.

Als »Besteigung des Mount Everest ohne Schuhe und ohne Atemgerät« hatte ich 2013 unsere Aufgabe beschrieben. Die *Wirtschaftswoche* machte daraus eine Karikatur, die mir damals als großer, gerahmter Ausdruck geschenkt wurde. Oft wurde ich gefragt, wie man eine solche Tour angeht und durchsteht. Deshalb will ich hier berichten, wie ich es gehalten habe.

Parteivorsitzender zu sein, das ist unter normalen Umständen der Höhepunkt einer Karriere. In meinem Fall war es eine Mischung aus Nachlassverwaltung und Bewährungsprobe. Über eine lange Zeit habe ich mich als Sisyphos gefühlt, der einen Felsblock den Berg hinaufwälzen muss, der dann kurz vor dem Gipfel immer wieder ins Tal rollt. Gerade zu Beginn gab es täglich Erfahrungen der Vergeblichkeit und Frustration. Rück- und Genickschläge. Gegenüber meiner Partei, den Mitarbeitern und der Öffentlichkeit waren aber dunkle Gedanken verboten. Wenn schon der Vorsitzende zweifelt und nachlässt, wie sollen dann andere sich motivieren und nicht das Weite suchen? Für jede Form von Führung ist die Voraussetzung, Sicherheit und Hoffnung vermitteln zu können. Das gelingt aber nur, wenn man selbst Sicherheit und Hoffnung hat. Meine Quelle hierfür war ein Datum: die Bundestagswahl 2017. Für mich war dieses Datum das »Gipfelkreuz«, das wir erreichen wollten. Mögen Rückschläge auch Kraft kosten, jeder Schritt und jeder Tag würden uns dem großen Ziel näher bringen. Immer wieder, wenn sich die Stimmung einzutrüben drohte und ich mir die Sinnfrage gestellt habe, erinnerte ich mich daran, warum wir alle diese Anstrengungen unternahmen. Wenn die alltäglichen Widerstände groß und ärgerlich schienen, habe ich versucht, den Blick auf das »Gipfelkreuz« zu richten. Gemessen am großen Ziel war der Ärger dann doch klein.

Mein Treibstoff war die Überzeugung in der Sache. Getragen haben mich aber auch Gefühle. Hätte es die FDP nicht wieder in den Deutschen Bundestag geschafft, dann wären Geschichte und Erbe unserer Partei entwertet. Die Erinnerung an ihre großen Persönlichkeiten wie Theodor Heuss, Otto Graf Lambsdorff oder Hans-Dietrich Genscher wäre verblasst. Mein gesamtes Leben als erwachsener Mensch

habe ich mit und in der Partei Geschichte verfolgt und Ge-
schichten erlebt. Sie war und ist ein Teil meines Lebens, den
ich verteidigen wollte. Ja, und ich dachte auch oft an den
Wahlabend 2013 mit seiner Trauer und Häme, der sich nicht
wiederholen sollte.

Das »Gipfelkreuz« ist an einem grauen Morgen dennoch
sehr weit entfernt. Ich nahm mir deshalb vor, die gesamte
Distanz in Stücke einzuteilen, in Schrittgrößen, die zu über-
schauen waren. Schließlich ist das Entscheidende am Aufstieg, erst einmal die Tagesstationen zu erreichen. Für die
Partei hatten wir präzise Phasen ihrer Entwicklung geplant.
Wir waren immer ausgerichtet auf den nächsten Meilen-
stein, eine Wahl, einen Kongress oder einen Parteitag, damit
die Konzentration erhalten blieb. Nicht die kommenden
500 Tage zählten, es kam darauf an, was in den nächsten
100 Tagen passierte.

Ich versuchte nicht nur, die »große Sache« in Etappen einzuteilen und so klein zu machen, sondern setzte mir auch
privat bewusst Zwischenziele, bei deren Erreichen ich mich
selbst belohnte. Während der vier Jahre gab es in jeder Woche ein privates Ereignis, auf das ich mich freuen konnte:
das Essen mit meiner Frau am Freitagabend, der Besuch von
Freunden an einem Samstag oder der Tag, an dem der Vormittag frei war. Genauso gab es in der jeweiligen Jahreszeit
ein Ereignis, das aus dem Rahmen fiel. Ein freies Wochenende zum Beispiel, an dem wir in eine europäische Stadt
fuhren. An Dreikönig freute ich mich bereits auf den gemeinsamen Osterurlaub mit Freunden.

Auch meine Arbeitsweise war in der Zeit der außerparlamentarischen Opposition nicht mehr dieselbe wie zuvor.
Früher versuchte ich, so viel wie möglich selbst zu erledigen.

Das war ich bereits als Gründer so gewohnt. Mein Hauptgeschäft – die erwähnte Werbeagentur, die ich sieben Jahre lange betrieb – führte ich als Ein-Mann-Firma. Die gesamte Kette der Wertschöpfung war auf mich ausgelegt: Ich setzte alles allein um, von den Drucksachen, die zu erstellen waren, über die Werbung im Internet bis hin zu Plakaten, zur Gestaltung eines Ladenlokals und des Fußbodens in den Geschäften.

Diesem Muster folgte ich auch, als ich im Jahr 2000 in den Landtag in Düsseldorf einzog. Ich hatte zwar ein kleines Büroteam, die Aufgaben waren aber zumindest am Anfang noch überschaubar und es war mein Ehrgeiz, möglichst viel selbst zu erledigen – ein völlig unnötiger Anspruch übrigens, auch damals hätte ich mehr verteilen können. Ich stand mir mit meinem Perfektionismus selbst im Wege. Das blieb auch so, als ich Generalsekretär der Bundespartei wurde, ich konnte Arbeit nur schwer abgeben. Ich erinnere mich noch daran, wie ich den Newsletter der FDP, der über die Ergebnisse der schwarz-gelben Koalitionsrunde informierte, selbst schrieb. Ich saß während einer Sitzung der Fraktion auf dem Boden des Gustav-Stresemann-Saals im Reichstag, weil der Akku meines Laptops leer war und ich nur so an Strom kam.

So konnte ich nicht mehr arbeiten, nachdem ich Vorsitzender der FDP geworden war. Ich musste völlig umlernen, was bedeutete, mit Arbeitsergebnissen zufrieden zu sein, die anders waren, als wenn ich selbst Hand angelegt hätte.

Wichtig war, dass ich das operative Management der Bundespartei in andere Hände legen konnte. Ich wollte nicht gleichzeitig Vorsitzender, Generalsekretär und Bundesgeschäftsführer sein. Da ich plötzlich bundesweit im Einsatz war und in NRW noch eine Fraktion und ein Landesverband geführt werden mussten, war ich gezwungen, auch dort die Mitarbeiter und Parteifreunde selbstständig arbeiten zu lassen. Am Anfang war das schwer für mich – ich musste erst lernen, dass es auch ohne mich geht. Und es ging sehr gut.

Wirklich erfolgreich ist man eben nicht als One-Man-Show. Die Verantwortung von Führung besteht darin, kompetente und vertrauenswürdige Leute für sich zu gewinnen – und ihnen dann das Vertrauen und die erforderlichen Freiräume für ihre Arbeit zu geben. Ein afrikanisches Sprichwort besagt: »Willst du schnell vorankommen, geh allein, willst du weit kommen, nimm jemanden mit.« Schnell vorangekommen, das war ich in meiner bisherigen politischen Laufbahn: jüngster Landtagsabgeordneter, jüngster Generalsekretär, jüngster Bundesvorsitzender. Jetzt musste ich zeigen, dass ich nicht nur Schnelligkeit, sondern auch Ausdauer konnte, dass mir nicht die Luft ausgehen würde, selbst wenn auf der Strecke Erfolge ausblieben.

Um durchhalten zu können, brauchte ich Begleiter, Unterstützer, Mutmacher. Eben ein Team, das eigenverantwortlich arbeitete – und das ich eigenverantwortlich arbeiten ließ. Es gab und gibt immer wieder Momente, in denen ich denke: Das hättest du selbst anders gemacht. Aber dann ist es, wie es ist, ich adoptiere Entscheidungen: und erkenne dann mit der Zeit, dass sie gute waren.

Anders hätte ich zum Beispiel unsere Landtagsfraktion in Nordrhein-Westfalen gar nicht führen können. In Nordrhein-Westfalen überließ ich meinen Stellvertretern und vor allem dem Parlamentarischen Geschäftsführer Christof Rasche viele Entscheidungen im Tagesgeschäft. Joachim

Stamp kümmerte sich um den Bereich »Innere Sicherheit und Flüchtlinge«, ein Thema, das die Menschen in unserem Land bewegt. Ich trug ihm die Federführung an. Joachim Stamp ist heute in Nordrhein-Westfalen Minister für Kinder, Familie, Flüchtlinge und Integration. Dass die FDP bei der nordrhein-westfälischen Landtagswahl im Mai 2017 fabelhafte 12,6 Prozent holte, hat sie auch Johannes Vogel zu verdanken. Er hat als Generalsekretär der NRW-FDP den Wahlkampf geprägt und verantwortet. Das verdient besondere Anerkennung, weil er nach der Bundestagswahl 2013, als er sein Mandat verloren hatte, in das Berufsleben zurückkehrte und über lange Zeit im Ehrenamt Führungsaufgaben der Partei bekleidete.

Trotz der großen Inanspruchnahme meines Kalenders und meiner Kräfte habe ich mir in den vier Jahren außerparlamentarische Opposition einen privaten Freiraum verteidigt. Ich habe mir Interessen bewahrt, die nichts mit dem Politischen zu tun hatten.

Die tägliche Stunde Sport auf dem Rudergerät zum Beispiel, während der ich Serien bei Netflix oder Amazon schaue, in denen auch schon mal Politiker auf dem Water-Rower sitzen. Ich habe mir immer wieder Projekte gesucht, die gedankliche Abwechslung versprochen haben. Das Lernen für den Sportbootführerschein oder Funkpatente hat mich abgelenkt, und ich hatte nach bestandenen Prüfungen zugleich ein kleines Erfolgserlebnis.

Oder das automobile Kulturgut, das mich fasziniert. In ruhigen Minuten durchforste ich Gebrauchtwagenbörsen online, um mir alte Schönheiten anzusehen und mir einen Überblick über den Markt zu verschaffen. Vor etwa 1990 gab es großen Fahrzeugbau mit wenig Elektronik und viel Maschinenbau. Eine Leidenschaft, zu der ich mich gerne bekenne. Ich habe einen Porsche 911, der fast so alt ist wie ich selbst, in der Garage. Fahren konnte ich ihn bisher nur wenige Kilometer im Jahr. Das Stereotyp vom Porsche-Fahrer rufen manche übrigens bis heute gerne auf. Ich erinnere mich an ein Samstagsinterview mit einem öffentlich-rechtlichen Radiosender. Solche Gespräche hatten üblicherweise keine große Resonanz. Dieses Mal aber bekam ich Dutzende E-Mails von Hörerinnen und Hörern. Der Journalist hatte mich irgendwann unvermittelt gefragt, ob mir das Image noch anhinge, früher Porsche gefahren zu sein. Ich entgegnete, warum er denn in der Vergangenheitsform und von Image spreche. Das sei meine Leidenschaft. In den Rückmeldungen wurde mir gratuliert, weil ich mich nicht von Neidreflexen einschüchtern ließe und zu meinen Leidenschaften stünde. Der Chef einer zur Freiheit aufrufenden und zum Individualismus ermunternden Partei muss sich allein schon von Amts wegen zu seinen Vorlieben bekennen. Hierin unterscheiden wir uns zum Beispiel von der SPD. Dort kam die Parteipressestelle bei der Frage ins Schlingern, ob Martin Schulz vor ein paar Jahren in einem Straßburger Restaurant Gänsestopfleber gegessen hat. Ich meine, es wäre doch schade, hätte er sie nicht einmal probiert.

/6/ Liberal, nicht autoritär

German Mut

Institut für Demoskopie Allensbach, Sonntagsfrage, 18. 6. 2015:
CDU/CSU 41,5 %, SPD 26 %, Linke 8,5 %, Grüne 10 %, FDP 5 %,
AfD 4 %, Sonstige 5 %

Drei Monate nach der Wahl in Hamburg gelang es uns, den
Erfolg zu wiederholen und zu beweisen, dass er keine Ein-
tagsfliege war. Mit 6,6 Prozent zog die FDP in die Bremer
Bürgerschaft ein – in einem Land, in dem sich die Freien Demokraten traditionell schwerer tun als in Hamburg.

Als Spitzenkandidatin konnten wir Lencke Steiner gewinnen, eine Familienunternehmerin, die als Bundesvorsit-
zende des Verbandes Junger Unternehmer einem größeren
Publikum bereits als Anwältin für mehr Generationenge-
rechtigkeit bekannt geworden war. Zwar hatte sie kein FDP-
Parteibuch, doch sie teilte in allen ihren Äußerungen unsere Überzeugungen. Lencke Steiner war zudem Jurorin der
Fernsehshow »Höhle der Löwen«, die in der Gründerszene
große Aufmerksamkeit erzielte.

Parteifreunde hatten informell Kontakt aufgenommen
und ihr eine Kandidatur angetragen. Unsere eigenen Leute
in Bremen waren parlamentarisch erfahren, qualifiziert und
integer. Sie wussten aber, dass wir Außergewöhnliches

bieten mussten, um aus der außerparlamentarischen Rolle heraus Medien und Wähler für uns zu interessieren. Nach Lenckes Zusage hielt der engste Führungskreis in Bremen und Berlin die Personalie geheim. Erst am Tag der Listenaufstellung erfuhren Partei und Öffentlichkeit davon. Das war ein Überraschungscoup, der uns Aufmerksamkeit brachte. Vor allem aber war Lencke Steiners Nominierung der Beweis, dass die FDP sich verändert hatte: eine profilierte Seiteneinsteigerin ohne Parteibuch – das wäre früher aufgrund der parteiinternen Machtkonstellationen nicht denkbar gewesen.

Ähnlich wie in Hamburg gab es nach der Wahl in Bremen Kritik, die FDP sei nicht wegen ihrer Inhalte gewählt worden, sondern wegen einer Spitzenkandidatin, die sich gut auf den Plakaten gemacht habe. Diese Kritik ignorierte, dass laut Nachwahlbefragung in Bremen 60 Prozent der FDP-Wähler sagten, sie hätten ihre Entscheidung wegen unserer Lösungsvorschläge zu Sachfragen getroffen. Unter den SPD-Wählern lag dieser Wert niedriger, bei nur 41 Prozent. »Wer hat da eigentlich einen inhaltsfreien Spaßwahlkampf gemacht?«, fragte ich in der Pressekonferenz in Berlin am Tag nach der Wahl. Ja, wir stellten bei Wahlen die jeweilige Nummer 1 ins Zentrum. Und ja, wir inszenierten die Persönlichkeiten auch ästhetisch anders als üblich. Aber bei den Freien Demokraten wurde und wird das Spitzenpersonal immer mit Themen oder Haltungsfragen verbunden.

Wir wussten, dass im Jahr 2015 das »Rating« der gesamten FDP am Ergebnis in zwei Stadtstaaten gemessen würde. Wie noch nie hatte die Zentrale der Bundespartei die Wahlkämpfe in Hamburg und Bremen deshalb unterstützt: konzeptionell, organisatorisch, finanziell und durch bundesweite Aktionstage, zu denen Hunderte Mitglieder aus allen Teilen der Republik zu den Wahlkampforten reisten. So schufen wir nicht nur ein einheitliches Erscheinungsbild und mehr Durchschlagskraft, sondern verhinderten auch Entgleisungen wie die »Keine Sau«-Kampagne in Brandenburg.

Nachdem sich der Testlauf einer integrierten Kampagnenführung von Bundesverband und Landesverbänden bewährt hatte, wollten wir in den 2016 anstehenden Wahlkämpfen in den Flächenländern daran anknüpfen. Die Ressourcen der Bundespartei hätten dafür indessen nicht ausgereicht. Es war notwendig, einerseits die Finanzkraft der Bundespartei zu stärken und andererseits auch die Führung von Wahlkämpfen insgesamt zu bündeln. Nach der Entwicklung des Leitbilds als inhaltlicher Kompass und der Erneuerung unseres öffentlichen Auftritts stand nun mit einer Organisationsreform eine dritte Evolution an. Unser Bundesschatzmeister Hermann Otto Solms schlug die Bildung eines Investitionsfonds vor, in den bis 2017 jeder Kreisverband 75 Euro pro Mitglied einzahlen sollte. Daraus sollte die Verstärkung der Wahlkämpfe bis zur Bundestagswahl bestritten werden. Im Unterschied zur verschuldeten Bundespartei verfügten die nachgeordneten Gliederungen der FDP vor Ort in der Summe über ein Vermögen in Millionenhöhe. Einfach angeordnet werden konnte eine solche Operation nicht. Der Bundesparteitag würde mit einer satzungsändernden Mehrheit von zwei Dritteln der Delegierten zustimmen müssen. Für unsere Idee mussten Solms und ich vor Ort bei Konferenzen der Führungskräfte werben. Die Kreisverbände fürchteten eine Schwächung ihrer Arbeit und die Einführung eines »Solidaritätszuschlags« für alle

Ewigkeit, den wir im Steuerrecht doch mit guten Gründen ablehnen. Mitglieder der früheren Parteiführung rieten mir dringend ab, den Entscheidungsprozess »auf mich zu ziehen«. Denn in der Vergangenheit waren schon weit weniger heikle Finanzreformen in der FDP gescheitert. Ich entschied mich bewusst dagegen, diesem Rat zu folgen.

Auf dem Bundesparteitag im Mai 2015 warb ich offensiv für den Investitionsfonds: »Jeder Wahlkampf der FDP in einem Land oder einer Gemeinde ist immer auch ein Wahlkampf der gesamten FDP.« Wir gewinnen und wir verlieren zusammen. Der Parteitag billigte unser Vorhaben. Das war weit mehr als eine organisationspolitische Weichenstellung. Gegenüber Journalisten hob ich in Hintergrundgesprächen hervor, eine solche Entscheidung belege, dass sich die Kultur der Partei verändert habe. Das grundsätzliche Misstrauen gegen »die da oben« war einem neuen Miteinander gewichen.

»German Mut« war die Losung des Parteitags und zugleich Ausdruck unserer inneren Einstellung. In meiner Rede sprach ich über die »German Angst«, die international für das spezifisch deutsche Sicherheitsdenken, Technikfurcht und Besitzstandswahrung stehe. Deutschland brauche Reformen in der Steuer-, Renten- und Bildungspolitik, aber vor allem eine Reform der Mentalität, sagte ich. Das vorherrschende »Ja, aber« sei der »Standstreifen des Lebens« und Skepsis die »Abrissbirne der Möglichkeiten«. Wir glaubten hingegen an die Kreativität, die Kompetenz und die Zähigkeit der Menschen, Herausforderungen zu lösen und Technologien zu kontrollieren. Wir entwarfen das Motto »German Mut« als Kontrastprogramm zur »German Angst« – ganz Böswillige wollten darin aber einen deutschnationalen Slogan erkennen und werteten ihn allen Ernstes als Annäherungsversuch an die AfD. Nichts lag uns ferner: In der von uns angestrebten »Republik der Chancen« macht es einen Unterschied, wohin jemand will, aber nicht, woher jemand kommt.

Beim Dreikönigstreffen war bereits das neue Logo präsentiert worden und wir hatten unser neues Leitbild durchschimmern lassen. Nun konnten wir das Ergebnis des Leitbildprozesses durch einen formalen Beschluss legitimieren und mit konkreten Inhalten unterlegen. Überraschend setzten sich noch die Jungen Liberalen mit einer Initiative durch, die die kontrollierte Abgabe von Cannabis befürwortete. Nach längerer Abstinenz sicherte uns das eine Rückkehr in die ZDF-»Heute-Show«. Besonders freute ich mich aber über eine E-Mail, die ich zum Abschluss des Wochenendes erhielt: »Lieber Herr Lindner, mehr ging wirklich nicht. Herzlichen Glückwunsch! Ihr Hans-Dietrich Genscher.«

Der Bundesparteitag 2015 war ein Wendepunkt, an dem deutlich wurde, dass unsere Suche nach einem neuen Selbstverständnis keine bloße Marketingkosmetik war.

In der Vergangenheit hatten wir unsere liberale Erzählung stets mit der Steuerpolitik begonnen. Diese ist fraglos ein gewichtiges Feld, weil sie das individuelle wirtschaftliche Vorankommen beeinflusst und Auskunft über das Verhältnis von Bürger und Staat gibt. Doch eine Welt im Wandel erfordert auch einen Wandel in der politischen Schwerpunktsetzung. Wir durchleben mit der Digitalisierung eine zweite industrielle Revolution. Biographien verändern sich ohne eigenes Zutun, wenn der Arbeitsplatz verschwindet, weil eine Branche keine Zukunft mehr hat oder sie sich grundlegend wandelt. Die Politik könnte darauf reagieren, indem alte Strukturen durch Subventionen oder Verbote konserviert oder der Produktivitätsfortschritt durch eine »Robotersteuer« gebremst wird, wie manche vorschlagen. Allerdings werden so hierzulande auf Dauer keine Jobs gesichert, sondern nur Chancen vertan, die andere Länder nutzen werden. Manche antworten auf die Herausforderung einer digitalisierten Arbeitswelt mit dem bedingungslosen Grundeinkommen. Ich halte es für zynisch, Menschen eine Art Stilllegungsprämie zu zahlen. Arbeit ist mehr als nur Einkommen, sie ist auch Quelle sozialer Teilhabe und des sinnstiftenden Gefühls, gebraucht zu werden.

Die Antwort der Freien Demokraten auf die biographischen Auswirkungen der Digitalisierung ist nicht weniger als eine Bildungsrevolution. Bildung macht den Einzelnen stark, sie schafft Emanzipation. Alle Chancen unserer Gesellschaft bleiben nur abstrakte Versprechen, wenn der Einzelne nicht über den kulturellen Horizont und die Qualifikation verfügt, sie zu ergreifen. In Zeiten des Wandels ist Bildung die unerlässliche Grundlage für soziale Sicherheit. Als Preußen am Boden lag, wurde die Humboldtsche Bildungsreform zum Kernstück der gesamten Staatsreform. Ein Deutschland, das wirtschaftlich stark und gesellschaftlich frei bleiben will, muss genau das wieder tun: Bildung ins Zentrum der Politik stellen. Wir Freien Demokraten haben das bereits getan.

In unserer hochentwickelten Wirtschaftsnation blieben in den vergangenen Jahren Tausende junge Menschen ohne Schulabschluss. Statt eines selbstbestimmten Lebens heißen ihre Perspektiven Abhängigkeit vom Wohlfahrtsstaat oder Mindestlohn. Niemand wird ohne ein Talent geboren und unser Ziel muss sein, dieses Talent zum Klingen zu bringen. Das ist es, was Freie Demokraten meinen, wenn sie von Chancengerechtigkeit sprechen.

Zuallererst müssen die Grundlagen unseres Bildungssystems stimmen. Unterrichtsausfälle, Lehrermangel, heruntergekommene Schulgebäude und Klassenzimmer, die im Kreidezeitalter hängen geblieben sind – für unsere Kinder wird Lernen zu einer Zumutung. Mir schrieb einmal eine Mutter, ihre Tochter wolle in der Grundschule nicht mehr die Toilette aufsuchen, weil es dort eklig sei. »Was glauben Sie«, fragte die Mutter, »wie es sich auf die Konzentration auswirkt, wenn man stundenlang ein menschliches Bedürfnis unterdrücken muss?« Wenn ich diese Geschichte bei Veranstaltungen erzähle, sehe ich im Publikum überall Kopfnicken. Offensichtlich sind die Sorgen dieser Mutter kein Einzelfall. Der Respekt vor der jungen Generation in diesem Land sollte sich künftig auch am Zustand der Kitas, Schulen und Hochschulen ablesen lassen.

Deutschland muss den Mut haben, historisch Überkommenes in Frage zu stellen. Bremen steht in der Bildungspolitik nicht im Wettbewerb mit Bayern, Hessen oder Sachsen, sondern Deutschland steht im Wettbewerb mit China, Indien und den USA. Im Weltmaßstab sind wir bisher nur Mittelmaß. Das zu ändern, erfordert eine nationale Kraftanstrengung, da Länder und Kommunen den Investitionsbedarf nicht allein werden aufbringen können. Die Länder müssen wegen der Schuldenbremse ihre Etats bis zum Ende des Jahrzehnts ausgleichen und könnten schnell gezwungen sein, ausgerechnet bei den Bildungsausgaben zu sparen.

Der Staat muss daher die Aufgabe des Chancenermöglichers übernehmen und aus dem Kleinklein des Föderalismus heraustreten. Es könne nicht sein, dass der Bundesfinanzminister Schulen in Burundi und Botswana sanieren darf, aber nicht in Böblingen und Bonn, sagte ich im April 2017 auf unserem Bundesparteitag und danach in vielen Reden. Zur Erheiterung meiner Partei trug bei, dass Cem Özdemir von den Grünen einige Monate später exakt dasselbe Bonmot in einer gemeinsamen Fernsehsendung verwendete. Staatliche Finanzierung und Sicherung des Zugangs zu Bildung für alle dürfen allerdings nicht zwangsläufig mehr staatliche Steuerung bedeuten. Im Gegenteil: Der Staat muss sich stärker finanziell einbringen und zugleich konzeptionell zurückziehen, damit die autonomen Handlungsspielräume der einzelnen Bildungseinrichtungen wachsen. Eine neue Bildungsverfassung müsste also beinhalten: mehr Autonomie für diejenigen, die vor Ort arbeiten und entscheiden, und gleichzeitig mehr Gemeinsamkeit zwischen den Bundesländern, einheitliche Standards und bundesweite Zielvorgaben. Der Bildungsföderalismus, wie wir ihn heute leben, ist in meinen Augen nicht mehr Teil der Lösung. Er ist selbst zu einer Reformnotwendigkeit geworden. Als erster Schritt sollte das paradoxe Kooperationsverbot zwischen Bund und Ländern im Grundgesetz aufgehoben werden. In einem zweiten Schritt könnte die Kultusministerkonferenz zu einem Bildungsrat weiterentwickelt werden, in dem Länder, Experten, Praktiker und der Bund gemeinsam über Inhalte beraten und mit Mehrheit Leitentscheidungen zu Inhalten und Methoden treffen.

Der SPD-Kanzlerkandidat Martin Schulz hat im Bundestagswahlkampf 2017 die Gerechtigkeitsfrage gestellt – und die Gebührenfreiheit der Bildung in Deutschland gefordert. Ich sehe das anders: Die Stärkung der Bildungsqualität und die Schaffung neuer Plätze in Kindertageseinrichtungen sollten Vorrang vor der Gebührenfreiheit haben. Von dieser würden ohnehin vor allem Gutverdiener profitieren – das gönne ich jedem, aber eben erst nachdem andere Ziele erreicht wurden. Es ist keine Überraschung, dass an den Hochschulen junge Menschen aus Akademikerfamilien überproportional oft ein Studium aufnehmen. Ihre Eltern haben am Küchentisch oder mit bezahlter Nachhilfe die Defizite des öffentlichen Schulwesens leichter ausgleichen können als Familien ohne diesen Hintergrund. Für diejenigen, die das Abitur nicht geschafft haben, ist es gleichgültig, ob das Hochschulstudium gebührenfrei ist oder nicht. Bildungsgerechtigkeit bedeutet eben nicht »umsonst« Lernen, sondern eine Qualität an Kitas und Schulen zu schaffen, die jedem eine Chance gibt, damit am Ende der Schulbesuch nicht umsonst war. Zudem sind ein mittlerer Schulabschluss und eine Berufsausbildung in unserem Dualen System kein Makel, sondern eine attraktive Alternative. Abitur und Studium für alle wäre kein sinnvolles Ziel. Nur sollte die Entscheidung zwischen Studium und Berufsausbildung eine Frage von Wahlfreiheit und Talent sein – und keine der Vorprägung durch den familiären Hintergrund.

Skandalöserweise ist dies in Deutschland immer noch viel zu häufig der Fall – und hebelt das Aufstiegsversprechen unserer Gesellschaft aus. Auf individuelle Leistung darf es durchaus ankommen, aber nicht auf den Bildungsstand und das Einkommen der Eltern. Damit diese schicksalhafte Verbindung aufgebrochen wird, muss bereits die Förderung in den Kindertageseinrichtungen besser werden. Denn Bildung beginnt nicht erst in der Schule. Die Persönlichkeitsentwicklung und die Stärkung der Fähigkeiten, auf denen das schulische Lernen später aufbaut, gehören zum Bildungsauftrag des Elementarbereichs – von deutschen Sprachkenntnissen bis zur Gesundheitsprävention. Dafür muss auch die Aus- und Fortbildung der Erzieherinnen und Erzieher aufgewertet werden.

Bildung ist keine technokratische Operation. Sie gelingt zwischen Menschen. Also stärken wir die pädagogischen Berufe: durch moderne Aus- und Weiterbildung, den notwendigen Respekt und Freiheiten. Viele Lehrerinnen und Lehrer wünschen sich mehr Gestaltungsfreiheit für ihren Unterricht, Professorinnen und Professoren klagen über Wissenschaftsbürokratie und Schulen wie Hochschulen haben mehr Autonomie verdient, um ihre eigenen Schwerpunkte zu setzen und Profile zu bilden. Der internationale Vergleich zeigt, dass die Ergebnisse überall dort besser sind, wo die Qualifikation der Lehrenden und die Entscheidungsspielräume vor Ort größer sind als bei uns. Dies hat mehr Einfluss auf die Qualität der Ergebnisse als etwa die Klassengröße in Schulen. Wenn die Politik inflationär die Bedeutung lebenslangen Lernens betont, sollte der Staat als Arbeitgeber vorangehen und in die Qualifizierung seiner Beschäftigten gerade in Lehrberufen investieren und mehr Vertrauen in ihre Eigenverantwortung setzen.

Die Digitalisierung von Bildung ist in diesem Zusammenhang keine modernistische Spielerei für Technikbegeisterte, sondern sie ist eine Methode, um wirklich jedem Einzelnen gerecht zu werden und mehr Bildungsgerechtigkeit zu erreichen. Bei uns funktioniert Lernen immer noch so, dass alle Schüler in der gleichen Klasse den gleichen Stoff zur gleichen Zeit, im gleichen Raum mit den gleichen Methoden und im gleichen Tempo vermittelt bekommen – obwohl sie alle ganz unterschiedlich sind. Wie wäre es, jede Schülerin und jeden Schüler nicht nur als Individuum zu betrachten, sondern auch dementsprechend zu unterrichten? Mit individuell erstellten Aufgaben und der Nutzung aller Sinne und Talente junger Menschen. Die Digitalisierung eröffnet uns hier eine großartige Chance: Lehrer könnten Kinder und Jugendliche unterrichten – und nicht Standardstoff. Tafelbilder mit Kreide zu zeichnen, das kann durch ein didaktisch optimal aufbereitetes Video ersetzt werden, um Zeit für individuelles Coaching zu gewinnen. Von diesen Möglichkeiten machen wir viel zu wenig Gebrauch. »Das Digitalste in der Schule dürfen nicht die Pausen sein«, habe ich im nordrhein-westfälischen Wahlkampf 2017 gesagt. Denn andere Länder sind längst weiter als wir. Vor fünfzehn Jahren schaute man hierzulande etwas verächtlich auf asiatische Staaten, die zwar bei naturwissenschaftlichen Fächern in Vergleichsstudien besser abschnitten, von denen aber gesagt wurde, dort würden die kreativen Fähigkeiten nicht gefördert. Längst aber spielen in diesen Bildungssystemen individuelle Förderung, projektorientierter Unterricht und andere didaktische Innovationen eine große Rolle. Die Bildungs-Cloud, in der Schüler, Eltern und Lehrer online Inhalte finden und austauschen können, ist bei uns Science-Fiction, woanders hingegen Realität.

So wie Bildung nicht erst in der Schule beginnt, so endet sie auch nicht mit der Schule. Daher sollten wir ein zweites, lebensbegleitendes Lernsystem nach der ersten Ausbildung schaffen – mit einer Öffnung der beruflichen Schulen, der Bildungseinrichtungen der Wirtschaft und der Hochschulen für Menschen, die sich neu, aktuell oder zusätzlich qualifizieren wollen. Der Staat könnte einen Anreiz schaffen, indem er die individuelle Vorsorge im Sinne eines Bildungssparens steuerfrei aus dem Bruttoeinkommen ermöglicht. Das würde die Bedeutung dieser Frage unterstreichen. Denn im Zuge der digitalen Revolution werden sich vielfach Fachkräfte neu orientieren müssen, die schon über Berufserfahrung und Wissen in ihren Bereichen verfügen. Sie fangen nicht bei null an, sondern können von einer bestehenden Basis aus neue Fähigkeiten erlernen. Dabei sollten sie nicht allein gelassen werden – denn Veränderung darf Biographien nicht in Sackgassen führen.

Wir Freien Demokraten arbeiten daran, dass Deutschland in der Bildungspolitik sein »Mondfahrtprojekt« findet, wie ich es verschiedentlich in Anlehnung an John F. Kennedys Ziel ausdrückte, am Ende des Jahrzehnts einen Mann auf den Mond zu schicken. Er reagierte damals auf den »Sputnik-Schock« mit Tatkraft. Warum setzen wir uns also nicht das Ziel, bis Ende des nächsten Jahrzehnts in den weltweiten Bildungsrankings ganz vorne zu stehen? Wann entwickeln wir den Ehrgeiz, die Prägung der Biographie durch die Herkunft zu durchbrechen? Warum sorgen wir nicht dafür, dass jeder junge Mensch die notwendige Förderung erhält, damit er nicht dauerhaft auf die Unterstützung des Sozialstaats angewiesen ist? So wichtig die Stärkung der äußeren Sicherheit auch ist: Wenn über eine Quote für Rüstungsausgaben gesprochen wird, dann sollte mit derselben Intensität darüber diskutiert werden, wie wir es schaffen, dass wir bei den Bildungsinvestitionen zur Spitzengruppe zählen. Denn wenn wir uns heute mit mittelmäßiger Bildung zufriedengeben sollten, werden wir morgen auch ein mittelmäßiges Leben führen.

Die Flüchtlingsfrage

Infratest Dimap, Sonntagsfrage, ARD, 20. 11. 2015:
CDU/CSU 37 %, SPD 25 %, Linke 8 %, Grüne 10 %, FDP 5 %,
AfD 9 %, Sonstige 6 %

So sehr wir uns in der politischen Stimmung Dynamik
wünschten – bis September 2015 erschienen die Verhältnisse in Deutschland wie eingefroren. Die Große Koalition
saß fest im Sattel. Zwar hatten wir uns in den Umfragen
leicht stabilisiert. Wir standen mal bei fünf, mal bei sechs
Prozent. Ansonsten aber deuteten die Zahlen an, dass die
Deutschen vermutlich ungefähr das Gleiche wählen würden
wie 2013. Die Popularitätswerte von Angela Merkel waren
so hoch, dass der damalige Kieler SPD-Ministerpräsident
Torsten Albig im Juli 2015 seiner Partei öffentlich empfahl,
auf einen Kanzlerkandidaten besser gleich zu verzichten.

Nur eine Sache schien sich erledigt zu haben: die AfD.
Nach einem Achtungserfolg von 4,7 Prozent bei der letzten
Bundestagswahl folgten starke Ergebnisse bei den ostdeutschen Landtagswahlen Mitte 2014: 9,7 Prozent in Sachsen,
10,6 Prozent in Thüringen und 12,2 Prozent in Brandenburg. Diese Zahlen erzielte die selbsternannte Alternative
jedoch nicht mit der volkswirtschaftlich begründeten Euro-
Kritik einer Professoren-Partei, sondern bereits mit dem
Wohlstandschauvinismus, der die Partei heute prägt: mit
jener diffusen Angst vor bürgerfernen Eliten und Migration,
die angeblich den Wohlstand und die Segnungen des Sozialstaats gefährden. Über den Charakter der AfD kam es bekanntlich zu einem Zerwürfnis, in dessen Konsequenz der
Gründer Bernd Lucke und seine Anhänger die Partei verlie-

ßen. Der Weg war nun frei für Leute wie Frauke Petry, Alexander Gauland und Björn Höcke. Ironischerweise wurde die Vorsitzende Petry von den Geistern, die sie rief, später selbst ins Abseits gedrängt und verließ die Partei einen Tag nach der Bundestagswahl. In der öffentlichen Meinung war die AfD im Sommer 2015 so geschwächt, dass viele Beobachter sie bereits als gescheitert werteten. Das war, wie man heute weiß, eine Fehleinschätzung.

Ab dem Spätsommer kannte das Land nur noch ein Thema. Jeden Tag erreichten mehrere Tausend Flüchtlinge die deutsche Grenze. Das Bild des ertrunkenen Flüchtlingskindes Ailan Kurdi an einem türkischen Strand sorgte Anfang September 2015 weltweit für Bestürzung. Wir nahmen Anteil am Schicksal der Familien, die dem Krieg in Syrien unter dramatischen Umständen entkommen waren. Auch ich unterstützte die »Refugees Welcome«-Kampagne, die zum Beispiel die *Bild*-Zeitung angestoßen hatte. In Budapest campierten Flüchtlinge an Bahnhöfen, wo sie festsaßen. Eine humanitäre Ausnahmesituation. Bundeskanzlerin Merkel entschied an einem Wochenende, das europäische Dublin-Abkommen einseitig auszusetzen und den Menschen die Einreise nach Deutschland zu ermöglichen. Diese Grenzöffnung war eine Zäsur in ihrer Kanzlerschaft. Nun begann jene Entwicklung, die innerhalb weniger Monate die gesamte politische Landschaft verändern sollte. Im Dezember sagte der AfD-Vize Alexander Gauland öffentlich, die Flüchtlingskrise sei ein »Geschenk« für seine Partei, da sie ihr ein Comeback ermöglicht hätte. Eine Partei, die Krisen nicht lösen, sondern politisches Kapital aus ihnen schlagen will, das war für mich der Gipfel des Zynismus.

Welches Motiv hat Angela Merkel veranlasst, die deutschen Grenzen de facto zu öffnen? War es die spontane Überwältigung angesichts des menschlichen Leids? Fürchtete sie, wieder als kaltherzig zu erscheinen, nachdem sie einige Wochen zuvor beim Besuch einer Schule in Rostock vor laufenden Kameras ein Flüchtlingskind zum Weinen gebracht hatte? Oder vermutete sie, dass die Öffentlichkeit von ihr diesen Schritt erwartete? Über die wahren Motive kann man nur spekulieren, gesichert ist hingegen, dass die Bundesregierung von der weiteren Entwicklung überrollt wurde.

Im März 2017 stellte ich das Buch *Die Getriebenen* des *Welt*-Journalisten Robin Alexander vor, der die damaligen Ereignisse und internen Debatten minutiös rekonstruiert hat. Wenn wir im Spätsommer 2015 geahnt hätten, wie sehr die Bundesregierung die Kontrolle über die Lage verloren hatte, wie orientierungslos sie agierte und wie isoliert von unseren europäischen Partnern Entscheidungen getroffen wurden, wären wir diese Flüchtlingspolitik noch früher und noch schärfer angegangen.

Die Solidarität mit Menschen in Not ist eine humanitäre Verpflichtung. Als starkes und zivilisiertes Land kann Deutschland Flüchtlingen Schutz gewähren. Wer das prinzipiell abstreitet, der hat weder Herz noch Moral. Eine Regierung kann und darf aber nicht allein aus edlen Motiven handeln. Sie muss die praktischen Ergebnisse und Folgen ihrer Entscheidungen beachten. Die Flüchtlingspolitik der wortwörtlich grenzenlosen Aufnahmebereitschaft wurde diesem Anspruch nicht gerecht. Sie war erst recht nicht »liberal«, denn Freiheit ist ohne den Rechtsstaat nicht denkbar. Seine Ordnung ist an Grenzen gebunden, innerhalb derer er die Souveränität über Staatsgebiet und Staatsgewalt beanspruchen muss. In diesem Kontext betrifft das zuerst die Außengrenze der Europäischen Union, weil wir innerhalb Europas auf Grenzen verzichten wollen. Ich widersprach daher frühzeitig der von der Bundesregierung vertretenen Ansicht, der Schutz der Grenzen sei in Zeiten der Globalisierung eine Illusion. Im Gegenteil: Nach wie vor fehlt eine gut ausgestattete europäische Grenzpolizei. Manche Linke und einige Libertäre wollen sogar aktiv auf jede Form von Grenze verzichten. Weltweite Freizügigkeit als Menschenrecht entspräche einer Gesinnungsethik, die zum Zusammenbruch jeder Ordnung und zur Überforderung jedes Systems sozialer Sicherung führen würde. Es ist das legitime Vorrecht einer Gesellschaft, zu entscheiden, wen sie aus welchen Gründen aufnimmt.

Im Sommer 2015 wurden Entwicklungen angestoßen, die zu einem bis dato für mich nicht vorstellbaren staatlichen Organisationsversagen führten. Auch bei den Flüchtenden selbst wurden so falsche Erwartungen geweckt. Es wäre vielmehr verantwortliche Politik gewesen, den Menschen auf der Flucht zu signalisieren, dass die Hoffnungen auf einen Ausbildungs- oder Arbeitsplatz und eine Wohnung bei uns so schnell nicht erfüllt werden können. Die Kapazitäten für die Aufnahme sind objektiv begrenzt, wenn man Menschen wirklich gerecht werden will. Mit der Aufhebung des Dublin-Abkommens trat Europa in einen Zustand der Regellosigkeit ein, der noch immer nicht überwunden ist. Wie wir heute wissen, erfolgte dieser Schritt nahezu ohne Abstimmung mit unseren europäischen Partnern. Sie mussten den Eindruck gewinnen, Deutschland wolle ihnen seine ethischen Abwägungen durch einen Alleingang aufnötigen. Im Ergebnis war Deutschland isoliert, es wirkte zeitweise so, als ob die Flüchtlingssituation eine deutsche, nicht eine europäische Aufgabe wäre. Die in der CSU regelmäßig gebrauchte Formulierung, wir erlebten eine »Herrschaft des Unrechts«, fand ich falsch. Rechtlich war das Vorgehen der Bundesregierung möglich. Es war jedoch politisch falsch, denn so unvollkommen und überholt die alten Regeln von Dublin waren, so sind nicht zeitgemäße Bestimmungen immer noch besser als gar keine. Wäre Deutschland zum vorherigen Status zurückgekehrt – vielleicht wäre dann ein Entscheidungsdruck entstanden, der die Einigungsbereitschaft bei unseren Partnern verstärkt hätte.

Ich finde und fand beides falsch: dumpfe, reaktionäre Abschottung auf der einen und grenzenlose Aufnahmepolitik auf der anderen Seite. Die Bundesregierung hatte aus dem Asylrecht einen allgemeinen Einwanderungsparagrafen gemacht, unzulässigerweise wurde die Frage der Aufnahme von Flüchtlingen aus humanitären Gründen dabei von Regierungspolitikern und Wirtschaftsverbänden mit der Deckung des zukünftigen Fachkräftebedarfs vermischt. Das war auch die Folge in der Vergangenheit verpasster Debatten über Deutschland als Einwanderungsland: Die Konservativen stellten sich ihr nicht, weil sie die Angst der Menschen vor Fremdheit an der Wahlurne fürchteten und Vorbehalte gegen Multikulturalität hatten. Andererseits scheuten sich die linken Parteien, die Interessen Deutschlands und unsere legitimen Erwartungen an Einwanderer zu formulieren.

Je länger der Krisenzustand dauerte, desto planloser wirkte die Regierung. Die Opposition unterstützte Angela Merkel jedoch, während die AfD alle Ressentiments bediente. Die Verunsicherung und Verärgerung der Bevölkerung war bei jeder Veranstaltung zu spüren. Burkhard Hirsch sagte mir, er habe seit der Gründung der Republik eine vergleichbare Nervosität nicht erlebt. Ich wollte für die FDP Vorschläge einbringen, wie durch einen Politikwechsel die Stimmung wieder beruhigt werden könnte. Im Oktober schrieb ich an alle unsere Mitglieder eine E-Mail mit »Fünf liberalen Prioritäten in der Flüchtlingskrise«. Wir distanzierten uns von einer »Abschottungspolemik«, aber ich forderte, dass Deutschland sich nicht das Heft des Handelns aus der Hand nehmen lassen dürfe. Vorrang müsse die Verbesserung der Lage der Flüchtlinge in Aufnahmelagern nahe der Krisenregion haben. Wer zu uns komme, werde unterstützt, aber der Aufenthalt in Deutschland müsse zeitlich begrenzt und die spätere Heimreise die Regel sein. Untechnisch schrieb ich von zeitweiser »Duldung« statt Daueraufenthalt, was die *Bild*-Zeitung in einer kleinen Meldung aufgriff. Zugleich brauche Deutschland, so meinte ich, ein modernes Einwanderungsgesetz, das die chaotische Zuwanderung wieder Regeln unterwerfe und die Auswahl derjenigen erlaube, die wir in unsere Gesellschaft einladen wollten.

Der Effekt meiner Initiative auf die Öffentlichkeit blieb begrenzt. Aus der Partei erhielt ich hingegen auf meine E-Mail viele Antworten – und zwar sehr kritische. Ich hatte die politische Sensibilität des Themas in meiner Partei unterschätzt. Mitglieder des Präsidiums, das ich unvorsichtigerweise zuvor nicht im Einzelnen eingebunden hatte, zeigten sich irritiert über meine harsche Wortwahl. Die Jungen Liberalen vermuteten empört, ich wolle nun doch einen Kurswechsel der Freien Demokraten in Richtung AfD. Ich hatte viel zu erklären.

Orientiert hatte ich mich bei meinen Worten am Vorgehen Deutschlands zu Zeiten der Balkan-Krise in den neunziger Jahren, über das ich mich von den seinerzeit verantwortlichen Staatssekretären im Auswärtigen Amt unterrichten ließ. In der parlamentarischen Arbeit in den Landtagen konkretisierten wir in den folgenden Wochen diese Position mit Gesetzentwürfen, die unser damaliger Integrationsexperte in Nordrhein-Westfalen und heutiger Minister Joachim Stamp erarbeitet hatte. Nötig schien uns ein neuer rechtlicher Status des »vorübergehenden humanitären Schutzes«, der nach Identitätsfeststellung ohne die bürokratischen Asylverfahren schneller eine befristete Aufenthaltserlaubnis inklusive Zugang zum Arbeitsmarkt ermöglichen kann. Die bisherigen Verfahren dauerten aufgrund der hohen Prüfstandards für einen Massenzustrom zu lang. Asyl steht Flüchtlingen nach geltendem Recht am Ende zumeist gar nicht zu, da die Existenz eines bewaffneten Konflikts keine politische Verfolgung im Sinne der Verfassung ist. Unsere Position folgte einer klaren Haltung: Es muss unterschieden werden zwischen dem Grundrecht auf Asyl, dem zeitweisen Schutz für Flüchtlinge, der gesteuerten Zuwanderung in den Arbeitsmarkt – und denjenigen, auf die nichts von alledem zutrifft und die unser Land umgehend verlassen müssen. Für mich ist klar, dass bei den Menschen, die zu uns kommen, ein Wechsel des Status möglich sein muss: Jemand kommt als Flüchtling, aber er integriert sich so gut, dass er danach ein legales und dauerhaftes Aufenthaltsrecht erhalten kann, auch wenn der eigentliche Schutzgrund entfallen ist. Die Kriterien dafür müssen transparent und eindeutig sein: Akzeptanz unserer Regeln, Kenntnisse der deutschen Sprache als Ausdruck mindestens minimaler kultureller Integrationsbereitschaft und die

Fähigkeit, den Lebensunterhalt der Familie durch Arbeit bestreiten zu können.

Das bisherige Recht eignet sich dafür nicht. Trotz der Flüchtlingskrise fehlen Deutschland immer noch ein Einwanderungsgesetz und eine strategisch ausgerichtete Zuwanderungspolitik. Damit gehen uns Chancen verloren, wie man heute sieht. Als der amerikanische Präsident Donald Trump das Pariser Klimaabkommen kündigte, warb der französische Präsident Emmanuel Macron in einem Facebook-Clip um die Wissenschaftler, die jetzt an klimafreundlichen Technologien in Frankreich forschen sollten. Warum kann Deutschland nicht einmal so cool sein? Wenn wir warten, bis sich der Fachkräftemangel in unseren alternden Gesellschaften bemerkbar macht, wird es zu spät sein. Gegenwärtig haben wir ein »Fenster der Gelegenheit«, weil traditionelle Einwanderungsländer wie die USA aufgrund der politischen Situation wenig attraktiv sind. Wir sollten es nutzen.

Die Ereignisse des Herbstes 2015 leiteten einen tiefgreifenden Wandel in der politischen Stimmung ein. Die Forschungsgruppe Wahlen stellte fest, dass die Zustimmung zur Union von einem Zeitpunkt vor Angela Merkels Entscheidung bis kurz nach den Übergriffen in Köln während der Silvesternacht 2015/2016 um 12 Prozentpunkte eingebrochen war. Gleichzeitig nahm die Zustimmung zur AfD um fast den gleichen Wert zu, so dass die Zahl von deren Wählern im gleichen Zeitraum von zwei Prozent auf 13 Prozent hochschnellte.

Mir wurde in dieser Zeit gelegentlich vorgeworfen, wir würden uns wegen unserer kritischen Haltung zur Flüchtlingspolitik auf eine Stufe mit der AfD begeben. Anders als die AfD allerdings hinterfragten wir die Flüchtlingspolitik aus der Perspektive einer Rechtsstaatspartei heraus – und niemals aufgrund von Ressentiments gegen eine bestimmte ethnische oder religiöse Gruppe. Die AfD instrumentalisiert aus Eigennutz die Angst vor Fremden und scheut vor Rassismus nicht zurück. Im Bundestagswahlkampf plakatierten sie: »Hol Dir Dein Land zurück.« Unsere Haltung dagegen, die auf die Wahrung rechtsstaatlicher Abläufe Wert legte, aber nicht auf das Schüren von Vorurteilen aus war, spiegelte sich im Übrigen auch in der Einstellung von Mitgliedern und Sympathisanten der Freien Demokraten wider. Nach einer Untersuchung des Allensbach-Instituts sahen diese die Flüchtlingspolitik Angela Merkels zwar überdurchschnittlich kritisch und hielten die Aufnahmekapazitäten Deutschlands für weitgehend ausgereizt. Sie sorgten sich auch um einen Anstieg der Kriminalität. Allerdings bilden sie eine vollkommen andere Wählergruppe als die, die mit der AfD sympathisiert. Sie sind in weit überwiegendem Maße frei von Pauschalurteilen über Ethnien und Religionen.

Ähnliches wussten wir auch aus anderen Untersuchungen, zum Beispiel der Leipziger Studie »Die Parteien und das Wählerherz«. Wenn dort nach Vorbehalten gegenüber einzelnen Menschengruppen gefragt wurde, dann unterschieden sich die Werte unserer Wähler kaum von den Werten der Bürger, die mit den Grünen sympathisierten. FDP-Wähler betrachten demnach nicht die Herkunft anderer Menschen aus für sie fremden Ländern als problematisch, sondern den Bruch rechtsstaatlicher Spielregeln. Der Versuch, FDP und AfD in einen Topf zu werfen, misslang. Er war politisch motiviert – und von unserem politischen Kurs nicht gedeckt.

Schon den Anschein zu erwecken, die FDP wolle eine Protestpartei werden und in einen Schäbigkeitswettbewerb mit der AfD eintreten, hätte die Neuaufstellung der FDP und alles, was wir an inhaltlicher Arbeit leisteten, zunichte gemacht. Anlässe, in denen ich diese Gefahr gesehen habe, gab es. Im Herbst 2014 – deutlich vor der Flüchtlingskrise – legte mein Vorgänger im Amt des FDP-Fraktionsvorsitzenden in Düsseldorf, Gerhard Papke, ein Positionspapier vor. Wir wurden beide im Jahr 2000 zum ersten Mal ins Parlament gewählt, hatten bis 2005 eine Bürogemeinschaft und haben die jüngere Geschichte der FDP gemeinsam erlebt. Wir sind unterschiedliche Typen, weshalb viele oft überrascht waren, dass wir eine Reihe von Jahren einen »guten Draht« zueinander hatten. Gerhard Papke forderte in seinen Thesen nun eine energische Bekämpfung des religiösen Extremismus und eine Begrenzung der Zuwanderung nach Deutschland. Nur, bei rascher Lektüre wurde daraus ein Zusammenhang zwischen dem deutschen Asylrecht und dem islamistischen Terrorismus. Unsere Fachpolitiker waren bestürzt, dass diese jeweils wichtigen Probleme in einem Atemzug genannt wurden, wie es sonst nur die AfD machte. Sie waren erzürnt, dass ein Kollege der eigenen Partei in diesen Fragen einen konzeptionellen Nachholbedarf unterstellt hatte, obwohl sie selbst im Parlament jeden Tag an diesen Fragen arbeiteten. Darüber musste man sprechen. Aber diese Debatte hätte man in Ruhe führen können.

Nachdem das Thesenpapier bei einer ersten Veröffentlichung als Gastbeitrag in einem Online-Medium keine Resonanz gefunden hatte, wurde es von Gerhard Papke ein zweites Mal in Umlauf gebracht. Dieses Mal fand sich in der *FAZ* und der *WAZ* die Interpretationshilfe, hier erläutere der

Vertraute des Parteivorsitzenden Christian Lindner die neue Strategie der FDP. Man spricht in der politischen Kommunikation hier von einem »Spin« – und dieser war für mich inakzeptabel und für die Freien Demokraten gefährlich. Denn unsere Neuaufstellung war noch in vollem Gange, ihre Ergebnisse sollten erst zum Dreikönigstreffen 2015 vorgestellt werden und würden in eine ganz andere Richtung gehen. Der Herbst 2014 war in der Partei von nervöser Anspannung und Unsicherheit bestimmt. Jetzt wurde zu allem Überfluss noch die Machtfrage gestellt. Ich konnte den Eindruck nicht im Raum stehen lassen, hier werde ein Versuchsballon für eine grundlegende Änderung der politischen Ausrichtung der FDP gestartet. In der Folge setzte ich durch, dass in zwei getrennten Beschlüssen die aufgeworfenen Themen fachlich präzise aufgearbeitet wurden. Dazu war Gerhard Papke eingeladen. Gereicht hat ihm dies nicht. Die Brücke, die ich ihm damit gebaut hatte, wollte er nicht überschreiten. Es ging wohl doch mehr um die Positionierung der Partei als um die Sachfragen. Darüber ist unser Verhältnis zerbrochen.

Dem Rechtspopulismus widersprechen

Forschungsgruppe Wahlen, Sonntagsfrage, ZDF, 19. 2. 2016: CDU/CSU 36 %, SPD 25 %, Linke 9 %, Grüne 10 %, FDP 5 %, AfD 10 %, Sonstige 5 %

Nach unserer Niederlage wollten alle anderen Parteien plötzlich liberal sein. Die CDU verwies darauf, dass sie liberale Wurzeln hätte. Die SPD wollte in das sozialliberale

Erbe eintreten. Die grüne Bundestagsfraktion veranstaltete einen Freiheitskongress. Man habe nur noch darauf gewartet, dass Gregor Gysi den Liberalismus für die Linkspartei reklamiere, scherzte ich damals. Tatsächlich erschien wenig später ein Buch von Sahra Wagenknecht, die Ludwig Erhard für ihre Partei kapern wollte.

An Bekundungen mangelte es nicht. Zugleich nahm ich einen Verlust an Liberalität im Land wahr. Die Große Koalition griff massiv in die wirtschaftliche Freiheit ein, etwa am Arbeitsmarkt, ohne dass aus der Opposition Kritik geübt wurde. Höchstens wurde von Grünen und Linken bemängelt, dass die staatliche Intervention nicht weit genug ginge.

Bürgerliche Freiheitsrechte wurden in beispiellosem Umfang beschnitten. Die Sozialdemokraten lehnten zuerst die Vorratsdatenspeicherung ab, danach führte ihr Justizminister sie ein. Dadurch wurde nicht zusätzliche Sicherheit geschaffen, sondern nur Verunsicherung, weil die Gesetze mehr als einmal von Gerichten aus dem Verkehr gezogen wurden und die Behörden nicht mehr wussten, auf welchen Rechtsgrundlagen sie arbeiten konnten. Die erforderliche Straffung der Sicherheitsarchitektur zwischen Bund und Ländern, also mehr Koordination und effektivere Strukturen, blieb dagegen unerledigt. Die Grünen leisteten Widerstand, aber viel vernehmbarer als wir selbst waren sie trotz einer Bundestagsfraktion und der Beteiligung an Landesregierungen nicht.

Weitgehende Einigkeit bestand im Deutschen Bundestag in der Zeit unserer Abwesenheit hinsichtlich der kulturellen und gesellschaftspolitischen Liberalität. Das Parlament beschloss sogar die »Ehe für alle Paare«. Angela Merkel wurde von Grünen und Linkspartei in der Flüchtlingspolitik angefeuert. Der schärfste Vorwurf war, die Aufnahmebereitschaft der Bundesregierung sei nicht grenzenlos genug. Im Parlament fiel die Opposition aus – mit Ausnahme vielleicht der Spezialität der CSU.

Die Freude über die progressive Gesellschaftspolitik des Parlaments wurde dadurch getrübt, dass sich der Meinungsstreit aus dem Plenarsaal in die Talkshows, an die Stammtische und auf die Straße verlagerte. Zugleich wechselte der Fokus. Die Freien Demokraten haben stets im Zweifel die wirtschaftliche und gesellschaftliche Freiheit verteidigt. Natürlich gerieten wir dabei oft in die Position derjenigen, die marktwirtschaftliche Politik trotz der scheinbaren Fehlentwicklungen rechtfertigen und Bürgerrechte trotz der angeblichen Gesetzeslücken für die Sicherheitsbehörden verteidigen mussten. Insbesondere beim Ringen um wirtschaftliche Freiheit wurden wir so für manche zum Feindbild. Ich empfand unsere Rolle als unbequem. In der außerparlamentarischen Opposition konnte man aber sehen, dass sie wichtig war. Denn ohne uns fanden diese Auseinandersetzungen verhaltener und weniger polarisiert statt. Dadurch wurden andere Konflikte wichtiger, an denen sich die öffentliche Meinung entzündete. Spätestens mit der Flüchtlingskrise wurde die kulturelle Liberalität zur Kampfzone. Verschärft wurde die Frontstellung zwischen der etablierten Politik und der öffentlichen Meinung, weil es in dieser Frage aus der Opposition heraus im Parlament keine warnende Stimme gab.

Schon länger hatte ich beobachtet, dass in den Feuilletons gesellschaftliche und wirtschaftliche Liberalität gegeneinander ausgespielt wurden. SPD, Linke und Grüne zum Beispiel sehen sich als Vorkämpfer für Bürgerrechte, für Selbstbestimmung und Emanzipation, aber Eingriffe in die Selbstkoordination des Markts erscheinen nahezu grenzenlos als gerechtfertigt. Diese Haltung begrenzt die Flexibilität angesichts des Wandels von Technologien und Branchen. Vor allem aber legitimiert und überhöht sie den Staatseingriff, an den immer neue Erwartungen gestellt werden. Aus der Bürgergesellschaft wird eine Staatsgesellschaft geformt, die Freiheit des Individuums wird gefährdet. Schnell kann das Pendel dann auch in gesellschaftspolitischen Fragen umschlagen – und den Menschen werden die Schablonen der als richtig erkannten Lebensführung und Meinung auferlegt. Eine zarte Ahnung von den Gefährdungen vermittelt das Nudging, also die Schaffung von Entscheidungsarchitekturen, durch die Erwachsene vor Scheinalternativen gestellt werden, um ihr Verhalten in die politisch opportunen Bahnen zu lenken: Ein Beispiel wäre ein obligatorischer Organspendeausweis für alle, für den man sich nicht mehr entscheiden, sondern den man bewusst ablehnen müsste. In China wird umgekehrt wirtschaftliche Freiheit erlaubt, aber Individualität unterdrückt. Schöpferische Leistungen aber leben von kultureller Inspiration, offener Meinungsäußerung, Vielfalt und der persönlichen Entfaltung.

In den USA ist die Spannungslage zwischen beiden Polen der Freiheit unter dem Brennglas zu beobachten. Die demokratische Präsidentschaftskandidatin Hillary Clinton stand für eine hyperlibertäre Agenda in der Gesellschaftspolitik, die von den Unterstützern in Hollywood enthusiastisch geteilt wurde. Zugleich tobten in ihrer Partei geradezu sozialistische Stürme. Gewählt wurde mit Donald Trump ein Präsident, der für wirtschaftliche und gesellschaftliche

Unfreiheit gleichermaßen steht, der einerseits Unternehmen per Twitter Kommandos gibt und der den Freihandel einschränken will, dem andererseits keine Abgrenzung zum Neonazismus gelingt und der Transgender wie Muslime diskriminiert. Die politische Kultur der USA ist heute verroht und »verprollt«. Sie ist kein Vorbild mehr für unsere Demokratie.

Tatsächlich ist der Gedanke der Freiheit unteilbar. Wer wirtschaftliche Freiheit diskreditiert, gefährdet zugleich die Grundlagen gesellschaftlicher Freiheit. Und vice versa. Der Ökonom Walter Eucken bezeichnete diesen Zusammenhang als die Interdependenz der Ordnung. Demnach kann es keine offene Gesellschaft ohne freie Wirtschaft geben und keine freie Wirtschaft ohne eine offene Gesellschaft.

In Deutschland sind wir von amerikanischen Verhältnissen weit entfernt. Dennoch hat sich mit der AfD ein Akteur etabliert, der diese Frontstellung in unsere politische Landschaft trägt. Sieht man von den Machtauseinandersetzungen in dieser Bewegung ab, so gehen doch alle Flügel von einer kulturellen, religiösen und vor allem ethnischen Homogenität des »Volkes« aus. Aus dieser Fiktion der Gleichförmigkeit wird geschlossen, dass die völkische Einheit auch einen gemeinsamen Willen haben müsse, der von dieser Partei zu vertreten sei. Abweichungen davon werden nicht akzeptiert, sondern als »schädlich« diffamiert. Diese Anschauung ist autoritär. Sie muss zwingend zu einer Politik der Abschottung und des wirtschaftlichen Interventionismus führen. Denn Privilegien für »das Volk« wären in der Konsequenz dieser Sicht nicht nur recht und billig, sondern geradezu zu fordern. Wie ihre Schwesterparteien in Europa und der Welt steht die AfD daher auch für einen Wohlfahrtschauvinismus, der für eine Umverteilung und den Ausbau von Transfers plädiert – nur eben ausschließlich für die Angehörigen »des Volks«. Der kollektivistisch-autoritäre Charakter der AfD erklärt ihr besonderes Verständnis für die Politik von Wladimir Putin, der gesellschaftspolitisch ähnlich agiert, wie es Alexander Gauland vorzuschweben scheint.

Liberale denken hingegen nicht autoritär; wir sind Individualität, Weltoffenheit und Fortschritt verpflichtet. Damit bildet die FDP den größtmöglichen Kontrast zur AfD. Wir haben diese Abgrenzung klar dokumentiert. Wir hatten daher die Empfehlung an unsere Kreisverbände ausgegeben, ehemalige Mitglieder der AfD nicht oder nur nach Einzelfallprüfung in die Freien Demokraten aufzunehmen. Im Oktober 2015 verabschiedete das Präsidium auch einen Unvereinbarkeitsbeschluss mit »Pegida«. Eine Mitgliedschaft in der FDP ist nicht vereinbar damit, die Ziele oder Aufrufe von »Pegida« politisch oder organisatorisch zu unterstützen, da der Satzungszweck unserer Partei die Vertretung liberaler Grundanschauungen ist. Wer die FDP verlassen hat, um Mitglied der AfD zu werden, dem haben wir keine Träne nachgeweint.

Mitunter hat man versucht, uns einzureden, es existiere ein nennenswerter Wähleraustausch zwischen FDP und AfD. Wir ließen einmal untersuchen, wie groß die Überschneidungen in dieser Hinsicht tatsächlich sind. Es zeigte sich, dass Wähler, die als Erstpräferenz AfD angaben, in ihrer Zweitpräferenz mit der FDP so gut wie nichts anfangen konnten. Nur 0,5 Prozent aller Wähler favorisierten als Erstwunsch die AfD und an zweiter Stelle die Freien Demokraten. Ein ähnliches Bild ergab sich demoskopisch später kurz vor der Landtagswahl in NRW im Jahr 2017. Wir hatten nicht nur repräsentativ fragen lassen, wen die Wähler am liebsten, sondern auch, wen sie auf gar keinen Fall wählen würden. 95 Prozent der AfD-Wähler gaben an, wenn es eine Partei gebe, die sie nie und nimmer wählen würden, dann wäre das die FDP. Bei keiner anderen Partei war der Wert höher.

In der FDP gab es gelegentlich Debatten darüber, was es für uns bedeuten könne, dass die CDU sich nach links hin öffnete und ihren Platz im Parteiensystem veränderte. Ich erinnere mich an große Strecken selbst in der liberalen Wochenzeitung *Die Zeit*, in denen bezüglich der AfD spekuliert wurde, aus ihr könne vielleicht so etwas werden wie die Tories in Großbritannien – eine gesellschaftlich konservative und EU-kritische, aber doch bürgerliche Kraft. Die AfD stilisiert sich gern als die CDU »von früher« – als ob die Union jemals eine Partei gewesen wäre, die sich nicht selbst mit Köpfen wie Alfred Dregger klar für Europa und das transatlantische Bündnis ausgesprochen hätte. Aus meiner Sicht war diese Debatte für die Neuaufstellung der FDP dennoch nützlich, denn es wurde deutlich, dass wir einen eigenständigen Weg gehen mussten. Erst recht war es jetzt für die FDP keine Option, sich als Protestpartei rechts von der Union anzusiedeln. Aber selbst wenn eine Marktanalyse ergeben hätte, dass dies ein erfolgversprechender Weg gewesen wäre: Ich hätte alles dafür getan, ein solches Abdriften vom Kern der liberalen Idee zu verhindern.

Ich erinnere mich an eine zufällige Begegnung mit dem früheren AfD-Vize Hans-Olaf Henkel im Berliner China-Club Ende 2014, zu einer Zeit, als die Partei, der er damals noch angehörte, gerade in den Umfragen Oberwasser hatte. Er saß an einem Nebentisch mit zwei Unternehmern. Später an diesem Abend begegneten wir uns kurz. Er meinte nur in herablassendem Tonfall zu mir, dass »das mit der FDP ja wohl nichts mehr« werde. Nachdem sich die AfD gespalten hatte, gab es 2016 Versuche, die drei EU-Abgeordneten – neben Henkel noch Bernd Lucke und Joachim Starbatty, den ich persönlich durchaus schätze – an die liberale Fraktion im Europaparlament »anzudocken«. Ein Unternehmer hatte sowohl zu uns als auch über Henkel in die neu gegründete Partei »Alfa« hinein Kontakte. Er argumentierte, ein Zusammengehen mit Alfa werde der FDP mindestens zwei Prozentpunkte zusätzlich bringen, die wir gut gebrauchen könnten. Seitens der AfD-Abtrünnigen gebe es offenbar eine Bereitschaft dazu, wie Sondierungen gezeigt hätten, sagte der Unternehmer. Ich lehnte auch nur ein Gespräch ab. Ein wie auch immer geartetes Zusammengehen mit ehemaligen AfD-Abgeordneten hätte nicht zur neuen Positionierung der Freien Demokraten gepasst, sondern im Gegenteil Zweifel an ihr geweckt.

Die reaktionären Ansichten, die heute in der AfD öffentlich ihren Ausdruck finden, sind kein neues Phänomen. Wenn früher allerdings jemand beim Skat oder im Tennisclub völkisches Gerede vom Stapel ließ, dann hielten ihm die anderen am Tisch entgegen, was für dummes Zeug er da doch rede. Heute werden solch abstruse Ansichten in den sozialen Medien gespiegelt und bestätigt. Nicht zufällig ist die AfD dort sehr erfolgreich. Sie hat eine Parallelwelt geschaffen, innerhalb derer die eigenen Ansichten verstärkt werden: Wir sind das Volk – und das gesamte Volk denkt so wie wir.

Die AfD ist eine Herausforderung für das politische Immunsystem unserer Republik. In einer Landtagsdebatte in Düsseldorf im Februar 2016 sagte der damalige SPD-Fraktionschef in einer Debatte, die CDU sei »längst vom rechtspopulistischen Virus der AfD erfasst«. Ich hielt das nicht nur für ein »Foul« der Union gegenüber, ich war vielmehr davon überzeugt, dass mit solchen Aussagen die AfD verharmlost werde, und forderte dazu auf, sich bei der CDU zu entschuldigen, weil ein solches Niveau die demokratischen Parteien und deren Miteinander beschädige. In meiner Rede sagte ich: »Wenn es ein ungeschriebenes Kapitel des Grundgesetzes gibt, das eine historische Lehre aus 1945 enthält, dann doch dieses: Eine Partei, die wieder völkisch denkt, die Rassenpolitik macht und die Krisen nicht lösen will, sondern die Krisen herbeisehnt, eine solche Partei darf in Deutschland niemals mehr politische Bedeutung erlangen.«

Die frühere Ministerpräsidentin Hannelore Kraft hatte es abgelehnt, sich mit Vertretern der AfD auseinanderzusetzen – was sie dann ein Jahr später in der Wahlarena des WDR übrigens doch tat. Wenn eine Regierung öffentlich sagt, mit wem sie spricht und mit wem nicht, dann ist das ein demokratisches Problem. An die Adresse der Ministerpräsidentin sagte ich: »Merken Sie nicht, welche Macht Sie der AfD geben, wenn Sie die zu einem solchen Faktor hochjazzen?«

Mit Schuldzuweisungen und Blockaden macht man Rechtspopulisten groß, mit Problemlösungen macht man sie klein. Wenn jede ihrer politischen Äußerungen in den großen Tageszeitungen oder Nachrichtensendungen landet, dann gibt man Rechtspopulisten Macht. Ich empfehle in dieser Hinsicht mehr Souveränität: indem wir nicht Rechtspopulisten bestimmen lassen, was Deutschland diskutiert, sondern indem wir diskutieren, was für unser Land wichtig ist. Mit der AfD muss man über Sachfragen sprechen – nüchtern und fachlich. Dann kann man entlarven, dass sie politische Krisen nicht lösen kann und dies auch gar nicht will. Die AfD setzt schließlich keine Themen, sie setzt allein auf Provokationen. Wir sollten sie kurz und ruhig zurückweisen, aber öfter auch einfach überhören. Im September 2017 wurden in den Sendungen zur Wahl dagegen die Vertreter der Partei permanent zu ihren Tabubrüchen befragt. In der Schlussrunde kurz vor der Wahl sah ich mich daher zu einem »Ordnungsruf« genötigt und habe Alexander Gauland zum Rentenkonzept seiner Partei befragt. Er musste einräumen, keines zu haben.

Ich nehme die Anliegen der Bürger, die aus Protest AfD gewählt haben, ernst. Das ist genau das, was AfD-Unterstützer wollen: ernst genommen werden. Also rechne ich ihnen die Positionen zu, die ihre Partei vertritt. Wer aber ernst genommen werden will, muss sich fragen lassen, ob ihm egal ist, was seine Partei sagt: Für die AfD ist die Rasse eines Menschen ein Thema, wie anhand der Äußerungen Gaulands über den Fußballspieler Jerome Boateng 2016 zu sehen war. Oder an seiner Forderung im Bundestagswahlkampf, eine deutsche Staatsministerin und Staatsbürgerin mit Migrationshintergrund nach Anatolien zu »entsorgen«. Die Unterstützung einer Partei mit solchem Gedankengut lässt sich nicht mit Protest gegen die Politik von Angela Merkel rechtfertigen. »Sorge ums Land«, das ist keine Entschuldigung.

Ein Europa der Freiheit

Die Idee der europäischen Einigung ist in den vergangenen Jahren in die Defensive geraten. Der Brexit, die ungelösten Strukturprobleme des Euro, Fliehkräfte wie in Polen und Ungarn – Europa ist keine Selbstverständlichkeit mehr. Umso mehr gilt für mich unverändert der Satz von Hans-Dietrich Genscher: »Unsere Zukunft ist Europa – wir haben keine andere.« Deutschland mag ein starkes Land auf unserem Kontinent sein, in der Welt aber sind wir klein. Ob Digitalisierung, Welthandel, unsere innere und äußere Sicherheit oder die Migration – keine der großen Herausforderungen werden wir allein bewältigen können. Gäbe es die Europäische Union nicht, müsste man sie heute gründen.

Europa hat uns nach dem Zweiten Weltkrieg die längste Friedensperiode unserer Geschichte gebracht. Die Generation unserer Großväter und Urgroßväter hat Konflikte und Interessengegensätze auf den Schlachtfeldern ausgetragen. Heute finden die Auseinandersetzungen in Sitzungsräumen und auf Gipfelkonferenzen statt. Hinter diesen zivilisatorischen Fortschritt kann niemand zurückfallen wollen, der bei klarem Verstand ist. Im Alltag ist Europa ein Raum der Freiheit, der Menschen über frühere Staatsgrenzen hinweg die Chancen erleichtert und erweitert, ihr Leben zu führen. Wer wünscht sich Zölle, Währungsschwankungen und bürokratische Scherereien zurück, wenn man in der europäischen Nachbarschaft arbeiten, lernen oder leben kann?

In den kommenden Jahren wird neu entschieden werden, welchen Weg die Europäische Union geht und welche Antworten sie auf ihre strukturellen Unzulänglichkeiten gibt. Die wichtigste Konsequenz aus den Krisen der vergangenen

Jahre ist für mich: Europa muss seine Werte wieder selbst achten. Egal, ob man an die Schulden in der Euro-Zone, die Flüchtlingswelle oder das Verhältnis zur Türkei denkt – es wurden zu oft die eigenen Regeln und Standards missachtet. Das muss aufhören. Nur dann wird das Vertrauen der Menschen in Europa wieder wachsen.

Insbesondere die politische Linke drängt darauf, durch gemeinsame Budgets die ökonomische Angleichung der Mitgliedsstaaten zu beschleunigen. Auch in Deutschland hat zum Beispiel die Idee einer gemeinsamen europäischen Arbeitslosenversicherung Anhänger. In rechtlichen Fragen gibt es ebenfalls die Tendenz, immer mehr einheitlich regeln zu wollen. Alles gleichmachen und durch Transferzahlungen unterschiedliche Wirtschaftskraft nivellieren zu wollen, produziert aber systematisch Verlierer. Diejenigen nämlich, die dauerhaft zu Zahlern gemacht werden oder die ihre Lebensweise anpassen sollen. Ich halte ein so vereinheitlichtes Europa für nicht attraktiv und nicht für dauerhaft stabil. Mancher träumt gleich von den »Vereinigten Staaten von Europa«. Darunter sind respektable Liberale. Auch meine Partei hat das Ziel eines europäischen Bundesstaates in ihrem Programm. Meiner persönlichen Überzeugung entspricht diese Vision nicht. Historisch wie politisch passt die Analogie zu den USA nicht. Das Europäische an Europa sind schließlich seine Vielfalt und der Wettbewerb der Ideen. Es besitzt nur eine Chance als ein Raum ohne Grenzen und des gemeinsamen Rechts, aber auch der Rücksichtnahme auf landsmannschaftliche, regionale und lokale Besonderheiten. Unsere Sprachen, unserer Kulturen, unsere Geschichte und unsere Gesellschaftsstrukturen können und dürfen sich unterscheiden – dort liegt das Potenzial, das Europa hat. Die

Spanier würden sich bedanken, würde man ihnen ihre Siesta streichen und als Kompensation dafür das deutsche Ladenschlussgesetz anbieten.

Wir sollten uns also an die Gründungsmotive der europäischen Bewegung erinnern. Ich plädiere daher für ein geeintes Europa, das Handlungsfähigkeit bei den uns gemeinsam gestellten Aufgaben gewinnt, aber zugleich den Mitgliedsstaaten, den Regionen und den Menschen möglichst große Freiräume belässt. Ein geeintes Europa, das nationale und individuelle Verantwortung nicht in ein großes Ganzes auflöst, sondern stärkt. Der Begriff der Nation selbst ist eine europäische Kreation. Ich halte den Nationalstaat für einen notwendigen Rahmen, um Identität zu stiften und Solidarität zu organisieren. Der Einigungsprozess hat in den vergangenen Jahrzehnten ein weltweit einzigartiges Modell der Pool-Bildung staatlicher Souveränität geschaffen: Das föderale Europa hat den Nationalstaat nicht aufgehoben, sondern mit dem Gedanken einer überwölbenden Ordnung versöhnt. Wir sollten an dieser »Föderation der Nationalstaaten«, wie der frühere Kommissionspräsident Jacques Delors formuliert hat, festhalten. Den »Staatenverbund«, so die entsprechende Terminologie des Bundesverfassungsgerichts, konkret zu verbessern, das ist die Aufgabe.

Europa sollte sich um die Fragen bemühen, die zur Verteidigung unserer Identität und zur Behauptung unseres Einflusses in der Welt wichtig sind. Alltagsfragen können anderen überlassen werden – zuallererst Europas Bürgern. Bei der Frage der richtigen Kompetenzzuweisung geht es aus meiner Sicht nicht nur darum, mehr Bürgernähe und Vielfalt zu gewährleisten, sondern auch darum, eine bessere Transparenz zu erreichen. Inzwischen sind die Zuständigkeiten zwischen den unterschiedlichen staatlichen Ebenen so miteinander vermengt wie die Farben des Teigs bei einem Marmorkuchen – jeder ist irgendwie für alles und für nichts zuständig. Ich plädiere stattdessen für eine Kompetenzaufteilung nach dem Prinzip der Schichttorte, damit die Bürgerinnen und Bürger wissen, wer für was Verantwortung trägt.

Ziel sollte ein föderatives Modell sein, in dem das auf der höheren Ebene entschieden wird, was dort entschieden werden muss. Wir belassen in der EU dagegen eine ganze Reihe von Kompetenzen in nationaler Hand, die im nationalen Kontext nicht mehr sinnvoll auszufüllen sind. Mehr Europa wünsche und fordere ich etwa in der Sicherheits- und Verteidigungspolitik, beim Schutz unserer Außengrenzen, der Kriminalitätsbekämpfung, der Wahrung eines fairen Wettbewerbs auch in Zeiten machtvoller Digital-Konzerne, bei den Regeln für den Welthandel, dem Umwelt- und Klimaschutz oder der Energieversorgung. Gemeinsam haben wir Europäer auch das Interesse und die Verantwortung, die Entwicklung unseres Nachbarkontinents Afrika zu fördern.

Auf der anderen Seite haben wir in Europa bestimmte Aufgaben angesiedelt, die eigentlich auf einer übergeordneten Ebene nicht vernünftig gelöst werden können. Wenn man das Prinzip der Subsidiarität ernst nimmt, dann ist die Übertragung von Kompetenzen nach Europa keine Einbahnstraße. Dort, wo sich eine europäische Zuständigkeit als nicht wirksam erwiesen hat oder die Geschäftsgrundlage entfallen ist, muss es möglich sein, sie wieder in nationale Verantwortung zurückzugeben. Wofür brauchen wir etwa einen Gesundheitskommissar, wenn die EU für diesen Bereich gar keine vertragliche Zuständigkeit besitzt? Skeptisch bin ich auch, wenn von Wahlkämpfern beispielsweise ver-

sprochen wird, die hohe Arbeitslosigkeit und die besorgnis-
erregende Perspektivlosigkeit junger Menschen in einigen
Mitgliedsstaaten europäisch bekämpfen zu wollen. Das sind
fraglos drängende Aufgaben – aber zuerst für die jeweils nationale Wirtschafts-, Arbeitsmarkt- und Bildungspolitik. Von
Brüssel aus kann man nicht ausgleichen, was die Berlusconis
an Reformstau hinterlassen haben. Wer solche Versprechun-
gen macht, der programmiert Enttäuschung vor.

Insgesamt ist mehr Raum für verschiedene Geschwindigkeiten innerhalb Europas nötig, deshalb muss es bei der weiteren Integration auch Möglichkeiten für unterschiedliche
Tiefen geben. Mitgliedsstaaten, die an der Weiterentwick-
lung der EU nicht oder nur langsamer teilnehmen wollen,
sollen die anderen nicht bremsen. Wo es keine Einigung auf
ein gemeinsames Vorgehen gibt, kann ein Europa der verschiedenen Geschwindigkeiten meiner Ansicht nach nicht
nur politischen Fortschritt bringen, sondern auch zeitliche
Flexibilität oder besondere Rücksichtnahme bedeuten.

Durch die Entscheidung der Franzosen für Emmanuel
Macron als Präsidenten und gegen die Rechtspopulisten war
das Risiko einer Abwicklung der EU vom Tisch. Vielen der
Vorschläge, die er in seinen europapolitischen Reden vortrug, konnten wir sofort zustimmen. Sie decken sich oft mit
Ideen, die wir schon früher geäußert hatten. Im Wahlkampf
2017 nahm ich etwa seine Initiative offensiv auf, die Mittel-
meerroute der Schlepperkriminalität zu schließen, um stattdessen unter dem Dach der Vereinten Nationen in Afrika
Aufnahmeeinrichtungen für Flüchtlinge zu schaffen. Seine
Vorstellungen für eine gemeinsame Sicherheitsarchitektur
in Europa sollten mit Dringlichkeit gemeinsam umgesetzt
werden. Die Wahl von Herrn Macron schafft ein Momen-

tum für einen Neustart des europäischen Einigungsprojekts, das Deutschland nutzen sollte.

Dennoch wird es mit dem französischen Präsidenten nicht bequem werden. Für die Währungsunion hatte er bereits früh Positionen benannt, die ich vor und nach der Bundestagswahl als »rote Linien« der Freien Demokraten beschrieben hatte. Macron sprach unter anderem von einem Budget für die Euro-Zone, worunter man wohl einen dauerhaften Mechanismus von Transferzahlungen zu verstehen hat. Diese Vorschläge sind alt und sie werden durch ihre Wiederholung durch eine neue Stimme nicht überzeugender. Von einem Modell gegenseitiger Budgethilfe und der Vergemeinschaftung von Schulden gingen kaum Anreize aus, durch Reformanstrengungen die eigene Wettbewerbsfähigkeit zu verbessern. Vor einem dauerhaften Finanzausgleich auf europäischer Ebene, der auch die fiskalische Eigenverantwortung weiter relativieren würde, muss man als Liberaler warnen. Er würde Verlierer produzieren, die sich über kurz oder lang gegen ihre dauerhafte Zahlerrolle wehren. Nicht die fiskalische Stabilität der Eurozone und die Wettbewerbsfähigkeit der Staaten würden so vergrößert, sondern nur die politischen Fliehkräfte. Für uns sind die Achtung von Regeln, mehr Haftung und die Rückkehr zur finanzpolitischen Eigenverantwortung Teil des einzuleitenden Strategiewechsels. Unsere marktwirtschaftliche Positionierung wurde vor der Bundestagswahl von der Wall Street als Gefahr für die Finanzmärkte kritisiert. Deutlicher konnte nicht unterstrichen werden, dass die Freien Demokraten nicht Anwälte des Kapitals sind, sondern der Marktwirtschaft.

Macron hingegen wurde in französischen Medien das Zitat zugeschrieben, wenn die Freien Demokraten in Deutschland Einfluss auf die Regierungslinie erhalten sollten, wäre er tot. Das stimmt nicht. Denn wir haben ein Interesse am Erfolg Frankreichs und unserer anderen Partner. Deutschland wird nicht stärker, wenn die anderen schwächer werden – im Gegenteil. Falls also trotz der Geldschwemme der Europäischen Zentralbank tatsächlich Mittel für Innovationen fehlen sollten, wird Deutschland sich einer Debatte nicht verweigern. Dann wäre an eine Schwerpunktverschiebung im EU-Haushalt, einen zweckgebundenen und politisch unabhängig geführten Investitionsfonds oder an Programme der Förderbanken zu denken. Im Gegenzug müssen aber die Regeln der Währungsunion wieder geachtet, ein Verfahren für die geordnete Staatsinsolvenz im Krisenfall fixiert und eine Möglichkeit des zeitweiligen Ausscheidens aus dem Euro-Raum geschaffen werden. Eine Institution, die über die Einhaltung des Rechts und seiner fiskalischen Ziele wacht, wäre dabei zu begrüßen. Man mag diese Funktion dann Finanzminister nennen, wie der französische Präsident es getan hat. Jedenfalls wäre es für Deutschland von Vorteil, wenn der Bundesfinanzminister nicht auf Dauer die Rolle des besserwisserischen Finanzkontrolleurs spielen muss. Emmanuel Macron hat in seinem Präsidentschaftswahlkampf davon gesprochen, man müsse bei politischen Forderungen stets »Süßes« und »Saures« verbinden. Nehmen wir ihn also bei den Reformen in der Euro-Gruppe beim Wort.

/7/ **Der Erfolg kehrt zurück**

Zwei Siege im Südwesten

Institut für Demoskopie Allensbach, Sonntagsfrage, 20. 4. 2016:
CDU/CSU 33,5 %, SPD 23 %, Linke 9 %, Grüne 11 %, FDP 8 %,
AfD 10,5 %, Sonstige 5 %

Am 6. Januar 2016 jährte sich das Dreikönigstreffen zum
150. Mal. Zu Beginn zeigte die FDP Baden-Württemberg
einen dreiminütigen Imagefilm: einen Jogger, der aus der
Ferne zu sehen war und einen bewaldeten Berg schwitzend
hinaufhechelte, bis er eine Anhöhe erreichte. Dann die Ein-
blendung: »4,8 Prozent«. Aus dem Off war zu hören: »Das
war knapp – aber wir haben schon ganz andere Krisen geschafft.« Es folgten Bilder aus der Geschichte des deutschen
Liberalismus, der Kaiser, Krieg und Koalitionspartner über-
stand. Am Ende zog der Jogger seine Laufkleidung aus und
schlüpfte in einen dunklen Businessanzug. Einige dachten
im ersten Moment, hier wäre ich zu sehen. Ich war es natürlich nicht.

Ein Journalist spekulierte nach dem Dreikönigstreffen,
ich würde neue Anzüge tragen – sie seien nicht mehr so yup-
piehaft eng geschnitten wie früher. Daraus las er das Bemühen um mehr Bürgernähe. In Wirklichkeit hatte sich nicht
der Schnitt meiner Anzüge verändert, sondern ich mich in

ihnen. Tatsächlich hatte ich ja im Sommer 2015 begonnen, wieder mehr Sport zu treiben.

Nach den beiden gewonnenen Wahlen in den Stadtstaaten Hamburg und Bremen standen am 13. März Landtagswahlen in den Flächenländern Baden-Württemberg, Rheinland-Pfalz und Sachsen-Anhalt an. Diese galten schon früh unter Beobachtern als der wirkliche Test für ein Comeback im Bund. Insbesondere im Südwesten, dem so genannten »Stammland« der Liberalen, wurde ein Pflichtsieg von uns erwartet. Wenn wir es dort nicht schaffen würden, wäre eine Rückkehr in den Bundestag wohl ausgeschlossen, wurde vermutet. Auch wir hatten in unserer Strategie darauf gesetzt, im Frühjahr 2016 den Trendwechsel zu dokumentieren. Deshalb nahmen uns die Medien verstärkt in den Blick. Es kamen sogar mehr Journalisten nach Stuttgart als im Jahr zuvor. Das öffentliche Interesse verebbte nicht, obwohl wir dieses Mal keine neue Farbe zu präsentieren hatten. Der Hashtag »#3k16« schaffte es zwischenzeitlich sogar unter die Top 5 der deutschen Twitter-Trends – vor nicht allzu langer Zeit wäre das undenkbar gewesen.

Die Lage hatte sich durch die Flüchtlingskrise allerdings deutlich gewandelt. Die Verunsicherung der Menschen war allenthalben zu spüren. Auch Demoskopen berichteten von einem Stimmungswechsel durch die steigenden Flüchtlingszahlen, durch Terrorgefahr und wirtschaftliche Risiken. Kein Wunder, nachdem das Jahr zuvor von Krisen und Krisenrhetorik geprägt gewesen war. In den Medien tauchte das Wort von der »German Angst« auf. Insbesondere die Ereignisse der Kölner Silvesternacht kurz zuvor hatten zu einer, wie ich es damals wahrnahm, Traumatisierung geführt. Zahllose Übergriffe auf Frauen, denen die Polizei offenbar machtlos zuschauen musste, empörten die Menschen weit über Nordrhein-Westfalen hinaus. Die katastrophale, schleppende Kommunikationspolitik der damaligen rot-grünen Landesregierung trug zur Verunsicherung bei, weil sie den Eindruck verfestigte, der Rechtsstaat habe die Lage nicht unter Kontrolle und verschleiere diesen Umstand auch noch.

In meiner Rede nahm ich als Kontrapunkt unser Motiv vom »German Mut« wieder auf. Die schlechte Nachricht sei, dass der Massenzustrom zu einem staatlichen Organisationsversagen geführt und die Schwächen unseres Systems gezeigt habe. Die gute Nachricht aber sei, dass »statt wortwörtlich grenzenloser Aufnahmebereitschaft oder Abschottungsversuchen eine humanitär verantwortliche, europäisch eingebettete und endlich rationale Einwanderungspolitik« erreicht werden könne. Hier führte ich die Eckpunkte unseres Konzeptes aus, wie wir es im Herbst 2015 in seinen Grundzügen bereits entwickelt hatten. Inklusive einer wirksamen Kontrolle der Außengrenzen des europäischen Staatenverbundes durch eine Grenzpolizei. Es gäbe gemeinsame Aufgaben – der neue Nationalismus mit alten Schlagbäumen sei dagegen eine Gefahr für Freiheit und Wohlstand. Ich sagte auch: »Wenn Fluchtgründe wegfallen, dann entfällt auch der Grund, aus dem heraus wir Aufenthalt gewähren. Dann muss die Ausreise in die alte Heimat die Regel sein.« Im Bundestagswahlkampf eineinhalb Jahre später sollte exakt diese Formulierung noch einmal Aufmerksamkeit erregen. Aus der Sache heraus ergab sich, dass wir in der Mitte positioniert waren – zwischen dem großen Konsens von CDU, SPD, Grünen und Linkspartei einerseits und andererseits in Abgrenzung zu CSU und vor allem AfD. Hans-Ulrich »Uli« Rülke, unser Spitzenkandidat in Baden-Württemberg, brachte es im Wahlkampf später auf die Formel, die Liberalen seien eine »Alternative für Demokraten«. Eine Verdichtung, die ich übernahm.

In Reaktion auf die Silvesternacht forderte ich einen Rechtsstaat, auf den sich die Bürgerinnen und Bürger in jedem Winkel unseres Landes verlassen können – statt symbolischer Debatten über Integrationsgesetze, die seitens der Union ins Gespräch gebracht wurden. Ich sagte, in Köln und im nordrhein-westfälischen Innenministerium brauche die Sicherheit einen Neuanfang, auch einen personellen. Dass die Kölner Ereignisse eineinhalb Jahre später ein gewichtiger Grund für die Abwahl von Rot-Grün in Düsseldorf sein sollten, war damals nicht zu ahnen. Aufgrund der aufgeheizten Lage verließ ich mein überlegtes Redekonzept so weit, dass unten im Publikum irgendwann in der ersten Reihe des Theatersaals einige Honoratioren der Partei nervös auf ihre Armbanduhren zu tippen begannen.

Im Vorfeld der Wahlen meinten die Auguren, in den drei Kampagnen müsse es wohl biederer zugehen als mit unseren Kandidatinnen im Norden. Die Ausgangslage war unterschiedlich. In Baden-Württemberg kamen wir in den Umfragen immerhin auf fünf Prozent, aber nicht viel weiter darüber hinaus. Der Joker war der Spitzenkandidat: Uli Rülke war berüchtigt als scharfzüngiger Oppositionspolitiker, der im Parlament seinesgleichen sucht. Er hatte klare Kante gegen den populären Ministerpräsidenten Winfried Kretschmann gezeigt. In der Öffentlichkeit wurde seine Kantigkeit gelegentlich aber gegen ihn verwendet oder gar als Nörglertum ausgelegt. Meine Überzeugung ist dagegen, dass es die verfassungsmäßige Aufgabe der Opposition in der Demokratie ist, die Schwächen der Regierung chirurgisch exakt und rhetorisch sichtbar herauszuarbeiten. Unsere Kreativen nutzten Uli Rülkes Eigenschaften offensiv, statt sie weichzuzeichnen. Auf den Plakaten wurde er gezeigt, wie er ist: in Bewegung. Vier unterschiedliche Bilder aus Redesituationen wurden dafür übereinandergelegt. Der Text dazu war: »Du kannst Rülke nicht ändern. Aber Rülke etwas im Land. Freiheit ist immer unbequem.« Die programmatischen Schwerpunkte lagen auf Bildung, der wirtschaftlichen Perspektive des Landes in der Digitalisierung und der allseits als schlecht empfundenen Verkehrsinfrastruktur. Wie zutreffend unsere Kritik war, davon konnte ich mich bei meinen Wahlkampftouren im Auto durch Baden-Württemberg selbst überzeugen. Hilfreich war, dass der Landesvorsitzende Michael Theurer ein ergänzendes, aber ganz anderes Profil hatte. Er ist ein »Graswurzel-Liberaler«, der vom Oberbürgermeister über den Landtag bis zum Europäischen Parlament alle politischen Ebenen kennt. Theurer spricht und denkt nicht abgrenzend, sondern einbindend. Er sieht sich einerseits als Anwalt des klassischen Mittelstands, aber andererseits plädiert er für ein »blaues Wachstum«, das wirtschaftliche Dynamik unter Schonung der natürlichen Ressourcen erreicht. Ein anregender Gedanke, der weit entfernt ist von der grünen Verzichtspolitik.

Eine klare Regierungsperspektive bot sich uns im Südwesten aufgrund der Stärke der Grünen und der relativen Schwäche der CDU nicht. Viele Spekulationen für die Zeit nach der Wahl kreisten daher um eine Ampel-Koalition unter Führung des amtierenden Ministerpräsidenten. Der Landesverband wollte ohne Koalitionsaussage in die Wahl gehen. Das war richtig, weil es eine Frage der Selbstachtung ist.

Viele frühere CDU-Unterstützer, darunter namhafte Persönlichkeiten, hatten sich öffentlich zu den Freien Demokraten bekannt. Es wäre ein Risiko gewesen, hätten sie vor der Wahl ihr Urteil revidiert. Unser Gefühl war, dass unzufriedene Unionswähler aus Protest gleich zur AfD wechseln würden, wenn sie unsere Positionierung der Mitte als unglaubwürdig empfinden müssten, weil sie uns auf dem Sprung ins grün-rote Kabinett wähnten. Das Vertrauenskapital der Freien Demokraten war unverändert gering. Um den Wählerinnen und Wählern und uns Klarheit zu verschaffen, ging Uli Rülke einen außergewöhnlichen Weg: Er und Michael Theurer schickten in der Endphase des Wahlkampfs Prüfsteine für eine Koalitionsbildung an die potenziellen Partner, um inhaltliche Gemeinsamkeiten zu erkunden. Die Grünen reagierten besonders barsch und schickten nur ihr eigenes Wahlprogramm. Damit war alles gesagt.

In Rheinland-Pfalz lagen die Dinge anders. Der Spitzenkandidat und Vorsitzende Volker Wissing war in der politischen Szene als exzellenter Finanzpolitiker der ehemaligen Bundestagsfraktion über die Parteigrenzen hinweg hoch geschätzt, aber er musste den Wahlkampf als noch relativ unbekannter Ehrenamtler neben seinem Beruf als Rechtsanwalt führen. Im Programm hatten sich die Freien Demokraten ebenfalls für Bildung und Infrastrukturfragen als Schwerpunkte entschieden, neben der Stärkung des Wirtschaftsstandorts. Volker Wissing plädierte besonders engagiert für die frühe Förderung von Kindern, was für unsere Partei damals noch ungewöhnlich war.

Die parlamentarische Plattform in Mainz fehlte der FDP

bereits seit 2011, so dass es besonders schwer war, öffentlich durchzudringen. In der CDU-Landesvorsitzenden Julia Klöckner hatte die amtierende Ministerpräsidentin Malu Dreyer zudem eine populäre Gegenkandidatin, die eine Chance auf einen Regierungswechsel zu haben schien. Wie sollten wir hier erkennbar werden? Die Kampagne inszenierte unseren Spitzenkandidaten ganz anders als üblich: im Stile eines Pop-Art-Gemäldes mit dem Slogan »Angstgegner«. Die Doppeldeutigkeit, dass damit nicht nur das Verhältnis zu politischen Wettbewerbern beschrieben wurde, sondern auch Wissings optimistischer Blick in die Zukunft, fiel nicht allen sofort auf. Das war beabsichtigt. In Anspielung auf seine wirtschafts- und finanzpolitische Kompetenz und mit einem Augenzwinkern in Richtung der ansonsten weiblichen Spitzen der anderen Parteien hieß es später weiter: »Der macht den Haushalt.« Wir forderten: »Schauen wir nach vorn« – und meinten damit das Land, aber auch uns selbst.

In Sachsen-Anhalt kämpfte Frank Sitta um den Wiedereinzug in den Landtag. Im Osten Deutschlands war unsere Ausgangslage besonders schwierig. Das war traditionell so und wir hatten es ja im Jahr 2014 bei den drei Landtagswahlen erneut erfahren. Im Magdeburger Parlament waren die Freien Demokraten nicht vertreten. Sitta war kurz zuvor als Quereinsteiger zum Landesvorsitzenden gewählt worden. Er hatte die Partei rasch konsolidiert und kampagnenfähig gemacht. Ein Parlamentsmandat hatte Frank Sitta noch nie inne, er war Existenzgründer. Mit dieser Haltung ging er in den Wahlkampf. Er spielte nicht mit einer Positionierung rechts der CDU, Protestreflexen oder Larmoyanz, sondern forderte einen »Vorwärtsruck« für Sachsen-Anhalt. Nicht die Möglichkeiten des Landes seien erschöpft, sondern seine Regierung. Er verkörperte das Gründerthema, sprach offensiv über digitale Infrastruktur und Start-ups. Unterstützt wurde Sitta von erfahrenen Parteifreunden wie dem ehemaligen Finanzminister von Sachsen-Anhalt, Karl-Heinz Paqué, die ihre Netzwerke und Erfahrungen einbrachten. In seinen Veranstaltungen entstand ein Gefühl des Machenwollens, das wir in Wahlkämpfen der ostdeutschen FDP so lange nicht gespürt hatten. Das konnte etwas werden, dachte ich.

Ich selbst brachte mich so stark in die Wahlkämpfe ein, wie es physisch möglich war. Ich hatte in den drei Ländern mehr als 300 Termine. Die *Bild*-Zeitung berichtete, ich sei in Baden-Württemberg doppelt so oft aufgetreten wie Grünen-Chef Cem Özdemir – obwohl Baden-Württemberg sein Heimatbundesland ist. Die *Frankfurter Allgemeine Sonntagszeitung* schrieb, ich sei nach dem großen Dreikönigstreffen in Stuttgart noch auf einem zweiten Dreikönigstreffen aufgetreten – und hätte es »drei Zweikönigstreffen« gegeben, wäre ich dort gewesen, spöttelte der Autor Peter Carstens. Das stimmte aber. Ich saß nach wie vor bei Frühstücksterminen in Hotels im Schwarzwald mit 15 Leuten, mittags zu einem Maultaschenessen kamen auch schon einmal 200 Interessierte. Die drei verbundenen Wahlkämpfe im Frühjahr 2016 waren die kritischste Zeit der außerparlamentarischen Opposition. Hier wurde schließlich die Vorentscheidung erkämpft.

Die wirtschaftspolitische Kompetenz gehörte in der Vergangenheit stets zu unserem Markenkern. Sie hatte aber gelitten und war in der außerparlamentarischen Zeit noch schwächer geworden – um es zurückhaltend zu beschreiben.

Im Laufe des Jahres 2015 hatten wir deshalb damit begonnen, Spitzenpersönlichkeiten der deutschen Wirtschaft sowie der Wirtschaftswissenschaft zu kontaktieren und in einen Gesprächskreis einzubinden. Etwas Vergleichbares gab es in der mir bekannten Vergangenheit in der FDP nicht, obwohl uns immer mit kritischem Unterton Wirtschaftsnähe unterstellt wurde. Meine Idee war, Ratgeber in der Sache und Sparringspartner für unseren Erneuerungsprozess zu gewinnen. Wir wollten unsere Substanz durch den Austausch mit Praktikern und Ökonomen wieder aufbauen. Natürlich ist sich eine solche Gruppe nie in allem einig. Sie soll es auch nicht sein, denn wir wollen vielfältige Ideen und Widersprüche sammeln. Dieses später so genannte »Wirtschaftsforum« blieb zunächst vertraulich, weil wir nicht den Eindruck erwecken wollten, hier würde nur eine plumpe PR-Initiative vorbereitet.

Ohnehin hätte man dafür niemanden von Format gewonnen. Mir war aber eine gewisse Verbindlichkeit wichtig. Interessenten, die eine Mitwirkung sondierten, aber zugleich in Beraterkreisen anderer Parteien mitarbeiten wollten, baten wir um eine eindeutige Entscheidung. Der BASF-Aufsichtsratschef Jürgen Hambrecht, der ehemalige Bundeswirtschaftsminister Wolfgang Clement, die ehemaligen Chefs der Monopolkommission Justus Haucap und Daniel Zimmer, Familienunternehmer wie Randolf Rodenstock, Ludwig Georg Braun und Jochen Kienbaum, die Start-up-Unternehmerin Verena Pausder, der ehemalige EZB-Chefvolkswirt Jürgen Stark, Managerinnen wie Donata Hopfen und Margarete Haase und neunzig andere Persönlichkeiten gehören dem Netzwerk inzwischen an. Ende Januar 2016 gingen wir erstmals an die Öffentlichkeit. Natürlich mit der Absicht, der wichtigen Wahlkampfphase einen Impuls zu geben. Diese Köpfe haben uns dafür ihre Reputation geliehen, als wir selbst noch keine eigene aufgebaut hatten.

In der gleichen Zeit wechselten die ehemaligen Bundesvorsitzenden der »Piraten«, Bernd Schlömer und Sebastian Nerz, die dem bürgerrechtsliberalen Flügel ihrer Partei angehört hatten, zu den Freien Demokraten. Zuvor hatte es einen längeren Gedankenaustausch gegeben. Für mich war ihr Eintritt ein Beleg, dass wir mit unserem Profil eine Balance zwischen den unterschiedlichen Akzentsetzungen gefunden hatten. Weitere Mitglieder der Piraten folgten. Bernd Schlömer wurde später in das Abgeordnetenhaus von Berlin gewählt.

Die landespolitischen Themen wurden im Wahlkampf von der Flüchtlingspolitik überlagert. Julia Klöckner und der Spitzenkandidat der CDU im Südwesten, Guido Wolf, versuchten, sich in der Flüchtlingsfrage von Angela Merkel abzusetzen. Klöckner legte einen »Plan A2« vor, den die einen als Alternative zum Kurs der Kanzlerin begriffen, die anderen als dessen Bekräftigung. Während innerhalb der CDU debattiert wurde, stellten sich in den Ländern die Amtsinhaber von SPD und Grünen offensiv an die Seite der Bundeskanzlerin. Er bete jeden Tag für Angela Merkel, sagte Winfried Kretschmann. Klöckner und auch Wolf in Baden-Württemberg gerieten taktisch zwischen die Fronten. Vollends auf Konfrontationskurs zur CDU-geführten Bundesregierung wollten sie nicht gehen. So blieb es bei einem verdruckst wirkenden Manöver.

Die Position der FDP hingegen war und blieb stringent. Das verschaffte uns in der Öffentlichkeit Aufmerksamkeit und führte dazu, dass die Bürger sich mit unseren politischen Forderungen insgesamt beschäftigten. Unsere Kernanliegen Bildung, Wirtschaft und Infrastruktur waren für diejenigen, die uns ihre Stimme gaben, der entscheidende Wahlgrund, wie Meinungsforscher später analysierten. Wir sind keine Protestpartei, sondern eine Partei der vernünftigen Mitte – und so nahmen uns die Wähler wieder wahr.

In Baden-Württemberg erreichten wir 8,3 Prozent, in Rheinland-Pfalz 6,2 Prozent und in Sachsen-Anhalt 4,9 Prozent. Das war mehr, als viele uns zugetraut hatten. Das knappe Scheitern von Frank Sitta im Osten, der großen Einsatz gezeigt hatte, war bedauerlicher, umso mehr, als das Erststimmenergebnis der FDP in Sachsen-Anhalt über fünf Prozent lag.

Zu den bundespolitischen Auswirkungen der Landtagswahlen schrieb die *FAZ* am nächsten Tag: »Christian Lindner ist mit dem Wiedereinzug in zwei wichtige westdeutsche Landtage bei seiner Mission ›Wiedergeburt des politischen Liberalismus‹ deutlich vorangekommen.« Auch andere Schlagzeilen gingen in diese Richtung: »Lindners Aufbauarbeit trägt Früchte«, hieß es in der *Welt,* und die *Berliner Zeitung* meinte: »Christian Lindner hat die Not der außerparlamentarischen Opposition genutzt und seiner Partei verordnet, wovon SPD-Chef Sigmar Gabriel und CDU-Chefin Angela Merkel nur träumen können: einen Wahlkampf aus einem Guss.« Vor allem aber wurde bemerkt, dass wir all dies geschafft hatten, ohne unsere Identität für einen kurzfristigen taktischen Vorteil aufs Spiel zu setzen.

Umgehend begannen Koalitionsdiskussionen. In Baden-Württemberg hatte der FDP-Landesverband wegen der inhaltlichen Differenzen eine grün geführte Ampel ausgeschlossen, weshalb dort eine »Deutschland-Koalition«, bestehend aus CDU, SPD und Freien Demokraten, diskutiert wurde, bis die SPD diese letztlich ausschloss. In Mainz bestand dagegen aus Sicht der dortigen Parteifreunde die Option einer Ampelkoalition.

Peter Tauber, Generalsekretär der CDU, sagte noch am Wahlabend im Fernsehen, mit unserem Einzug in die Parlamente werde das »klassische Profil der FDP« wieder erkennbar: nämlich das Bestreben der Liberalen, sich mit allen möglichen Partnern »ins Bett zu legen« – Hauptsache, man könne wieder regieren. Ich lachte darüber, schließlich koaliert doch die CDU mit allen in Parlamenten vertretenen Parteien, außer mit der AfD und der Linkspartei. SPD und Grüne scheuen die Zusammenarbeit mit der Linkspartei nicht. Nur von uns wird gerne eine Art Lagertreue eingefordert. Diese Logik hat sich mir nie erschlossen: Die CDU darf mit allen regieren, die SPD und die Grünen auch. Nur bei den Liberalen wird Eigenständigkeit als Prinzipienlosigkeit ausgelegt. Diese Vorhaltungen sind nichts als Machtpolitik unserer Wettbewerber, mit denen die FDP klein, zur Fundamentalopposition oder maximal zum Mehrheitsbeschaffer der CDU gemacht werden soll.

In Rheinland-Pfalz entschied die FDP unter Volker Wissing, Gespräche mit SPD und Grünen aufzunehmen. Dort bestand eine sozialliberale Tradition und es gab aus der gemeinsamen Regierung mit der SPD bis 2006 noch kollegiale Verbindungen. Außerdem hatte die FDP – was es in keinem anderen Bundesland gab – besser als die Grünen abgeschnitten, was die Wahrscheinlichkeit vergrößerte, unsere Inhalte verankern zu können. Nach Abschluss der Koalitionsverhandlungen gab es die verbindliche Aussicht auf mehr Straßen und Brücken, mehr Polizei, verstärkte Bildungsanstrengungen, weniger Bürokratie, mehr Vernunft in der Energiepolitik und eine Absage an Steuererhöhungen. Das war nicht die Verlängerung von Rot-Grün mit liberaler Unterstützung, sondern ein Politikwechsel. Ich sah das Ergebnis als Neuauflage der früheren sozialliberalen Koalition. Was wäre gewesen, wenn die Freien Demokraten diese Chancen auf Modernisierung des Landes ausgeschlagen hätten? Das andere Szenario wäre eine Große Koalition unter Führung der SPD gewesen, der die AfD als Oppositionsführerin gegenübergestanden hätte. So gab es eine Koalition mit Ambition und mit der Union eine staatstragende Gegenkraft im Parlament. Jenseits von Einzelinteressen ist diese Konstellation die beste im übergeordneten Interesse des Landes. Gegenüber anfänglichen Skeptikern innerhalb unserer Partei konnte ich Volkers Führungsentscheidung daher in jeder Hinsicht unterstützen. Er wurde stellvertretender Ministerpräsident und Wirtschaftsminister. Mit ihm und Justizminister Herbert Mertin stellte die FDP erstmals wieder zwei Regierungsmitglieder. Gemessen an Regierungsbeteiligungen anderer Parteien war das wenig Einfluss, gemessen an unserer vorherigen Bedeutungslosigkeit war es die Trendwende.

Eine Lehre aus der Wahlniederlage von 2013 war, nur in eine Regierung einzutreten, wenn die eigene Handschrift deutlich gemacht werden kann; dies war für uns in Rheinland-Pfalz gewährleistet, in Baden-Württemberg nicht. Die beiden gegensätzlichen Entscheidungen in Baden-Württemberg und in Rheinland-Pfalz wurden von manchen kritisiert. Ein Mann schrieb mir beispielsweise, wenn wir nicht mit der CDU regierten, beziehungsweise mit SPD und

Grünen auch nur sprächen, würde er nie, nie, nie wieder FDP wählen. Ich googelte den Herren – und es stellte sich heraus, dass er ein Kommunalpolitiker der CDU war.

Beta-Republik Deutschland

Forschungsgruppe Wahlen, Sonntagsfrage, ZDF, 3. 6. 2016: CDU/CSU 33 %, SPD 21 %, Linke 9 %, Grüne 13 %, FDP 6 %, Sonstige 5 %

Freude und Trauer lagen in dieser Zeit nah beieinander. Wenige Tage nach dem Sonntag der drei Landtagswahlen verlor Guido Westerwelle seinen Kampf gegen die Leukämie. Ich war gerade in Düsseldorf gelandet, als mich ein Journalist anrief und fragte, ob ich Guido Westerwelles Tod bestätigen könne. Die Frage traf mich unvorbereitet und wie ein Blitzschlag. Wenige Minuten später hatte ich traurige Gewissheit.

»Guido Westerwelle hat eine ganze Generation inspiriert – oder provoziert«, sagte ich später im April anlässlich der Gedenkfeier im Auswärtigen Amt, zu der der damalige Bundesaußenminister Frank-Walter Steinmeier eingeladen hatte. Guido glaubte an die Macht von Rede und Gegenrede, weil nur der Wettbewerb der Ideen den Menschen wirkliche Wahlentscheidungen eröffnet: »Er konnte laut sein. Und er konnte sprechen. Manche haben ihn deswegen einen Lautsprecher genannt … Einige Beobachter begingen den Fehler, den politischen Redner mit der Persönlichkeit zu verwechseln. Sie unterstellten, dass, wer in der Rede so brillant Schwarz und Weiß zu trennen verstand, dann wohl auch nur in Schwarz und Weiß denken könne.« Guido scheute die Stilmittel der Polarisierung nicht, um seiner und der Sache der FDP Aufmerksamkeit zu verschaffen. Dabei wusste er selbst am besten, dass sie ihm persönlich manches Mal geschadet hatten. Viele glaubten ihn zu kennen. In seinen hohen Parteiämtern prägte er das Bild der FDP, aber die Parteiämter prägten auch das Bild, das andere sich von ihm machten. Erst mit seinem mutigen Kampf gegen die heimtückische Krankheit trat er für viele aus der Rolle heraus, die seine Wahrnehmung bestimmt hatte. Der nachdenkliche, empathische und vielleicht sogar empfindsame Guido Westerwelle schenkte Millionen Menschen Zuversicht.

In den Osterferien, die meine Frau und ich mit Freunden stets auf Mallorca in einer gemeinsam gemieteten Finca verbringen, arbeitete ich an der Trauerrede. Einem Leben mit Worten gerecht zu werden, empfinde ich als die schwierigste und persönlich bewegendste Aufgabe. Die Arbeit zwang mich zum Nachdenken über mein Verhältnis zu Westerwelle und über mich selbst.

Am Abreisetag rief mich am späten Vormittag überraschend der ehemalige Außenminister Klaus Kinkel an. Er informierte im Namen der Familie, der er eng verbunden ist, das Bundeskanzleramt, das Auswärtige Amt und mich als Parteivorsitzenden der FDP, dass Hans-Dietrich Genscher verstorben sei. Obwohl er im hohen Alter war, kam sein Tod für mich unerwartet. Und er traf mich tief.

Erst einige Monate zuvor hatten wir Genschers politische Lebensleistung anlässlich des 25. Jahrestags der Unterzeichnung des Zwei-plus-Vier-Vertrages gewürdigt. Bei der Feierstunde in der FDP-Parteizentrale, zu der er mit seiner Frau Barbara angereist war, bemerkte Genscher in seiner verschmitzten Art, ein paar gute Worte zu Lebzeiten seien besser als der schönste Nachruf.

Ich erinnerte bei dieser Veranstaltung daran, dass während seiner Amtszeit die deutsche Außenpolitik gelegentlich als »Genscherismus« geschmäht worden sei – wegen einer angeblich zu geringen Durchsetzung deutscher Interessen und einer zu großen Nachsicht gegenüber dem Osten. Die Geschichte widerlegte bekanntlich seine Kritiker. Die deutsche Einheit war nur in und durch ein geeintes Europa und die Entgiftung der Blockkonfrontation erreichbar. Der Boden von Genschers Außenpolitik war Vertrauen, das in einem System aus Bündnissen im Westen, der damaligen Europäischen Gemeinschaft und Verträgen im Osten verankert war. Ihre Prinzipien haben nichts an Gültigkeit verloren: die Orientierung an liberalen Werten und individuellen Menschenrechten, der Interessenausgleich durch internationale Organisationen und das Völkerrecht, die Nüchternheit und das Bemühen um ein realistisches Verständnis für die Lage des Gegenübers ohne Interesse an Gesichtsverlusten.

Hans-Dietrich Genscher war nicht nur ein großer Staatsmann, er war für unsere Partei eine Ikone. Ich durfte ihn erstmals aus der Nähe kennenlernen, als wir im Herbst 2012 einige Wochenenden miteinander verbrachten, um für unser gemeinsames Buch *Brückenschläge* Gespräche zu führen. Wir sprachen über die Verantwortung der Wirtschaft, das Einwanderungsrecht als Baustelle, die Reform des Bildungsföderalismus, die Gestaltung der Digitalisierung und über Umweltpolitik. Genscher legte viel Wert darauf, dass die Freien Demokraten 1969 »früh dran« gewesen seien, das Thema später aber leider anderen überlassen hätten. Die Grünen habe ich gerne mit dem Satz provoziert, dass Hans-

Dietrich Genscher schon Umweltminister war, als Joschka Fischer noch Steine auf Polizisten geworfen habe.

Auch das Verhältnis von Freiheit und Sicherheit war Genscher ein Anliegen. Als Innenminister zur Zeit des RAF-Terrors stärkte er die Polizei, versuchte aber, Bürgerrechte nicht unverhältnismäßig einzuschränken. Immer wieder mahnte er, die Freien Demokraten dürften den Öffentlichen Dienst und insbesondere die Sicherheitsberufe nicht vernachlässigen. Wir haben uns an seinen Rat gehalten. Ich sah es als einen besonderen Erfolg, dass Anfang 2017 der Vorsitzende einer Polizeigewerkschaft, Ernst G. Walter, Mitglied unserer Partei wurde.

In unseren Gesprächen hat Genscher aus der Perspektive der Anfänge der damaligen sozialliberalen Koalition argumentiert, so dass feine Unterschiede zwischen den Generationen und Positionen sichtbar wurden. Wir sprachen über die Abwägung zwischen Freiheit und Gleichheit sowie über jene zwischen Dynamik und Ausgleich. Im Zweifel plädierte er auf diesen Achsen mehr für Gleichheit und Ausgleich, als ich es tat. Unsere Gespräche waren aber keinesfalls vom Geist der Vergangenheit getragen, sondern von Genschers Geistesgegenwart, im wortwörtlichen Sinne.

Öfter trafen wir uns mit unseren Frauen, teils auch den Ehepaaren Kinkel und Baum, zum Essen. Selten habe ich jemanden erlebt, der mit solcher Wonne und Hingabe Süßes aß wie Hans-Dietrich Genscher. Er konnte immer Eis essen – als Vorspeise, Hauptspeise und Nachspeise. Manchmal gab es auch grünen Wackelpudding mit Vanillesauce.

Die Freien Demokraten verloren mit Genscher einen väterlichen Freund, der bis an sein Lebensende mit unserer Partei mitgefiebert und sich für sie eingesetzt hat. Nach

Parteitagen und Wahlen rief er mich immer montags und häufig als Erster an, um zu gratulieren, zu motivieren oder zumindest seine Eindrücke zu schildern. Es ist eine Freude, dass seine Frau Barbara diesen Kontakt weiter pflegt.

Meine ursprüngliche Absicht war, bereits bei der Feierstunde zum Zwei-plus-Vier-Vertrag unsere Parteizentrale, das bisherige Thomas-Dehler-Haus, ihm zu Ehren umzubenennen. Hans-Dietrich Genscher bat mich nach einer Bedenkzeit im persönlichen Gespräch aber, davon vor seinem Tod abzusehen. An seinem ersten Todestag im März 2017 kamen wir in der Berliner Reinhardtstraße zu einer Gedenkveranstaltung zusammen, die ich mit den Worten schloss: »Gerade weil Marktwirtschaft, Rechtsstaatlichkeit und Völkerverständigung weltweit unter Druck geraten sind, wollen wir uns jeden Tag an diese Werte erinnern, wenn wir unsere Parteizentrale betreten. Deswegen verabschiede ich sie heute aus dem Hans-Dietrich-Genscher-Haus.«

Mit Guido Westerwelle, Hans-Dietrich Genscher, Walter Scheel und auch dem verdienstvollen langjährigen Bundesgeschäftsführer Hans-Jürgen Beerfeltz verloren wir in den vergangenen Jahren prägende Persönlichkeiten. Ich bedauere oft, dass sie und andere den Wiedereinzug der Freien Demokraten in den Bundestag nicht erleben durften.

Erfahrene Ratgeber hat die FDP immer noch. Mit Klaus Kinkel stehe ich in regelmäßigem Austausch. Er ist ein großer Motivator und in schwierigen Stunden ein Verteidiger seiner Partei. Mit seiner jahrzehntelangen Regierungserfahrung und einem speziellen Sensorium für Stimmungen insbesondere in eher konservativen und wirtschaftsnahen Kreisen meldet er sich oft mit Feedback. Gemeinsam hatten wir noch zu meinen Zeiten als Generalsekretär der

Bundespartei dafür geworben, den Bildungsföderalismus zu reformieren – und waren an einem Bundesparteitag gescheitert, der am Kooperationsverbot im Grundgesetz festhalten wollte. Dennoch oder gerade deshalb haben wir danach einen persönlichen Kontakt geknüpft, von dem ich bis heute profitiere. Seinen Rat schätze ich und nehme ihn an. Nur seinem »Kerle, Sie müsse sich rasieren« bin ich nicht gefolgt.

Gerhart Rudolf Baum hatte zu seiner Partei nach 1982 oft eine kritische Distanz. Schon 2012 hatte er aber bei der damaligen Landtagswahl in seinem Heimatland Nordrhein-Westfalen einen offensiven Aufruf zur Wahl der Freien Demokraten unterzeichnet. Als Anwalt für Bürgerrechte, Menschenrechte und Kulturpolitik baute er oft Brücken in Kreise, die mit einer gewissen Skepsis auf unsere Partei schauen. Wir unterhalten eine freundschaftliche Korrespondenz, in der er, um es offen zu sagen, oft mahnende Worte findet, das bürgerrechtliche Profil nicht zu vernachlässigen: Es könne gar nicht zu viel sein! Darin steht ihm Burkhard Hirsch, ehemaliger Innenminister von Nordrhein-Westfalen und Vizepräsident des Deutschen Bundestages, in nichts nach. Er liefert brillante juristische Ausarbeitungen mit allen aktuellen Literaturstimmen dazu.

Die Totenehrung für Guido Westerwelle und Hans-Dietrich Genscher prägte den Beginn unseres Bundesparteitags im Mai 2016. So traurig diese beiden Ereignisse waren, so sehr versuchten wir nach vorne zu blicken – eine Einstellung, die uns Genscher und Westerwelle mit ihrem optimistischen Weltbild und ihrer Schaffenskraft vorgelebt und die sie sich für die FDP gewünscht hatten.

Der Parteitag trug das Motto »Beta-Republik Deutschland«. Bei vielen Beobachtern sorgte das für Stirnrunzeln: Beta was? Was will uns die FDP damit sagen? Auch intern war das Motto alles andere als unumstritten – wie zuvor schon der neue Auftritt oder »German Mut«. Im Präsidium wurde gespöttelt. Ich gehörte ursprünglich auch eher zu den Skeptikern, ließ mich aber überzeugen. Der kommunikative Erfolg widerlegte meine Zweifel.

Üblicherweise entstehen die Leitsprüche für Parteitage aus einer Art »Bullshit-Bingo«. Die Planer scheinen einen immer gleichen Vorrat von Schlagworten zu kombinieren. Bei der CDU zum Beispiel hatte das Bingo seit 2013 solche Überschriften ergeben: »Gemeinsam erfolgreich in Europa«, »Wir arbeiten für Deutschlands Zukunft«, »Für Deutschland und Europa«. Bei der FDP war es meist etwas mit Freiheit und Verantwortung. Diese Floskelhaftigkeit wollten wir beenden. Als ich einige Zeit später bei einer Pressekonferenz von einer Journalistin gefragt wurde, warum wir denn ein so kryptisches Motto gewählt hätten, stellte ich die Gegenfrage. Offensichtlich könne sie sich ja noch an »Beta-Republik« erinnern, sagte ich. Aber ob ihr denn noch das letzte Motto von CDU oder SPD geläufig sei?

Die Beta-Version ist ein Stadium in der Entwicklung neuer Software, die noch Tests durchläuft. In Beta-Häusern entwickeln Gründer und Start-ups ihre Ideen. Und Beta-Tester sind Menschen, die Innovationen aus Neugier ausprobieren sowie verbessern wollen. Wir übersetzten das technische Beta in eine Haltung zum Leben. Sie steht für Risikofreude und Offenheit; dafür, lieber heute als morgen etwas anzupacken. Mehr Neues zu wagen, statt immer nur Sicherheit in den Vordergrund zu stellen – auch wenn der erste Versuch nicht perfekt gelingt. Wir wollten mit dem

Motto »Beta-Republik« also nicht schlicht Aufsehen erregen, sondern eine Botschaft in der Sache setzen.

In einer Welt des Wandels sei es unmöglich, alles vorauszusehen und Sicherheiten zu suchen, wo keine mehr sind, sagte ich in meiner Parteitagsrede. Digitalisierung, Globalisierung und demographischer Wandel veränderten bereits unsere Gegenwart. Ich zitierte Reid Hoffman, den Mitgründer von Linked-In: »Auf Nummer sicher gehen in einer sich ständig verändernden Welt ist eines der riskantesten Dinge, die du tun kannst.«

Auf dem Bundesparteitag beschlossen wir unser Konzept, um die Rente »enkelfit« zu machen. Erarbeitet hatte es federführend unser nordrhein-westfälischer Generalsekretär Johannes Vogel. Die Freien Demokraten wollen die Altersvorsorge den veränderten Biographien anpassen und mehr Selbstbestimmung ermöglichen: einen individuell flexiblen Übergang in die Rente statt eines fixen Eintrittsalters für alle, einen erleichterten Wechsel zwischen Anstellung und Selbstständigkeit, eine Stärkung der privaten und betrieblichen Vorsorge, die nicht abgeschafft werden dürfen, sondern verbraucherfreundlicher gestaltet werden müssen. Das »System für alle« wollen wir durch einen individuellen Baukasten ersetzen. Um die Sensibilität der Menschen zu erhöhen, wollen wir nach dänischem Vorbild ein »individuelles Vorsorgekonto« schaffen, das auf einem Online-Bürgerportal einen Überblick erlaubt, welche Bausteine für die Alterssicherung der Einzelne bereits verbuchen kann. Wir freuten uns, als Elemente unseres Konzeptes auch von anderen Parteien ins Gespräch gebracht wurden. So plädierte Kanzleramtschef Peter Altmaier wenige Tage vor der Bundestagswahl 2017 ebenfalls für ein digitales Rentenportal.

Die Analogie aus der Software-Entwicklung im Partei-tagsmotto war vor allem ein Hinweis auf unseren programmatischen Schwerpunkt: Die »Chancen der digitalen Gesellschaft« thematisierten wir in einem Leitantrag. Wir wollen in dieser Zukunftsfrage die politische Meinungsführerschaft in Deutschland erringen. Später zeigte sich, dass unsere Bemühungen durchaus wahrgenommen wurden. Zum Beispiel beim »Netzpolitischen Forum« eines Wirtschaftsmagazins und eines Verbandes, an dem ich im September 2017 teilnahm. Dort votierten am Ende 43 Prozent der Teilnehmer für die FDP.

Die Digitalisierung verändert, wie wir leben und arbeiten. Die Freien Demokraten sehen darin zuerst eine Chance. Andere haben Bedenken, dass die Privatheit und Arbeitsplätze verloren gehen könnten. Natürlich bestehen Risiken, die eine gestaltende Politik fordern. Aber es gibt keinen Grund für eine Abwehrhaltung oder für Pessimismus. Im Wahlkampf 2017 plakatierten wir daher »Digital first. Bedenken second«. Für diese Zeile mussten wir ordentlich Kritik einstecken. Es wurden uns naive Affirmation und Bedenkenlosigkeit unterstellt. Das traf zwar nicht zu, aber ich finde im Nachhinein das zweite Plakat zum Themenkomplex treffender: »Die Digitalisierung ändert alles. Wann ändert sich die Politik?«

Vor Jahren hatte Angela Merkel von »Neuland« gesprochen und dafür besserwisserische Gegenrufe erhalten. Die Bundeskanzlerin hatte mit ihrer Beschreibung recht. Natürlich sind die Sammlung und die Auswertung von Daten mittels künstlicher Intelligenz, die Vernetzung der Dinge, die Individualisierung von Produkten und Dienstleistungen sowie die vollständige elektronische Abbildung von Prozessen in Echtzeit – um den Begriff zu entfalten – für uns alle ein unentdeckter Kontinent. Ein Grund für Resignation oder falsche Ehrfurcht ist das nicht. Was tun?

Zu den naheliegenden Aufgaben gehört die Modernisierung der Infrastruktur, damit Deutschland seine Chancen überhaupt nutzen kann. Beim Breitbandausbau liegt unser Land näher an Nord- als an Südkorea. Glasfaser-Netze und der Mobilfunk der fünften Generation müssen hierzulande flächendeckend gewährleistet sein. Funklöcher sind fataler als Schlaglöcher. In den Metropolen wird die Belebung des marktwirtschaftlichen Wettbewerbs beim Breitbandausbau helfen, im dünn besiedelten ländlichen Raum werden öffentliche Mittel benötigt, deren Mobilisierung ein Hebel für mehr wirtschaftliche Dynamik und soziale Teilhabe ist.

Während viele private Angelegenheiten online von überall und jederzeit auf den Weg gebracht werden können, verlangen Staat und Kommunen zu oft Behördengänge und Papierkrieg. Die Digitalisierung ist das Mittel, um dem Staat Geld und den Menschen Lebenszeit zu sparen. Auch dies erklärt sich mehr oder weniger von selbst.

Der für mich entscheidende Teil einer Digitalisierungsagenda für Deutschland und Europa liegt indessen in der Schaffung eines rechtlichen Rahmens, der die Freiheit des Individuums schützt, ohne die Chancen der Entwicklung auszuschlagen. In einem Gastbeitrag für die *FAZ* forderte ich im August 2013 eine »Ordnung für den Datenmarkt«. Auch andere Autoren, die der verstorbene Herausgeber Frank Schirrmacher in sein Feuilleton zu einer Debatte eingeladen hatte, argumentierten in eine ähnliche Richtung. Darunter der spätere Bundeswirtschaftsminister Sigmar Gabriel. Mehr als vier Jahre später gibt es allerdings keine wesentlichen Fortschritte. Die Aufgabe bleibt gleichermaßen komplex wie dringlich.

Der Silicon-Valley-Kapitalismus droht die Soziale Marktwirtschaft zu deformieren. Einzelne Spieler werden so mächtig, dass sie anderen die Bedingungen diktieren oder den Wettbewerb gleich ganz ausschalten können. Plattformen wie Google, Amazon oder Facebook sind dabei, den Charakter von Infrastruktur einzunehmen. Für ihre Innovationskraft verdienen sie Respekt, ihr Nutzen im Alltag ist unbestritten. Sie sind aber auch Torwächter, die entscheiden können, welche Anbieter Zugang zu Millionen Kunden erhalten. Wer in einer dominanten Suchmaschine oder einem Marktplatz nicht gelistet wird, der ist verloren. Die Prinzipien des klassischen Wettbewerbs- und Kartellrechts haben daher nicht an Bedeutung verloren. Sie müssen in der digitalen Ökonomie zur Geltung gebracht werden. Kartellbehörden werden dereinst möglicherweise zu prüfen haben, ob ein marktbeherrschendes Unternehmen nicht entflochten werden muss, um wieder faire Bedingungen für alle zu schaffen.

In den letzten Jahren ist die Sensibilität dafür gewachsen, dass Unternehmen wie Apple zwar hochprofitabel sind, aber hierzulande keinen relevanten Beitrag zur Finanzierung des Gemeinwesens leisten. Der Handwerksbetrieb und das Familienunternehmen, die ihre Gewinne hoch versteuern, müssen das zu Recht als Skandal empfinden. In meinen Reden gab es bei dieser Frage der Steuergerechtigkeit stets frenetischen Beifall – der Grund liegt nicht in Neidgefühlen alter Branchen, sondern in dem Wunsch nach fairen Regeln. Nimmt man die Leitwährung der Zukunft hinzu, die Sammlung von Daten, dann fällt die digitale Handelsbilanz von Deutschland und Europa im Verhältnis zu den USA äußerst negativ aus. Die globale Standortkonkurrenz benötigt also ebenfalls zeitgemäße Regeln, um Fairness wiederherzustellen.

Wer sein Smartphone nutzt, bei Instagram postet, bargeldlos zahlt, wer die Taxi-App gebraucht, der gibt Informationen preis – oft unbewusst. Ihre Sammlung und Auswertung würde neue Angebote passend zu unseren individuellen Bedürfnissen erlauben. »Big Data« könnte bislang unerforschte Zusammenhänge offenbaren, die beispielsweise wirtschaftliches Handeln effizienter und Therapien in der Medizin wirksamer machen. Das ist die schöne Seite von »Big Data«. Aber wenn Digitalunternehmen über massenhaft private Daten verfügen, dann schaffen sie nicht nur den zivilisatorischen Fortschritt, den wir im Alltag über ihre Dienste gerne in Anspruch nehmen. Sie stellen eine Bedrohung für die Freiheit dar, weil sie uns aufgrund von kommerziellen Interessen die Privatheit streitig machen. Auf der Basis abstrakter Korrelationen oder statischer Nebensächlichkeiten sollte ein Algorithmus insbesondere nicht abschließend darüber entscheiden, ob der Einzelne einen Arbeitsplatz, einen Versicherungsvertrag oder einen Immobilienkredit erhält. So würde unser Leben in digitale Schablonen gezwungen, weil wir beispielsweise lernen müssen, dass viele Postings über Sportaktivitäten bei Facebook zu günstigeren Tarifen bei der Krankenversicherung führen. Das wäre eine empfindliche Einschränkung unserer Freiheit im persönlichsten Bereich.

Der seit einiger Zeit durch die Datenschutzgrundverordnung der EU veränderte Rechtsrahmen in Deutschland und Europa bremst zum Glück solche Entwicklungen. Aber andernorts werden diese Anwendungen entstehen. Für mich ist es eine offene Frage, ob und wie wir unser Datenrecht erneut anpassen müssen, um innovative Anwendungen in Europa zu ermöglichen, ohne die Selbstbestimmung und die Privatheit aufzugeben. Die Souveränität des Einzelnen über seine personenbezogenen Daten, also sein Recht auf Transparenz und nötigenfalls Löschung, scheint mir gegenüber der »Datensparsamkeit«, also dem Verzicht auf Sammlung und Nutzung, weiter an Bedeutung zu gewinnen.

Vor einigen Jahren empörte uns die Tätigkeit angelsächsischer Nachrichtendienste in Deutschland. Der Skandal verebbte folgenlos. Die Sensibilität für die Datensicherheit ist angesichts globaler Terrorgefahr sogar gesunken, dabei ist das Problem größer geworden. Staaten bedienen sich der monopolistischen Datenriesen des Internets für Sicherheitspolitik. Die Symbiose ist mit der Situation an den Kapitalmärkten vergleichbar, wo Staaten sich bei Kapitalriesen bedienten, um ihre Politik auf Pump zu finanzieren. Wo die Interessen von staatlichen und kommerziellen Datensammlern verschmelzen, entsteht die Möglichkeit des totalitären Zugriffs auf jeden Einzelnen.

Zugleich sind kritische Infrastrukturen und Wirtschaft Ziel von Cyberkriegsführung. Es ist eine Aufgabe für die Weltgemeinschaft, die Rüstungskontrolle und das Völkerrecht für das digitale Zeitalter zu aktualisieren. Sicherheitsbehörden und Streitkräfte werden sich der neuen Bedrohung unabhängig davon zu stellen haben, denn terroristische Schadsoftware wird eine auf Dauer bestehende Gefahr sein. Auch der UN-Pakt über bürgerliche und politische Rechte sollte um den Schutz der Privatsphäre im digitalen Zeitalter ergänzt werden. So wie europäische Staaten sich selbst Schuldenregeln unterwerfen mussten, müssen sich demokratische Staaten beim Zugriff auf Daten unbescholtener Bürger selbst beschränken.

One-Man-Show

Über die FDP als angebliche »Ich-AG« oder »One-Man-Show« wurde in den letzten Jahren gerne gespöttelt. Der *Spiegel* schrieb von der »CLP«, der Christian-Lindner-Partei, die *Wirtschaftswoche* meinte: »In Wirklichkeit ist die FDP vor allem die Partei des einen Mannes: Christian Lindner.« Einmal ließen wir eine Analyse zur Medienresonanz durchführen. Tatsächlich war es so, dass rund drei Viertel der Gesamtberichterstattung über die Freien Demokraten mit meiner Person verbunden waren.

In Wahlkämpfen ist die Fokussierung auf das personelle Spitzenangebot ein notwendiges Instrument, um Identifikation, Zuspitzung und Erkennbarkeit zu sichern. Wir haben es bewusst und konsequent eingesetzt. Mit abnehmender Parteibindung der Bürgerinnen und Bürger hat sich die Personalisierung von Politik tendenziell verstärkt, genutzt wurde sie aber immer schon – »Willy Brandt muss Kanzler bleiben«, hieß es 1972. Parteien sind Marken, die bestimmte Werte und Erwartungen repräsentieren. Individuell werden auch Spitzenpolitikern Eigenschaften zugeschrieben, die ihnen den Charakter einer Marke geben. Man spricht allerdings vornehmer davon, eine Persönlichkeit habe ein »Profil«. Wie stark in einer Kampagne die Partei oder der Spitzenkandidat ins Zentrum gerückt und wie sie dargestellt werden, ist eine taktische Kommunikationsfrage. So hat in Österreich

der populäre Außenminister Sebastian Kurz zur National-
ratswahl im Oktober 2017 kurzerhand die ältlich wirkende
Österreichische Volkspartei zu einer »Liste Sebastian Kurz«
gemacht. Idealerweise verstärken sich die Partei- und die
Personenmarke gegenseitig.

Im politischen Alltag ist die personelle Verengung auf
wenige oder auf eine Führungsfigur allerdings von Nachteil.
Parteien benötigen die Bandbreite unterschiedlicher Tem-
peramente und Themen, um sich zu entwickeln und um
dauerhaft erfolgreich zu sein. Das gilt gerade für die liberalen
Individualisten unter den Wählerinnen und Wählern, denen ein personelles Spektrum zur Identifikation gegenüberstehen muss, weil sie den Unterschied zwischen *Leadership*
und Personenkult fühlen können. Alles andere widerspräche auch dem Gebot innerparteilicher Demokratie. Eine
isolierte Schlüsselfigur könnte zudem niemals glaubwürdig
Kompetenz in allen Politikfeldern verkörpern – der dauerhaften personellen Verengung würde eine thematische Verengung und Verflachung folgen. Populistische Strömungen
können damit leben, seriöse Gestaltungsparteien nicht.

Meine Absicht war es nie, die FDP allein und auf Dauer
auf meine Person zu konzentrieren. Zwar hatte ich, wie beschrieben, besondere Einflussmöglichkeiten für mich erbit-
ten müssen, aber dennoch hätte ich gerne gesehen, wenn
mehr Köpfe unserer Partei auch während der Zeit ihrer außerparlamentarischen Phase bekannt geworden wären. Mit
den Spitzenkandidaten in den Ländern gelang dies zeitweise
und regional begrenzt. Aber in den überregionalen Medien
war das unmöglich: Wir waren als politische Gestaltungs-
kraft nicht nur aus dem Parlament verschwunden, sondern
auch aus der Berichterstattung. Jeder Zeile in der Zeitung

und jeder Minute im Fernsehen gingen intensive Bemühungen voraus. Neben mir gelang es noch Alexander Graf Lambsdorff und Wolfgang Kubicki, Lebenszeichen von außerhalb des Bundestages zu senden.

Das Problem blieb die Überwindung der Wahrnehmungsschwelle, die nur demjenigen gelingt, der regelmäßig in unterschiedlichen Medien in das Blickfeld der Menschen kommt. Ich hingegen gab zwar etliche Interviews, meist in Regionalzeitungen. Die Leser der *Rheinischen Post* bekamen aber natürlich nicht mit, wenn ich mit dem *Münchner Merkur* sprach – und umgekehrt. Die FDP war in der Wahrnehmung der breiten Öffentlichkeit wie ein Geysir, der in unregelmäßigen Abständen eine Fontäne ausstößt, um dann wieder in Stille zu verfallen.

In der Regel, vor allem in der Anfangszeit, war es so, dass die Fernsehsender bei Einladungen in Talkshows darauf bestanden, dass ich kam – oder andernfalls kein anderer Gast aus der FDP eingeladen werde. Nicht nur bei Fernsehsendungen zeigte sich dieses Muster. Ähnliches geschah bei bedeutenden Veranstaltungen. Beispielsweise erhielt ich die Einladung, vor einem großen Verbandstag eine Rede zu halten. Weil ich verhindert war, schlug ich stattdessen Christian Dürr vor, den damaligen Chef der niedersächsischen Landtagsfraktion und heutigen Bundestagsabgeordneten. Er ist nicht nur ein strategischer Kopf, guter Redner und politischer Generalist, sondern vor allem ein ausgewiesener Experte in Fragen der Zuwanderung, der Infrastruktur und der Entwicklung des ländlichen Raumes. Als Präsidiumsmitglied und Teamplayer hat er übrigens großen Anteil an unserem jetzigen Erfolg. Der Verband antwortete auf meinen Vorschlag, man kenne und schätze Herrn Dürr sehr aus

Hannover. Allerdings bäte man um Verständnis. Wenn der Parteichef nicht persönlich erscheine, dann könne man intern und öffentlich nicht rechtfertigen, die außerparlamentarische Opposition überhaupt einzuladen.

Dieses Verständnis mussten wir aufbringen. Die Medien orientieren sich in ihrer Berichterstattung an Relevanz – im Interesse des Publikums. Die Freien Demokraten waren aber nicht bedeutsam, denn außer Meinungen hatten wir keinen Einfluss, nicht auf die Beratungsgegenstände im Parlament und schon gar nicht auf die Richtung der Regierungspolitik. Auch für Verbände und offizielle Veranstaltungen ist mehr oder weniger das amtliche Protokoll entscheidend. Und ausweislich dessen waren unter den aktiven FDP-Spitzen das höchste der Gefühle ein Vizepräsident des Deutschen Bundestags a.D., ein Vizepräsident des Europäischen Parlaments, ein Landesminister, eine Staatsministerin a.D. und Vorsitzende von Landtagsfraktionen.

In einem Hintergrundgespräch mit Berliner Journalisten kurz vor der NRW-Wahl 2017 kommentierte ich eine damals gerade kontrovers diskutierte finanzpolitische Aussage von Wolfgang Schäuble und gab diese Äußerung auch bewusst zur Veröffentlichung frei. Widerhall in der Presse fand sie nicht. Wenn selbst der Parteivorsitzende nicht mit einer solchen Aussage, die tagespolitische Relevanz besaß, durchdrang, wie sah es dann erst mit anderen Vorstands- oder Präsidiumsmitgliedern aus? In dem Gespräch fragte mich ein sehr erfahrener Parlamentsjournalist auch, was mich eigentlich »erde«, das heißt, was verhindere, dass ich die Bodenhaftung verliere. Ich sagte: »Sie! Entweder ich stelle fest, dass ich wie verrückt rödle, und das, was ich versucht habe, zu platzieren, erscheint trotzdem nirgendwo. Oder ich mache ein großes Interview in einer Zeitung und es findet keinen Niederschlag in einem anderen Medium.«

Während der »Apo«-Jahre hörte ich oft von Bürgern und Parteimitgliedern: Warum bekommt man von Ihnen nichts mit, die FDP ist nicht präsent, warum sind Sie »so leise«? Bei einem Abendessen mit Unterstützern aus dem Mittelstand empfahl mir ein Teilnehmer der Runde, mehr in professionelle Pressearbeit zu investieren. »Wenn Sie wahrgenommen werden wollen, brauchen Sie eine Presseabteilung.« Natürlich hatten und haben wir – wie alle Parteien – eine Pressestelle. Und wie alle Parteipressestellen verschickte auch unsere täglich Mitteilungen und Statements an die Redaktionen der Republik. Nur fanden sie dort keinen Eingang in die Berichterstattung, denn anders als die anderen Parteien waren wir nicht im Bundestag vertreten. Und anders als die AfD setzten wir nicht auf schrille Provokation, um mediale Aufmerksamkeit zu erzwingen. Die Ratschläge zehrten an meinem Nervenkostüm. Mehr als einmal reagierte ich in solchen Runden zu barsch, da die Gesprächspartner ja keine bösen Absichten hegten.

Über die gesamten vier Jahre gab es einen Unterschied zwischen dem, was die FDP tatsächlich ausmachte, und dem, wie sie und was von ihr wahrgenommen wurde. Immer wieder aufs Neue wurde mir zum Beispiel die Frage gestellt, warum die Freien Demokraten nichts zur Flüchtlingspolitik sagen würden. Bürgern, die meinten, sie hätten in dieser Hinsicht noch nie etwas von unserer Partei gehört, schickten wir dann einen Verweis auf zahlreiche Meinungsbeiträge, die zu dem Thema in verschiedenen Medien veröffentlicht worden waren. Meist löste das Erstaunen aus. Ich erinnere mich in diesem Zusammenhang an eine Veranstaltung in Höxter. Viele Mittelständler waren da, 600 Besucher etwa, es gab viel Beifall. Beim Weg aus dem Saal sprachen mich Dutzende Leute an. Die Rede sei sehr gut gewesen, meinten sie, sie fragten sich aber, warum ich diese Dinge denn nie öffentlich sagen würde.

Die Skepsis, die von außen, vor allem in den Medien, an der Fokussierung auf mich geäußert wurde, gab es bis auf Einzelstimmen innerhalb der FDP nicht. In der Partei verstand man besser, wie außergewöhnlich die Zeit der außerparlamentarischen Opposition war und wie schwer es uns fiel, ohne den Apparat und die Abgeordneten einer Bundestagsfraktion zu den Medien und der Öffentlichkeit durchzudringen. Wir waren froh, wenn wir überhaupt einmal stattfanden.

Schon Guido Westerwelle war vorgeworfen worden, die Partei zu stark auf sich zugeschnitten zu haben. Das stimmte nicht. Er war eine dominante Führungsfigur, ohne Frage. Aber er hat anderen immer wieder Plattformen geboten, die man nutzen oder ungenutzt lassen konnte. Nicht zuletzt mir selbst. Von Hans-Dietrich Genscher erinnere ich den Hinweis, dass in einer demokratischen Partei Nachwuchs nicht kadermäßig entwickelt werden könne: »Entwickeln kann man sich nur selbst«, sagte er. Niemand wird gehindert, kluge Vorschläge zu machen und sich dafür Reichweite zu erarbeiten.

Als ich den Vorsitz übernahm, war mir durchaus bewusst, dass ich während der Zeit der außerparlamentarischen Existenz oft ein Einzelkämpfer sein würde. Es war zu erwarten, dass die Medien hauptsächlich den Parteichef zu Wort kommen lassen würden. Mit dem Wiedereinzug in den Deutschen Bundestag ändern sich die Möglichkeiten. Mein

Ziel ist, das sagte ich bereits auf unserem Bundesparteitag im Frühjahr 2017, die personelle Bandbreite unsere Partei auch wieder öffentlich sichtbar zu machen. Die Aufgaben im Interesse des gemeinsamen Erfolgs auf viele Schultern zu verteilen und personelle Optionen für die Nachfolge in der Spitze zu schaffen, ist Teil der Verantwortung eines Parteivorsitzenden. Darin liegt keine Relativierung des eigenen Führungsanspruchs. Das erst ist seine Erfüllung.

/8/ **Die Pflicht**

Für die Mitte

Infratest dimap, Sonntagsfrage, ARD, 23. 2. 2017:
CDU/CSU 31%, SPD 32%, Linke 7%, Grüne 8%, FDP 6%,
AfD 11%, Sonstige 5%

Im Juni 2016 bestimmte das britische Volk, dass das Vereinigte Königreich die Europäische Union verlassen soll. Am Tag davor hatte ich noch gedacht, eine knappe Mehrheit werde vernünftig sein. Im November 2016 wählte das amerikanische Volk Donald Trump zum 45. Präsidenten der USA. Am Tag davor hatte ich noch gedacht, eine knappe Mehrheit werde vernünftig sein.

Die Erschütterungen dieser Entscheidungen, die bis heute nachwirken, bestimmten auch unser Dreikönigstreffen im Januar 2017. Ich fürchtete insbesondere eine Entfremdung zwischen Deutschland und den USA, weil die Wahl von Trump ein Anlass war, dem hierzulande unterschwellig vorhandenen Antiamerikanismus freien Lauf zu lassen. Die Kontroverse über das Freihandelsabkommen TTIP hatte davon zuvor schon einen Eindruck vermittelt. Die Freien Demokraten hatten sich damals am klarsten von allen Parteien für das Abkommen positioniert. Der größte Wirtschaftsraum der Welt muss vorangehen, um der Globalisierung

Regeln zu geben und sozialen wie ökologischen Standards weltweit Geltung zu verschaffen.

In meiner Rede hob ich hervor, dass die Vereinigten Staaten unverändert unser wichtigster Verbündeter seien und unsere sicherheitspolitische Rückversicherung. Trotz mancher Bewertungsunterschiede verbinden uns über den Atlantik im Prinzip dieselben Werte. »Und wo wollen wir denn im Fall einer globalen Krise anrufen – in Peking, in Moskau?«, fragte ich.

Die Kanzlerin sagte später im Jahr, Europa müsse sein Schicksal in die eigene Hand nehmen. Die Stärkung eigener europäischer Handlungsfähigkeit und mehr gemeinsame Verantwortung in der Außen- und Sicherheitspolitik sind richtige Ziele, aber völlig unabhängig vom transatlantischen Verhältnis. Diese Aufgabe müssten wir angehen, selbst wenn der größte Freund Europas und der größte Multilateralist im Weißen Haus säße. Gerade wenn aber von den USA unter der Überschrift »America first« ein neuer Isolationismus und ein Rückzug von der Weltbühne befürchtet werden müssen, hat der Dialog mit den USA auf politischer und zivilgesellschaftlicher Ebene Priorität. Eine einzelne Präsidentschaft darf nicht gefährden, was in Jahrzehnten an Partnerschaft aufgebaut wurde.

Zu Beginn des Wahljahres führte ich aus, dass man aus den Wahlen in den USA die richtigen Schlüsse ziehen müsse. Ich hatte Monate zuvor Michael Moores »Trump-Land« gesehen. Moore gelang es – trotz aller Schwächen des improvisierten Films –, herauszuarbeiten, dass das Wahlmotiv für Trump vielfach die Ablehnung eines Establishments war, das die breite Mehrheitsgesellschaft vergessen hatte: »Der Feind meines Feindes ist mein Freund.« In meiner Rede nahm ich Bezug auf den ehemaligen US-Vizepräsidenten Joe Biden, der beim Weltwirtschaftsforum in Davos 2016 selbstkritisch von den »forgotten men« gesprochen hatte. Er meinte diejenigen, die ihr Leben in der Mitte Amerikas, zwischen Hollywood und Wallstreet, führen.

In Deutschland hörten die Menschen ebenfalls lange nur noch von den Rändern: von Flüchtlingen und von Super-Reichen. Dazwischen leben Dutzende Millionen Menschen in der Mitte der Gesellschaft, die nicht bedürftig, aber auch nicht Teil des globalen Jetsets sind. »Es sind die Millionen Menschen, die unser Land auf ihren Schultern tragen. Die den Lauf der Dinge nicht bestimmen, aber die Welt am Laufen halten«, sagte ich. Sie sorgten sich um Unterrichtsausfall, Kriminalität, Altersvorsorge, steigende Mieten und den Kontrollverlust bei der Zuwanderung, sie ärgerten sich über steigende Steuern und Sozialabgaben, Staus und Papierkrieg und sie träumten von der eigenen Wohnung. Wenn Mittelschicht und Mittelstand breit sind, profitieren übrigens insbesondere Schwächere, weil sie eine reale Aufstiegsperspektive haben.

Union, SPD und Grüne haben diese Mitte in den vergangenen Jahren aber vernachlässigt, mindestens enttäuscht. Sie haben die Mitte in der politischen Debatte freigelassen. Auch deshalb konnte sich am rechten Rand der politischen Landschaft das Protestphänomen AfD etablieren. Diese Mitte der Gesellschaft benötigt wieder eine Adresse unter den seriösen, staatstragenden Parteien, damit sie sich nicht wie in den USA der Protestwahl bedienen muss, um endlich von der etablierten Politik gesehen zu werden.

Den Begriff der Mitte griff ich zum Ende meiner Rede ein zweites Mal auf. Mein Gefühl ist bis heute, dass die Polarisierung der Debatten in Deutschland zugenommen hat. Entweder-oder-Positionen gewinnen an Raum, die Argumente werden lauter und schärfer vorgetragen. Auf der einen Seite beispielsweise ein bisweilen unkritisches »Der Islam gehört zu Deutschland«, auf der anderen Seite unzivilisierte Islamophobie. Am unbequemsten ist die differenzierende Vermittlerrolle dazwischen, die vernünftige Mitte. Sie entspricht dem Wesen des Liberalismus: »Denn die größten Provokationen sind doch, die Fassung zu wahren und die Werte der Verfassung zu achten«, sagte ich.

Im Nachgang zum Dreikönigstreffen mussten wir uns um Aufmerksamkeit nicht bemühen. Meine in der Sache gegenüber dem Vorjahr unveränderten Ausführungen zur Flüchtlingspolitik griff der Generalsekretär der CDU wenige Tage später auf. Er meinte, ich rede »teilweise wie Herr Gauland von der AfD«. Der »einzige Unterschied« bestehe darin, dass ich statt eines abgewetzten Tweed-Sakkos einen »überteuerten Maßanzug« trage. Auf den Vergleich mit Gauland reagierte ich nicht. Das sprach für sich. »Ärgerlich ist nur, dass ausgerechnet ein CDU-Politiker ehrliche Handwerksarbeit als überteuert darstellt«, scherzte ich.

Im September 2016 war die Berliner FDP um Sebastian Czaja ins Abgeordnetenhaus zurückgekehrt. Mit 6,7 Prozent war das ein wichtiger Erfolg, da wir nun wieder parlamentarisch in der Bundeshauptstadt vertreten waren. Im Land Berlin funktionierte so gut wie gar nichts mehr. Und das, was noch funktionierte – einer der besten Flughäfen in Deutschland –, sollte dichtgemacht werden. Mein Rekord beträgt 18 Minuten vom Eintreffen mit dem Taxi am Gate bis zum Abflug. Das geht nirgendwo sonst an einem mir bekannten Flughafen – wohlgemerkt inklusive der obligatorischen Sicherheitskontrolle. Die FDP in Berlin gehörte zu den Initiatoren für das Volksbegehren zur Offenhaltung des Flughafens Tegel. Sie trieb es erfolgreich voran und stellte unter Beweis, dass sie auch als außerparlamentarische und später parlamentarische Opposition kampagnenfähig war. Czaja und der Berliner Spitzenkandidat für den Bundestag, Christoph Meyer, hatten politischen Instinkt bewiesen und auf das richtige Thema gesetzt, wie sich am Volksentscheid am Tag der Bundestagswahl erneut erweisen sollte.

»Riskieren wir, dass etwas funktionieren könnte«, plakatierte die Berliner FDP. Besonders großen Widerhall fand ein mobiles Poster, das die Partei einige Tage nach dem Brexit im Sommer 2016 auf einem Kleintransporter durch London fahren ließen: »Dear Start-ups! Keep calm and move to Berlin«, stand darauf – daneben das FDP-Logo. Die Aktion schaffte es sogar in den britischen *Guardian*.

Der Bundestagswahlkampf begann für mich am 24. Januar 2017 mit dem Newsletter des Mediendienstes Meedia, den ich um 14.03 Uhr auf meinem Smartphone öffnete: Sigmar Gabriel kandidiert nicht, Martin Schulz wird Kanzlerkandidat, hieß es. Die Medienjournalisten hatten Wind von der neuen Ausgabe des *Stern* bekommen, der ein exklusives Interview mit dem SPD-Chef im Blatt hatte. Am selben Morgen hatte ich noch mit einer Journalistin des WDR über die K-Frage der SPD gesprochen und ihr gesagt, natürlich werde Gabriel antreten, ansonsten müsse er ja den Parteivorsitz abgeben. Damit behielt ich recht – und doch ganz anders, als ich vermutet hatte.

Mich überraschte die enorme Wirkung, die die Personalie Schulz nicht nur parteiintern, sondern in der gesamten deutschen Öffentlichkeit erzielte. In unserem Land gab es nach zwölf Jahren der Kanzlerschaft von Angela Merkel offenbar einen Affektstau und den Wunsch nach Veränderung. Davon profitierte der anfangs ebenso leidenschaftlich wie ambitioniert auftretende Martin Schulz. Vor allem die Sozialdemokratie selbst berauschte sich an ihm: »MEGA« (Make Europe Great Again), »Martin, ich will eine Regierung von Dir«, »Gottkanzler« war in Tweets und auf Schildern zu lesen.

Schulz hatte nach der Sturzgeburt seiner Kandidatur sofort die Klassiker »Gerechtigkeit« und »Europa« ins Zentrum gerückt. Er setzte sich von der Agenda-Politik seiner Partei und den Zwängen der Regierungsbeteiligung ab. Bei seinen Genossinnen und Genossen traf er damit einen Nerv. Denn Basis und Funktionäre der SPD hadern traditionell mit den Niederungen der Regierungsarbeit, weil sie Politik nicht an den realen Möglichkeiten messen, sondern am Idealzustand des sozialen Paradieses. Wahlergebnisse und Regierungserfolge sind erst in zweiter Linie wichtig. Das kann man sympathisch finden. Es führt aber auch dazu, dass die SPD wie der Körper bei einer Autoimmunerkrankung mit sich selbst kämpft, Mitglieder und mittleres Management gerne in Abwehrhaltung zur Führung stehen. Helmut Schmidt und Gerhard Schröder haben es erfahren, Sigmar Gabriel auch. Schulz war zu Beginn ein Versöhnungsangebot an diejenigen, die sich bei der SPD lange nicht mehr heimisch gefühlt hatten.

In den Unionsparteien liegt die Sache nach meiner Beobachtung anders: Liefern Vorsitzende und Regierungschefs gute Ergebnisse und viele Mandate, dann haben sie Autorität und in der Sachpolitik alle Freiheit. Das Wort vom »Kanzlerwahlverein« wurde historisch nicht grundlos geprägt.

Einige bei uns witzeln, dass die Union nur deshalb ein Programm habe, weil das Parteiengesetz es vorschreibe.

Wie in einer Rückkopplungsschleife übertrug sich die Begeisterung aus der SPD erst auf die medialen Beobachter und dann auf die Umfragen, die wiederum die Zuversicht in der SPD anheizten. Die Hauptstadtpresse hatte sichtlich Freude daran, dass es nun danach aussah, als könne aus einem als langweilig erwarteten Bundestagswahlkampf eine echte Auseinandersetzung auf Augenhöhe werden.

Für die Freien Demokraten war die Nominierung von Schulz ein Glücksfall. Ihm gelang ja zunächst erfolgreich ein Agenda-Wechsel der politischen Debatte hin zum Thema der sozialen Gerechtigkeit. Potenziell liberal denkende Wähler und Sympathisanten würden von dieser Personalie mobilisiert werden, war ich mir sicher. Da die Union als Vertreterin der Sozialen Marktwirtschaft unkenntlich war, blieben wir die Einzigen, die Martin Schulz in inhaltlichen Fragen echtes Paroli bieten würden. Ich verglich in Reden die Position von Schulz mit den Positionen von François Hollande: Der habe als französischer Präsident erst die Steuern erhöht, dann sei Gérard Depardieu Russe geworden und am Ende habe die französische Wirtschaft in Trümmern gelegen, polemisierte ich. Emmanuel Macron empfehle Frankreich, deutscher zu werden, während Schulz in Deutschland fordere, dass wir französischer werden sollten. Das sei ein falsches Verständnis der deutsch-französischen Annäherung.

Die SPD erlebte den Schulz-Hype. In der ersten Hälfte des Jahres 2017 traten aber auch mehrere Tausend neue Mitglieder in die FDP ein. Wir sprachen von einem »Schulz-Effekt« – für die Freien Demokraten.

Was ist gerecht?

Kurz vor dem Beginn der Rede des Bundesvorsitzenden senkten sich im Stuttgarter Theatersaal am 6. Januar 2012 immer mehr Köpfe, um auf die Displays der Smartphones zu schauen. Aus Saarbrücken verbreitete sich die Nachricht, dass die Ministerpräsidentin der dortigen Koalition aus CDU, Grünen und FDP, Annegret Kramp-Karrenbauer, die Zusammenarbeit beendet hatte. Die Luft im Saal vibrierte vor Empörung darüber, dass eine solche Entscheidung zeitgleich zum Dreikönigstreffen öffentlich wurde. Mein spontanes Gefühl war damals, dass die CDU-Bundesvorsitzende und Bundeskanzlerin natürlich vorab informiert gewesen sein musste und nichts unternommen hatte, um die für den damaligen FDP-Chef Philipp Rösler peinliche Koinzidenz zu unterbinden. In seiner Rede ging er nicht darauf ein.

Da die Verhandlungen über die Bildung einer Großen Koalition an der Saar scheiterten, kam es zu Neuwahlen, nach denen die Freien Demokraten sich mit 1,2 Prozent geschlagen in der außerparlamentarischen Opposition wiederfanden.

Der Zerfall der Regierung und unser Scheitern an der Sperrklausel waren fraglos in der eigenen Zerstrittenheit der dortigen FDP begründet. Die Partei glich einem Scherbenhaufen. Der Bundestagsabgeordnete Oliver Luksic blieb als Landesvorsitzender bei der Stange – auch nachdem er bei der Wahl im September 2013 sein eigenes Mandat in Berlin verloren hatte. Er führte mit beharrlicher Arbeit als Ehrenamtler neben Beruf und Familie die zerstrittene Partei zusammen.

Im März 2017 wurden die Wählerinnen und Wähler an der Saar wieder an die Urne gerufen. Oliver Luksic trat als Spitzenkandidat an, um »Mundart und Modernität« zu verbinden – das passte auch zu ihm persönlich. Typisch für das Saarland, ist er ein regional tief verwurzelter Mann, der zugleich einen europäischen Horizont hat – inklusive Studium in Paris und London.

Wir setzten wiederum auf die Themen Bildung, Digitalisierung und die überfällige Modernisierung der öffentlichen Verwaltung. Wie in Rheinland-Pfalz und Berlin erfolgreich erprobt, zeigte die Plakatkampagne den Spitzenkandidaten in Pop-Art-Grafik, um im Straßenbild aufzufallen. Zum Wahlkampfauftakt platzte der Saal dann auch aus allen Nähten, als Oliver und ich redeten. Viele Persönlichkeiten aus der mittelständischen Wirtschaft, der Kultur und der Wissenschaft waren erstmals seit vielen Jahren bei uns. Die regionalen Medien waren präsent, wie sonst kaum jemals zuvor. Die Stimmung war so positiv, dass ich während der Stunden der nächtlichen Heimfahrt von Saarbrücken nach Düsseldorf regelrecht beseelt war. Mein gutes Gefühl wurde bestätigt, als Oliver Luksic die »Elefantenrunde« der Spitzenkandidaten im Saarländischen Rundfunk nach den Ergebnissen der Analysten und der Kommentatoren für sich entschieden hatte.

Doch beendete ausgerechnet der Schulz-Hype, von dem wir im Bund profitierten, an der Saar unsere Blütenträume. Die Gegenmobilisierung der FDP blieb hier aus. Denn aufgrund des Wiedererstarkens der SPD im Bund wurde im Saarland plötzlich eine rot-rot-grüne Koalition eine reale Option. Die Stärke der Linkspartei mit ihrem Spitzenkandidaten Oskar Lafontaine heizte die Spekulation weiter an. In den letzten Tage vor der Wahl entschied sich der Landesverband, vor Rot-Rot-Grün zu warnen. In den Telefonkonferenzen, die wir als Bundespartei mit den Verantwortlichen vor Ort im Wahlkampf regelmäßig ansetzen, unterstützte ich diese Linie ohne Vorbehalt. Die Freien Demokraten erzielten nur ein Ergebnis von 3,3 Prozent. Die Union gewann die Wahl klar. Ich sagte am Wahlabend im Fernsehen, dass die Angst vor einer Koalition von SPD, Grünen und Linken wie ein Staubsauger für die CDU gewirkt habe. Wir hatten diese Angst weiter verstärkt, ohne daraus Nutzen ziehen zu können. Wenn man auf der Kippe der 5-Prozent-Hürde steht, wandern die Wähler zur sicheren Bank. Im Nachhinein sehe ich es auch als meinen Fehler an, taktische Motive wie die Warnung vor einer Koalition anderer Parteien als Schlussbotschaft formuliert zu haben – das war »alte FDP«. Heute ist die FDP des Saarlands übrigens wieder in einem Parlament vertreten: Oliver Luksic wurde in den Deutschen Bundestag gewählt.

In den Berliner Hintergrundrunden zwischen Politikern und Journalisten wurde in diesen Wochen über den Fortgang des Bundestagswahlkampfs wild spekuliert – wie man es dort mit Leidenschaft macht. Ich erinnerte dort schon vor der Saarlandwahl daran, dass die politische Stimmung von »Ereignissen« geprägt sei. Es gibt das unbekannte Unbekannte, also nicht vorhersehbare Entwicklungen, und das bekannte Unbekannte, also zeitlich fixierte Wahlen mit offenem Ausgang. Die öffentliche Debatte und die Medien folgen Erzählungen, die nach Ereignissen neu bewertet werden. Mindestens die Wahlen erlaubten eine Einschätzung. Mein Prognose in den Hintergrundgesprächen des Frühjahrs 2017 war, dass die Erzählung des »Schulz-Hypes« nach den

Wahlen im Saarland in Frage gestellt und nach den Wahlen in Schleswig-Holstein und Nordrhein-Westfalen endgültig relativiert werden würde. Ich äußerte die Erwartung, dass es an der Saar keinen Sieg der SPD und in Kiel und Düsseldorf zumindest Regierungswechsel geben würde, nach denen Rot-Grün durch Große Koalitionen unter Führung der SPD abgelöst werde. Danach sei alles offen. Wie man heute weiß, kam es anders. Nämlich schlimmer für die SPD. Das war zu dieser Zeit noch nicht absehbar.

In Bielefeld redete Schulz im Februar 2017 über ältere Facharbeiter, die nach Jahrzehnten im Betrieb Angst vor einem Arbeitsplatzverlust hätten. Was er als Lösung für die Abstiegsfurcht, die er so groß gemacht hatte, dann anbot, war kleinlich: eine Verlängerung des Arbeitslosengeldes I, also eine verlängerte Frist bis zum sozialen Abstieg. Mich empörte das, weil ich es arbeitsmarktpolitisch und in der Grundhaltung für falsch hielt.

Nach einem Job-Verlust muss die erste Priorität sein, die Betroffenen schnellstmöglich wieder in eine Beschäftigung zu bringen. Jeder Monat Arbeitslosigkeit ist ein Risiko. Die Voraussetzungen für einen dynamischen Arbeitsmarkt mit Einstiegs- und Wiedereinstiegschancen sind eine prosperierende Wirtschaft und ein flexibles Arbeitsrecht. In Deutschland findet ein Arbeitnehmer im Durchschnitt nach 30 Wochen eine neue Anstellung. Aber ausgerechnet in Nordrhein-Westfalen, wo Schulz sprach und die SPD regierte, schwächelten Wirtschaftswachstum und Arbeitsmarkt. Seine Genossin Andrea Nahles tat in Berlin zudem alles, um die Rechte der Insider, also der Arbeitsplatzbesitzer, zu stärken, wodurch aber logisch zwingend die Hürden für die Outsider, also die Arbeitssuchenden, erhöht werden.

Eine flexible Beschäftigungsform wie die zu Unrecht viel gescholtene Zeitarbeit wurde regelrecht stranguliert. Angesichts der gegenwärtigen wirtschaftlichen Stärke unseres Landes sind von einer solchen Politik nicht die Fachkräfte betroffen, aber umso mehr die geringer Qualifizierten und die Langzeitarbeitslosen, die bei einer Fortsetzung dieser Politik ausgesperrt bleiben. Ein Umdenken ist nötig, gerade mit dem Ziel der Integration von Flüchtlingen in den Arbeitsmarkt.

Am Umgang mit Ängsten in der Bevölkerung kann man den politischen Charakter ablesen. Die unzweifelhaft immer vorhandenen Unsicherheiten und Befürchtungen kann ein Politiker schüren und demagogisch instrumentalisieren, wie es Protestparteien tun, um daraus politisches Kapital zu schlagen. Wenn ein Politiker selbst die Angst in der Gesellschaft teilt oder zumindest seinen Horizont von diesen Ängsten begrenzen lässt, wie Martin Schulz, dann wird er als »Amtsperson« nur den Status quo verwalten können. Die Antwort eines zukünftigen Bundeskanzlers an die Facharbeiter, so hielt ich Schulz in meinen Reden entgegen, hätte stattdessen sein müssen: »Wenn ihr so lange Erfahrung habt und qualifiziert seid, dann müsst ihr nichts fürchten. Wir sorgen für einen starken Arbeitsmarkt, und solltet ihr vor einer neuen Chance noch etwas Neues lernen müssen, dann ermöglichen wir es euch.«

Die Ängste zu kennen, sich aber nicht von ihnen bestimmen zu lassen, sondern die Menschen aus ihnen zu befreien zu versuchen, das erst macht in meinen Augen die politische Führungspersönlichkeit aus. Der Satz »Wir schaffen das« der Bundeskanzlerin in der Flüchtlingskrise war ein solches Statement. Er hatte mir damals imponiert, leider folgten keine Antworten auf die sich anschließenden Fragen, was geschafft werden sollte und wie es geschafft werden könnte.

Ich habe es immer für falsch gehalten, dass die FDP früher Fragen der Gerechtigkeit geradezu gemieden hat. Dahinter stand eine spezifische Ängstlichkeit, dass die Verwendung des Wortes »soziale Gerechtigkeit« den Verdacht nähren könnte, die Freien Demokraten würden nun ihr liberales Profil verlieren und in den Mainstream der allgemeinen Sozialdemokratie einschwenken. Ich bin oft an Hochschulen zu Gast, um mit Studierenden zu diskutieren. Mir werden dort grundlegende Gerechtigkeitsfragen gestellt, auf die junge Menschen – und nicht nur diese – eine Antwort verdienen. Denn eine Gesellschaft ist nur in sich befriedet, wenn die größte Zahl ihrer Angehörigen bestätigen kann, dass es »gerecht« zugeht. Der Begriff von der »sozialen Gerechtigkeit« selbst ist allerdings leer. Die Deutungshoheit über ihn dürfen Liberale deshalb nicht kampflos anderen überlassen.

Die politische Linke versteht unter »sozialer Gerechtigkeit« die Gleichheit der materiellen Lebenssituation. Die Umverteilung von Wohlstand und der Gesetzesbefehl, also der staatliche Eingriff in die Freiheit, sind folglich ihre Instrumente. Das private Eigentum soll in einem gesellschaftlichen Endzustand sogar gänzlich überwunden werden, haben SPD und Linke den »demokratischen Sozialismus« doch unverändert in ihren Grundsatzprogrammen. Wer in dieser Weise Gerechtigkeit als Gleichheit versteht, der muss sie wichtiger als die Freiheit nehmen.

Der Liberalismus ergreift hingegen Partei für die Freiheit und Würde des Einzelnen. Aus ihnen folgt eine grundlegende Gleichheit – in den Menschen- und Bürgerrechten. Wir sind vor dem Gesetz und in unseren demokratischen Mitwirkungsrechten gleich. Als Individuen sind wir aber unterschiedlich in unseren Anlagen, Wünschen und Lebensentscheidungen. Wenn Talent, Fleiß und Risikobereitschaft nicht auch einen materiellen Unterschied machen dürften, dann würde uns jeder Antrieb geraubt und unsere Gesellschaft grau, langweilig und gelähmt. Wie man sein Leben führt, welche Fähigkeiten man hat – erst Abweichungen von der Norm definieren uns.

Bei der Geburt entscheidet der Zufall, wo und in welchem Umfeld wir zur Welt kommen. Es ist fair, wenn unsere Gesellschaft diese »natürliche Lotterie« (John Rawls) durch bildungs- und familienpolitische Anstrengungen flankiert, damit der Lebensweg nicht von vornherein feststeht. Aber die sich so eröffnenden Chancen sind keine Garantien: Sie werden erst durch eigene Anstrengungen zu gelebten Biographien – oder verstreichen ungenutzt.

Das beste Bildungssystem hätte aus mir keinen Opernsänger gemacht. Ich bin schlicht musikalisch nicht begabt. Im Musikunterricht und bei den Pfadfindern durfte ich nur mitsummen. Ich akzeptiere, dass andere zu künstlerischem Ruhm gelangen und damit viel Geld verdienen. Gut Fußball spielen kann ich übrigens auch nicht. Wer auch noch die Unterschiedlichkeit der Talente einem Umverteilungsmechanismus unterwerfen wollte, würde die Grenze zum Totalitarismus überschreiten. Aus Begabungen erwächst nach meiner Überzeugung aber die ethische Verpflichtung, als brillanter Künstler, Wissenschaftler, Sportler oder Unternehmer die eigenen Potenziale im Interesse der Gesellschaft zur vollen Entfaltung zu bringen.

An der anderen Seite des Spektrums sind Menschen, die gegenwärtig oder dauerhaft bedürftig sind. Hier ist die Solidargemeinschaft aufgerufen, ihre Existenz zu sichern. Nicht als Almosen oder nur aus Gründen der Mildtätigkeit, sondern weil sie dieselbe Würde wie jeder andere besitzen und als Investition in den gesellschaftlichen Frieden. Es gibt zwar keine Deckenbegrenzung, aber alle stehen auf demselben Boden, kann man frei nach Ralf Dahrendorf sagen. Eine Grundsicherung ist im Übrigen eine der Voraussetzungen für gesellschaftlichen Fortschritt, denn wer bei einem Wagnis befürchten müsste, ins »Bergfreie« zu fallen, würde sich angstvoll an das Bestehende klammern. Im Falle großer Lebensrisiken sind wir, wie schon gesagt, nahezu alle auf die Gemeinschaft angewiesen.

Die Ungleichheit einer Gesellschaft ist kein Skandal, wie hierzulande oft Glauben gemacht wird. Sie ist akzeptabel, wenn Bedingungen erfüllt sind: Der Starke darf nicht dauerhaft und automatisch stark sein, der Schwache nicht dauerhaft und automatisch schwach. Der Wettbewerb muss also durch den Staat als Schiedsrichter offengehalten werden, die Chancen müssen fair sein. In der dynamischen und prosperierenden Wettbewerbsgesellschaft mit sozialer Grundsicherung muss es ihrem schwächsten Mitglied noch besser gehen als in einer am Ideal der materiellen Gleichheit orientierten, aber durch die Unterdrückung individueller Leistung zugleich statischen Ordnung. Deutschland hat im weltweiten und historischen Vergleich ein hohes Niveau an Sozialstaatlichkeit erreicht. Mir sind noch heute Fernsehbilder in Erinnerung, die nach dem Fall des Eisernen Vorhangs zeigten, wie behinderte Menschen im real existierenden Sozialismus leben mussten. Wir sind auch weit entfernt von lateinamerikanischen Gesellschaften, in denen Superreiche über Slums ohne staatliche Ordnung mit dem Hubschrauber ins Penthouse fliegen.

Allerdings ist der real existierende Wohlfahrtsstaat sozialdemokratischer Prägung über seine eigentlichen Funktionen mittlerweile hinausgewachsen. Er gleicht in vielem einem Arrangement der »fürsorglichen Vernachlässigung« (Paul Nolte), weil er über zu hohe Hürden für die Rückkehr ins Erwerbsleben mit der Ausdehnung sozialer Leistungen hinwegtröstet. Er ist oft zu einer Art Magnet geworden: Wer ihm nahe kommt, der wird von ihm angezogen.

Mir schwebt stattdessen ein aufstiegsorientierter Sozialstaat vor. Sein Ziel muss es sein, den Einzelnen zu befähigen, sein Leben unabhängig zu führen und in Freiheit selbst gestalten zu können. Gerade in Deutschland wird oft so getan, als ob wir alle vom Staat auf die eine oder andere Weise beraten, betreut und zu einem besseren Leben angereizt, erzogen oder gedrängt werden müssten. Wer dem Sozialstaat nahe kommt, soll meiner Vorstellung nach nicht von ihm angezogen werden, sondern er sollte immer wieder in die Selbstbestimmung, in die Unabhängigkeit abgestoßen werden. Der Magnet muss umgepolt werden. Konzepte wie das liberale »Bürgergeld«, das auch für Menschen mit geringerer Qualifikation und einem geringeren Einkommen einen echten Anreiz bietet, ihr Leben selbstbestimmt zu gestalten, sind deshalb den herkömmlichen Umverteilungsinstrumenten überlegen. Es ist ein integriertes Steuer- und Sozialsystem aus einem Guss, das Menschen erleichtern soll, Schritt für Schritt in die Eigenständigkeit aufzusteigen. Jede Stunde Arbeit oder Mehrarbeit soll sich für den Einzelnen lohnen. Im Sommer 2017 wurde dagegen eine Studie bekannt, nach der Menschen unter bestimmten Umständen am Monatsende weniger in der Brieftasche hatten, wenn sie mehr und länger gearbeitet hatten – das ist die Perversion der Leistungsgerechtigkeit. Konkret und als Einstieg in ein Bürgergeld sollten die Zuverdienstgrenzen beim Arbeitslosengeld II (»Hartz IV«) angepasst werden. Denn sozial ist nicht, den Menschen das Taschengeld zu erhöhen. Sozial ist es, ihnen Chancen auf Selbstbestimmung zu geben und zu zeigen, dass jede Anstrengung sich lohnt, auch die in einem noch nicht so gut bezahlten Beruf.

Die Umverteilungsmarge in Deutschland hat ein kaum mehr steigerungsfähiges Niveau erreicht. Die sozialen Ergebnisse sind jedoch nicht zufriedenstellend, weil viele Transfers nicht zielgerichtet auf die Beseitigung von Bedürftigkeit gerichtet sind und die wesentlichen Herausforderungen im Bildungswesen nicht angegangen werden. Dennoch muss die Mitte der Gesellschaft von den Ergebnissen ihrer Schaffenskraft über Steuer- und Sozialabgaben einen enormen Teil abgeben. Im Vergleich der entwickelten Wirtschaftsnationen der OECD liegen wir hier in der Spitzengruppe. Den Menschen wird so die Möglichkeit beschnitten, selbst Vorsorge zu betreiben und Eigentum zu erwerben. Bei den höchsten Einkommen und Vermögen rate ich von einer zusätzlichen Belastung ab, weil hier Auswanderung und Schwächung der Investitionskraft in Familienbetrieben die Folgen wären. Aber von der Krankenschwester bis zum Ingenieur ist echte Entlastung notwendig. Es ist nicht sozial, die letzte Lücke im Staat zu suchen und mit ihrem Geld zu schließen; es gibt auch die Verantwortung für diejenigen, die dafür aufzukommen haben.

Wie viele andere sehe ich die Vermögensentwicklung in Deutschland mit Sorge. Die Schere öffnet sich allein aufgrund des Niedrigzinses, der zur Stagnation der Sparvermögen führt, aber die Preise für andere Vermögensarten wie Immobilien inflationieren. In unserem Land besitzt nur eine Hälfte der Bevölkerung ein Eigenheim, obwohl das mietfreie Wohnen die beste Versicherung gegen Altersarmut ist. In Griechenland zum Beispiel beträgt die Quote 75 Prozent. Es muss der Mittelschicht wieder erleichtert werden, Eigentum zu bilden. Durch eine Entlastung bei Steuern und Sozialabgaben, um Eigenkapital zu sparen, und unter anderem durch Freibeträge bei der Grunderwerbsteuer. Eigentum muss ein erreichbarer Traum für viele sein – und darf nicht zum Luxus für immer weniger werden.

Ich bin mir darüber im Klaren, dass für die meisten die Frage nach Eigentum in weiter Ferne ist. Dennoch will ich nicht vom Ziel ablassen, es in die Reichweite von mehr Menschen zu bringen. Das widerspricht nicht der Dringlichkeit, bezahlbares Wohnen für Mieter zu schaffen. Die bislang verfolgten Konzepte der Mietpreisbremse oder der Verschärfung des Mietrechts hatten keinen Erfolg. Wie auch? Eine Entspannung der Situation wird erst eintreten, wenn der hohen Nachfrage ein entsprechendes Angebot gegenübersteht. Sonst wird die Mietwohnung eben nur an denjenigen vergeben, der einen horrenden Abstand für die Schrottküche zahlt. Oder aus der Miet- wird eine Eigentumswohnung. Es muss also mehr gebaut werden. Der Weg sind Rechtssicherheit für Investoren statt Debatten über Miethaie, schnellere Baugenehmigungen, die Schließung von Baulücken und die Aufstockung von Gebäuden, neue Flächen für Wohnsiedlungen und Investitionsanreize. Um soziale Gerechtigkeit herzustellen, griff der Gesetzgeber auch sonst in den vergangenen Jahren als Erstes in die Vertragsfreiheit ein. Die Stärke des Rechts schützt natürlich vor dem Recht des Stärkeren, der Machtunterschiede zur Ausbeutung nutzen könnte. Die Eingriffe in die Selbstkoordination müssen nach meiner Überzeugung aber die Ausnahme bleiben, wenn Gutes bewirkt werden soll. Denn häufig schaffen Symbolmaßnahmen das Gegenteil des Beabsichtigten.

Zu Anfang des Jahres 2017 bekam ich fast täglich E-Mails von Menschen, die mir schrieben, ich möge ihnen helfen, weil Andrea Nahles ihnen helfen wolle. Es waren oft hochqualifizierte IT-Freelancer, die projektbezogen für Unternehmen arbeiteten, jetzt aber unter den Verdacht der Scheinselbstständigkeit fielen. Um sie zu schützen, wollte die Bundesarbeitsministerin sie in Anstellungsverträge überführen. Nichts wollten diese Menschen weniger als das. Die Veränderung des Arbeitsmarktes und der gewachsene Wunsch nach Selbstbestimmung führen zu einer größeren Vielfalt, auf die der Sozialstaat immer seltener mit der Schablone des herkömmlichen »Normalarbeitsverhältnisses« antworten kann. Das Leitbild muss sich verändern. In anderen Gesellschaften sprach man schon vor Jahren von »flexicurity«, also der Verbindung von Flexibilität mit Sicherheit. Unser schon erwähntes Bürgergeld wäre ein Instrument der Absicherung, zugleich sollte die Akzeptanz für die Ausdifferenzierung von Arbeit wachsen. Nötig ist also ein Perspektivwechsel zum Individuum und seiner Lebenssituation, um zu beurteilen, ob die Lage prekär ist oder Ausdruck von Selbstbestimmung.

Die Bereitschaft, legitime Unterschiede zu tolerieren, scheint mir in Deutschland leider geringer ausgeprägt zu sein als in anderen Ländern. Vielleicht ist unser Land deshalb auch immer strukturell ein wenig unglücklich: weil man sich fortwährend vergleicht und aus dem Vergleich heraus dann Unzufriedenheit und Neid entstehen.

Von Regierenden in Deutschland ist oft zu hören, es solle wieder Politik für die »kleinen Leute« gemacht werden. Sigmar Gabriel zum Beispiel gebrauchte in der Vergangenheit häufiger diesen Begriff. In anderen Gesellschaften, die weniger stark vom Staat geprägt sind als die deutsche, käme man nie auf die Idee, so respektlos über den Souverän, die Bürgerinnen und Bürger, zu reden. In meiner Grundsatzrede, die ich im Dezember 2013 direkt nach meiner Wahl zum FDP-Vorsitzenden hielt, erinnerte ich an eine Anekdote von John F. Kennedy. Der Präsident besichtigte den Weltraumbahnhof von Cape Canaveral in Florida. Er ging mit einem Tross von Wissenschaftlern, Astronauten und Nasa-Mitarbeitern durch die Anlagen, bis er an einem riesigen Hangar ankam. Dort stand ein Mann, der mit einem Besen die Halle fegte. Da ging der Präsident zu diesem Mann und fragte ihn: »Was machen Sie hier?« Der Mann legte sein Kehrblech weg und salutierte: »Mr. President, einen Mann auf den Mond bringen.« Und der Präsident salutierte ebenfalls und antwortete: »Danke, weitermachen!« Kennedy wäre nie auf die Idee gekommen, diesen Mann den »kleinen Leuten« zuzurechnen. Damit nimmt man Menschen den Stolz auf ihre Arbeit. Denn wer Menschen in ein Kollektiv einordnet, wer sie pauschal zu Verlierern macht, der macht sie erst zu »kleinen Leuten«.

Zum Gelingen einer Gesellschaft werden alle gebraucht. Jeder Beitrag, scheint er auch noch so klein, hat eine Bedeutung. Die wirkliche soziale Gerechtigkeit orientiert sich daher nicht an der Gleichheit der materiellen Verteilungssituation für alle, sondern an der Fairness der Chance und der Gleichheit des Respekts gegenüber allen.

Doppelschlag in Kiel und Düsseldorf

Institut für Demoskopie Allensbach, Sonntagsfrage, 26. 5. 2017: CDU/CSU 37 %, SPD 26 %, Linke 8 %, Grüne 8 %, FDP 9 %, AfD 8 %, Sonstige 4 %

Seit der Wahl vom Mai 2012 habe ich die Abgeordneten der Freien Demokraten im Landtag von Nordrhein-Westfalen geführt. Als Bundesvorsitzender war ich in ganz Deutschland unterwegs, aber die Fraktion und das Landesparlament, denen ich mit Unterbrechung 17 Jahre angehört habe, waren meine politische Heimat.

In der Legislaturperiode hatten wir die rot-grüne Regierung von Hannelore Kraft hart konfrontiert. Insbesondere in der Wirtschafts- und Schulpolitik konnten wir punkten. Wir gaben schon früh bei Forschungsinstituten Studien in Auftrag, die die Wirtschafts- und Lebenssituation in Nordrhein-Westfalen untersuchten. Unser Fraktionsgeschäftsführer Marco Mendorf sammelte systematisch Argumente. Die Wissenschaftler belegten objektiv eine Wachstumsschwäche des Landes, die nichts mit dem viel bemühten Strukturwandel zu tun hatte. Daraus leiteten wir unsere politische Agenda ab – ein Revitalisierungsprogramm für eine einst starke Region Deutschlands. Strategisch arbeiteten wir über Jahre die Haarrisse in der Koalition heraus: Der Ministerpräsidentin Hannelore Kraft war vor allem an einem guten Koalitionsklima gelegen, den Grünen an einer in meinen Augen ideologisierten Klimapolitik.

Die Sozialdemokraten machten ihrem Koalitionspartner große Zugeständnisse in der Wirtschafts-, Verkehrs-, Energie- und der Schulpolitik. Die Genossinnen und Genossen kochten oft vor Wut auf die Grünen, durften aber nichts sagen. Erst in der Schlussphase der Legislaturperiode bekannten und beklagten SPD-Landesminister, an vielen Stellen gäbe es »durchgrünte« Strukturen, die das Land bremsten. Dennoch war die Oppositionsarbeit über Jahre mühsam. Denn der landespolitische Ideenwettbewerb fand kaum Beachtung bei den Bürgerinnen und Bürgern. Es kostete Kraft, sich immer wieder zu Initiativen zu motivieren, die über einen kleinen Kreis der Fachöffentlichkeit hinaus kaum diskutiert wurden. Die persönliche Popularität der Ministerpräsidentin Hannelore Kraft überstrahlte lange die politischen Ergebnisse ihrer Regierung. Daraus zogen die roten Wahlkämpfer später die falschen Schlussfolgerungen. Als die Stimmungslage sich änderte, weil mit zunehmender Nähe zum Wahltermin die Medien über die Situation des Landes vertieft berichteten, lief der themenfreie Sympathiewahlkampf der SPD ins Leere.

Die Landespresse schrieb gelegentlich, ich sei der »eigentliche Oppositionsführer«. Das war irreführend, da der Führer der Opposition derjenige ist, der das Amt des Ministerpräsidenten anstrebt. Das war mein Kollege im Amt des Fraktionsvorsitzenden bei der CDU, Armin Laschet, mit dem ich schon viele Jahre zuvor in anderen Rollen zusammengearbeitet hatte. Er war Familien- und Integrationsminister in der früheren Regierung von Jürgen Rüttgers, ich seinerzeit der für diese Felder zuständige Fraktionsvize des

Koalitionspartners. Damals wuchs unser freundschaftlicher Kontakt. Er trat in den Parlamentsdebatten als Oppositionsführer weniger scharf auf als ich, weil er Rücksichten auf die Zusammenarbeit mit der SPD im Bund zu nehmen hatte. Ich vermute, dass er auch die Grünen geschont hat, weil er sich insgeheim die Option auf eine wie auch immer geartete Zusammenarbeit in der Zukunft nicht erschweren wollte. Auf mich reagierten die sozialdemokratische Ministerpräsidentin und die Grünen hingegen geradezu allergisch. Ich nutzte diese Konstellation weidlich aus, etwa wenn ich die Regierungschefin wegen der hohen Schuldenaufnahme mit »Kraftikakis« ansprach.

Im Jahr 2017 standen sowohl die Landtagswahlen in Schlewig-Holstein und Nordrhein-Westfalen als auch die Bundestagswahl an. Wolfgang Kubicki und mich, die wir als führende Landespolitiker in den Deutschen Bundestag wechseln wollten, brachte der Wahlkalender in eine Kalamität. Kann man für ein Parlament kandidieren, um danach sofort in das nächste wechseln zu wollen? Ich war mir über meine Entscheidung lange nicht im Klaren. Ich hatte erwogen, nur für den Deutschen Bundestag als nordrheinwestfälischer Spitzenkandidat der FDP anzutreten und die Listenführerschaft bei der Landtagswahl Joachim Stamp, meiner Nummer zwei in der Fraktion, zu überlassen. Es wäre ein persönliches Signal der Zuversicht und der Bereitschaft gewesen, das Risiko zu tragen, am Ende ohne Mandat aus der Politik ausscheiden zu müssen. In diesem Abenteurergeist gefiel ich mir eine Zeit lang. Manchmal ist der Grat zwischen Mut und Übermut ein schmaler.

Meine politischen Freundinnen und Freunde in Landespartei und Fraktionsführung rieten daher unisonso ab: Der

Vorteil, einen bekannten Spitzenkandidaten zu haben, der eine Mission über die Landtagswahl hinaus habe, wiege schwerer als die zu erwartenden Angriffe der Wettbewerber. Auch Wolfgang Kubicki beschied meine Rückfragen bei ihm mit einem gewohnt lässigen »Wieso stellst du überhaupt diese Frage?«. Für ihn war es keine.

Ich entschied mich, zugleich für Landtag und Bundestag als Spitzenkandidat anzutreten. Beide Wahlen waren politisch eng miteinander verbunden, denn in Berlin werden wesentliche Entscheidungen für die Entwicklung Nordrhein-Westfalens getroffen und die Wahl im größten Bundesland würde das »Rating« der Freien Demokraten für den Bund wesentlich bestimmen. Mithin würde das Abschneiden der Parteien hier Rückschlüsse auf die Erfolgswahrscheinlichkeit auf Bundesebene zulassen. Die Aufstellung der Listen für beide Wahlen legten wir auf dasselbe Wochenende, um diese Verbindung zu dokumentieren. Ich wollte den Bürgerinnen und Bürgern in Nordrhein-Westfalen die Möglichkeit eröffnen, den liberalen Einfluss im Land zu stärken und gleichzeitig eine Wahlempfehlung für die FDP im Bund auszusprechen. »Eine Stimme für die FDP zählt doppelt«, sagte ich.

Die Landtagswahl am 14. Mai war von bundespolitischen Fragen überlagert. Wir entschieden uns, unsere Kampagne unter die genau entgegengesetzte Überschrift zu stellen, um daran zu erinnern, worum es im Kern ging: »Es geht um unser Land«.

Ich wollte weg von retuschierten Hochglanzfotos, hin zu authentischen Bildern. »Heimat« machte den Vorschlag, mich im Alltag von einem Reportage-Fotografen begleiten zu lassen, um die Härte unseres Weges und die damit oft verbundene Tristesse und Erschöpfung offen zu zeigen. Daniel Rosenthal war von Jahresanfang 2017 an so etwas wie mein Tag- und Nachtschatten. Die Bilder zeigten mich nachts im Hotelzimmer, wo ich über meine Dreikönigsrede nachdachte, bei Auftritten in Hörsälen, im Auto und bei Besprechungen. Es entstanden 12 000 Bilder, die wirkten wie aus einem *film noir*. Auch jenes auf dem Cover dieses Buches stammt aus der Produktion. Aus den Schwarz-Weiß-Fotos von mir hat die Agentur einen Stop-Motion-Film kreiert, unterlegt mit Musik von Mokoh Music. »Idioten!«, »Du sprichst zu viel über Steuern, immer noch!«: In dem Video berichtete ich über Alltagserfahrungen. Es gab kein Skript, die Agentur hatte mit mir stattdessen ein zweistündiges Gespräch über meine Arbeit geführt und daraus die Sätze für den Spot genommen. Am Ende sage ich: »Und du hast das alles vorher gewusst. Und es trotzdem gemacht.« Der Spot wurde in rund 100 Kinos in ganz Nordrhein-Westfalen gezeigt, vor allem aber verbreitete er sich im Internet, erreichte dort über 1,3 Millionen Menschen und wurde über 700 000 Mal angeklickt.

Zu den Fotos, die im Spot gezeigt wurden, gehörte auch eines, auf dem ich nach dem Sport noch im T-Shirt rasch meine E-Mails prüfte. Dieses Bild erregte eine Aufmerksamkeit, die niemand von uns vorausgesehen hatte. Aus dem T-Shirt schneiderte die mediale Berichterstattung kurzerhand ein Unterhemd, *stern.de* schrieb: »FDP-Chef zieht sich für den Wahlkampf aus«. Meine Mutter, die nur die Schlagzeile gelesen hatte, schrieb mir eine SMS: »Junge, was hast du getan?«

Obwohl ich in dem Film mit tiefen Augenringen zu sehen war, unterstellte man mir, wie ich wahrnahm, in der

Berichterstattung nun öfter »Eitelkeit« oder »Selbstverliebt-heit«. Bei einer Kampagne, die einem Spitzenkandidaten persönlich so nahe kommt und ihn als Person ins Zentrum setzt, musste ich damit rechnen. Gerne liest man so etwas über sich dennoch nicht. Im späteren Bundestagswahl-kampf steigerte sich dieser Unterton noch.

Gemeinsam mit den Kreativen überlegten wir, wie die Tonalität unseres Auftritts sein müsse. Seit der Hamburg-Wahl 2015 waren wir immer betont optimistisch, kon-struktiv und fröhlich angetreten. Negativ-Kampagnen passten nicht zu unserem Leitbild und unserem politischen Programm. Doch keine Regel ohne Ausnahme.

In Nordrhein-Westfalen war die Bilanz von Rot-Grün offensichtlich katastrophal. Zudem rechneten wir damit, dass die CDU unter Armin Laschet keinen allzu aggres-siven Wahlkampf führen würde, da er wohl notfalls auf den Eintritt in eine Große Koalition, selbst unter Führung von Hannelore Kraft, setzen musste. Im Landtag waren die Freien Demokraten der schärfste Kontrast zu Rot-Grün. Also schalteten wir im Wahlkampf in den Angriffsmodus.

»Nichtstun ist Machtmissbrauch« plakatierten wir als Auftaktmotiv, um die Lethargie im Land anzuprangern. Wir setzten in einer zweiten Welle im Straßenbild auf die The-men Wirtschaft und Bildung. Wahlkampfleiter Johannes Vogel motivierte die Agentur zu immer neuen und schär-feren Zeilen. »Rot-grüne Wirtschaftspolitik – das andere Wort für Sabotage«, dichtete »Heimat«. Das gefiel mir, bis auf einen Aspekt. »Grün-rote Wirtschaftspolitik«, müsse es heißen, sagte ich. Bei der Auswahl der Bilder wurde in den Telefonschalten diskutiert, ob ich nicht zu aggressiv rüberkäme. »Quatsch«, sagte Marco Buschmann, »du wirst hier nicht gewählt als der ›leeve Jong‹, sondern als Wider-standskämpfer«. Zur Bildungsmisere texteten wir: »Nur weil Kinder gerne im Dreck spielen, müssen die Schulen nicht so aussehen«. Die Sicherheitslage kommentierten wir mit: »Nicht mehr Gesetze fangen Verbrecher. Sondern mehr Polizei.«

In meinen Wahlkampfreden setzte ich die offensive Aus-einandersetzung mit den Grünen fort. In wesentlichen Fra-gen der Schulpolitik wie dem Unterrichtsausfall und der Digitalisierung von Bildung habe die grüne Schulministerin keine Fortschritte erzielt. Dafür sei die Inklusion, die Förde-rung von Kindern und Jugendlichen mit Behinderungen in den Regelschulen, ideologisch mit hohem Tempo und ohne Qualitätsanspüche forciert worden. »Der Blick auf die Schul-politik gleicht einem Blick in den Altglascontainer: ein ein-ziger großer grüner Scherbenhaufen«, keilte ich. Selbst den Grünen nahestehende Lehrerinnen und Lehrer stimmten in Briefen und E-Mails zu. Das Ziel der Freien Demokraten sei, dass die grüne Schulministerin am Montag nach der Land-tagswahl den Ruhestand antreten könne. Seit dem Re-gierungseintritt der Grünen im Jahr 2010 habe der Um-weltminister Johannes Remmel das Land vorsätzlich mit viel ökologisch unwirksamer Bürokratie gefesselt; der »Remmel-Krempel« müsse weg. In bin davon überzeugt, dass die grüne Partei dramatische Fehlentwicklungen in Nordrhein-Westfalen zu verantworten hat. Die Option ei-nes Richtungswechsels im Land fokussierte ich daher auf die Auseinandersetzung zwischen »uns und denen«.

Standen wir Mitte Februar in der Infratest-Umfrage noch bei sieben Prozent landesweit, waren daraus Anfang Mai 13 Prozent geworden. Die *Wirtschaftswoche* meinte: »Was auffällt: Im Gegensatz zur großen Oppositionspartei CDU will die kleine Oppositionspartei FDP, die sich neuerdings ›Freie Demokraten‹ nennt, wenigstens ein bisschen frech sein.«

Die CDU hatte, wie erwartet, einen eher soften Einstieg mit Sympathiewerbung für Armin Laschet gewählt, wurde aber später – wie gemunkelt wurde unter dem Eindruck unserer Kampagne – offensiver. Mit unserem Abschlussmotiv »In NRW steckt so viel. Lassen wir es frei« knüpften wir wieder an unsere positive Grundhaltung an.

In den Umfragen hatten SPD und Grüne früh die gemeinsame Mehrheit verloren. Ebenso früh schloss ich für die FDP die Option einer Ampel-Koalition aus. Wie in Baden-Württemberg wäre es nicht glaubwürdig und objektiv nicht möglich gewesen, in eine seit sieben Jahren bestehende Regierung als dritter Partner neu einzusteigen, um dann den geforderten Politikwechsel auszurufen. Für alles andere blieben wir offen.

Die Grünen wurden derweil in den Umfragen nach unten durchgereicht. In ihrer taktischen Not besannen sie sich auf ein altes Feindbild, um ihre Unterstützer zu mobilisieren: die Freien Demokraten. In der nordrhein-westfälischen Landespolitik sind die Gräben tiefer als anderswo. Die politischen Ursachen reichen in die Legislaturperiode von 2000 bis 2005 zurück. Die damaligen Koalitionsspekulationen zwischen SPD und FDP sowie der Möllemann/Karsli-Komplex haben zu einer Entfremdung geführt, die weit über politisch-inhaltliche Differenzen hinausreicht und die erst in einer nächsten Generation von Verantwortungsträgern beider Parteien überwunden sein wird. Im Mai 2017 war die harmloseste Vorhaltung noch, ich nähme Nordrhein-Westfalen für meine Karriere »in Geiselhaft«. Es drohe der soziale und ökologische Rückschritt. Der Umweltminister Johannes Remmel verdichtete es in der Formel: »Er oder wir.« Damit verstärkten die Grünen gewollt oder ungewollt die ja auch von uns herausgestellte Wettbewerbssituation beider Parteien um die Gestaltung Nordrhein-Westfalens.

Allerdings ließen die Grünen sich Hintertüren offen. Wenn ich in den Bund gewechselt sei, dann könne man über die »Ampel« wieder neu sprechen. Und »Jamaika« wollte die Partei auch nicht ausschließen. Zumindest war das bis 14 Tage vor der Wahl so. Dann überraschten die Grünen mit einem Strategiewechsel: Während ich zuvor von ihnen für meine angeblich undemokratische »Ausschließeritis« bei der Ampel heftig kritisiert wurde, schlossen sie nun plötzlich jegliche Zusammenarbeit mit CDU und FDP aus. Bei dieser Entscheidung spielte wohl eine Rolle, dass die Grünen in den Umfragen der Fünf-Prozent-Hürde immer näher gekommen waren. Das Spitzenpersonal wandte sich mit einem »Weckruf« an die eigenen Unterstützer – dieses Wort kannte ich, denn auch die FDP hatte es nach der verlorenen bayerischen Landtagswahl eine Woche vor der Bundestagswahl 2013 benutzt.

Unser Ziel war es, dritte Kraft zu werden. Ich rechnete mit einer Großen Koalition. Ein sozialliberales Bündnis hatten wir im Gegensatz zu einer Ampelkoalition nicht prinzipiell ausgeschlossen. Darüber hätte man zumindest sprechen können, wenn die Grünen von den Wählerinnen und Wählern aus der Verantwortung abberufen worden wären. Große Erwartungen an ein solches Bündnis hatte ich angesichts der gestörten Chemie mit der SPD-Spitzenkandidatin Hannelore Kraft allerdings nicht. Die CDU griff uns wegen unserer prinzipiellen Gesprächsbereitschaft mit der SPD im Wahlkampf scharf an, obwohl sie selbst nicht ausgeschlossen hatte, als Juniorpartner in eine Große Koalition einzusteigen. Clips bei Facebook wurden lanciert, die vor der Wahl der Freien Demokraten warnten, weil damit Hannelore Kraft gestärkt würde. Es mag sein, dass uns die abstrakte Aussicht auf eine sozialliberale Koalition am Ende einen Prozentpunkt gekostet hat. Aber unser Ergebnis kam eben nicht durch Leihstimmen von CDU-Wählern zustande – das zählte. Ich habe in meinen Reden und Interviews immer wieder gesagt: Wer eine andere Lieblingspartei als die FDP hat, soll diese wählen. Das schafft klare Verhältnisse.

Zu den von unserer Landesgeschäftsstelle im ganzen Land organisierten Abendveranstaltungen erschienen oft mehrere Hundert Menschen, teilweise reichte sogar der Platz nicht aus. Bei einem Termin in Wuppertal holte ich zu Beginn meiner Rede mein Smartphone aus dem Sakko und fotografierte staunend die große Menge, die dort zu unserer Veranstaltung in eine alte Papierfabrik gekommen war. Es waren etwa 500, oft sehr junge Leute. Die Menschen mussten stehen, weil die Bestuhlung nicht ausreichte. Dass die FDP manchmal nach der Wahl keine Sitze im Parlament habe, das sei ja bekannt, scherzte ich bei der Begrüßung, dass wir aber vor der Wahl keine Sitzplätze hätten, sei ein neues Phänomen.

Am 7. Mai stand der Urnengang im Norden an. Wolfgang Kubicki hatte in einem souveränen Wahlkampf »Das Beste für Schleswig-Holstein« gefordert und wurde von 11,5 Prozent der Wählerinnen und Wähler beauftragt, das nun umzusetzen. Die Freien Demokraten hatten auf jegliche Koalitionsaussage verzichtet, vielmehr auf Gewicht,

Kompetenz und Eigenständigkeit des Spitzenkandidaten gesetzt. Wolfgang konnte den Wahlkampf mit großer Abgeklärtheit führen, weil er alles und jeden im Land kannte – und alle kannten ihn. Er war der dienstälteste Fraktionsvorsitzende aller deutschen Parlamente und aller Parteien. Seine gleichermaßen präzisen wie gewitzten Reden im Landtag haben über zwei Jahrzehnte die parlamentarische Debatte belebt. Der Ministerpräsident der SPD hatte sich dagegen nicht als Wählermagnet erwiesen, nachdem er sich zum Entsetzen seiner eigenen Partei in einem Interview respektlos über seine ehemalige Frau geäußert hatte. Seine »Küstenkoalition« mit Grünen und dem Südschleswigschen Wählerverband verlor die Mehrheit. Ein Regierungswechsel unter Führung der Union war absehbar. Später wurde hier bekanntlich eine Koalition aus Union, Grünen und FDP gebildet.

Der Ausgang der Landtagswahl in Kiel verstärkte die positiven Trends in Nordrhein-Westfalen während der letzten Woche. Es kam Wechselstimmung auf. Am Donnerstagabend vor der Wahl verabschiedeten wir auf unserem Landesparteitag in Essen zehn wesentliche Projekte für einen Politikwechsel, an denen wir uns messen lassen wollten. Johannes Vogel hatte den Parteitag im Townhall-Format organisiert und die Abstimmung über den Beschlusstext erfolgte am Ende mit Hilfe von leuchtenden Knicklichtern – das waren natürlich Show-Effekte für die Motivation in der Schlussphase eines Wahlkampfs, aber so gute hatte ich zuvor noch nicht gesehen. Am Samstag ging ich zu Fuß von zu Hause zur Abschlussveranstaltung auf dem Düsseldorfer Schadowplatz. Auf dem Weg grüßten mich Passanten, Autofahrer hupten, einer kurbelte das Fenster herunter und rief: »Ich drücke Ihnen die Daumen.« Das Ergebnis des nächsten Tages – 12,6 Prozent – war die höchste Zustimmung für die Freien Demokraten seit Bestehen des Landes. Noch schöner als diese Zahl war der Eindruck, dass der Igitt-Faktor, der lange an der FDP klebte, überwunden schien.

Wir wurden aus eigener Stärke dritte Kraft im Parlament. Die Demoskopen attestierten uns, dass wir seit der letzten Landtagswahl in Wirtschafts- und Bildungsfragen deutlich an Kompetenz gewonnen hatten. Das freute mich für meine Kolleginnen und Kollegen in der Fraktion, die beharrliche Facharbeit im Parlament geleistet hatten. Vor allem sank die Zahl der Menschen, die sagten: »Die FDP steht für soziale Kälte«, von 59 Prozent im Jahr 2012 auf 39 Prozent. Wir konnten 190 000 Wählerinnen und Wähler für uns gewinnen, die zuvor SPD oder Grünen ihre Stimme gegeben hatten. Dass die rot-grüne Koalition ihre Mehrheit verlor, verdankte sich dieser Wanderungsbewegung. Zugleich wächst damit die Verantwortung der Freien Demokraten, weiter soziale und ökologische Sensibilität zu zeigen.

Als ich am Sonntagabend nach Verkündung der ersten Prognosen vor unsere jubelnden Anhänger trat, stellte sich bei mir kein Triumphgefühl ein. Ich war gefasst und musste mich bei den Mahnungen zur Bescheidenheit nicht verstellen. Johannes Vogel stieß mich auf der Bühne in die Seite, ich möge doch einmal lachen. Ich sagte, man dürfe an so einem Abend »mächtig feiern« – meine Miene sprach eine ganz andere Sprache. Ich war konzentriert, die richtigen Worte zu finden. Eine Wahl kann man um 18 Uhr gewinnen, aber eine halbe Stunde später schon wieder verlieren. Zu diesem Zeitpunkt ahnte ich bereits, dass sich im Laufe des Abends noch eine schwarz-gelbe Mehrheit ergeben könnte. Tatsächlich sank der Balken für die Linkspartei in den folgenden Prognosen unter 5,0 Prozent. Die schwarz-gelbe Mehrheit war da. Für die Freien Demokraten wurde es ernst.

Die *Tagesschau* hatte zu einem Gespräch mit den Spitzenkandidaten eingeladen, moderiert von Frank Plasberg. Er sagte zu Armin Laschet, mit Christian Lindner stünde hier ja der »Wunschkoalitionspartner«. Armin antwortete ausweichend. Dann wandte sich Plasberg mir zu und befragte mich nach meinem beabsichtigten Wechsel in die Bundespolitik. Ich war perplex, dass ich nichts zu Nordrhein-Westfalen sagen sollte. »Herr Laschet ist nicht mein Wunschkoalitionspartner und ich nicht seiner«, antwortete ich. Das war ja die schlichte Wahrheit, nachdem wir auf Koalitionsaussagen verzichtet und die Union Wahlkampf gegen uns geführt hatte. Noch am Wahlabend sollten die Freien Demokraten wieder als automatischer Koalitionspartner der Union vereinnahmt werden – dagegen wehrte ich mich.

Danach spielten alle meine anderen Aussagen an diesem Abend keine Rolle mehr. Ein Chefredakteur aus Bielefeld putzte mich in seinem Leitartikel runter. Ein führender Journalist einer in Süddeutschland erscheinenden Zeitung kommentierte in einer Video-Kolumne, mir sei der Wahlerfolg zu Kopf gestiegen: »Wer so auftritt wie Christian Lindner, den mag man nicht gerne wählen.« Ich sei hochnäsig, pampig und arrogant aufgetreten. »Hochmut kommt vor dem Fall, Herr Lindner!«, sprach er in die Kamera. Niemand ärgerte sich mehr als ich selbst, dass ich die Gelassenheit in der Runde verloren hatte. Ich tröstete mich damit, dass dieselben Kommentatoren im umgekehrten Fall wohl bemerkt hätten, die alte machthungrige und inhaltsleere FDP sei wieder da.

Aus diesem einen Auftritt wurde in den folgenden Tagen interpretiert, die FDP wolle gar nicht in Nordrhein-Westfalen regieren. Wir würden angeblich vorziehen, in der bequemen Opposition zu verbleiben, um die Rückkehr in den Bundestag nicht zu gefährden. Ich würde mich »zieren«. So dachten wir aber nicht. Mir lag daran, die Eigenständigkeit meiner Partei zu betonen, um aus dieser Position heraus ergebnisoffen Gespräche über die Bildung einer Regierung aufzunehmen. Wie wichtig dies war, zeigte sich am Montagabend im Interview mit dem *heute-journal*, in dem Marietta Slomka verwundert feststellte, dass bei einer schwarz-gelben Mehrheit die Frage einer Regierungsbildung doch »früher« gar keine Frage gewesen sei. »Früher«, erwiderte ich.

Gleich am Tag nach der Wahl äußerten Unionspolitiker, mit den Freien Demokraten sei die Verbesserung der Inneren Sicherheit in Nordrhein-Westfalen ein Problem, denn wir hielten angeblich an orthodoxen Bürgerrechtspositionen fest. Damit war wohl beabsichtigt, eine Konfliktlinie für die anstehenden Koalitionsverhandlungen aufzubauen, die uns als unsichere Kantonisten darstellen sollte. Dabei waren hier die Unterschiede in der Sache überbrückbar. Denn die tatsächlich vorhandenen Dissenspunkte wie die Vorratsdatenspeicherung sind nicht Gegenstand der Landesgesetzgebung, sondern Sache des Bundes. Ich entgegnete in einer Landespressekonferenz am Dienstag nach der Wahl, ich sähe Einigungsmöglichkeiten in der Innen- und Rechtspolitik, aber in Wirtschafts- und Energiefragen seien Hürden zu überwinden, da die nordrhein-westfälische CDU die für das Land nachteilige Politik des Bundes unterstütze. Für die Freien Demokraten sei ausgeschlossen, in eine Regierung einzutreten, die sich nur als »verlängerte Werkbank« der Großen Koalition begreife.

Das immer noch anhaltende Gerede von der Furcht vor Regierungsverantwortung aufseiten der FDP war falsch. Das Gegenteil traf zu. Die Voraussetzungen für eine gemeinsame Regierungsbildung waren alles in allem gut, da sowohl die Union als auch wir zu den Wahlgewinnern zählten – es gab somit keinen »Futterneid«. Anders als 2009 im Bund. Außerdem haben der spätere Ministerpräsident Armin Laschet und ich ein Vertrauensverhältnis.

Wir hielten während der Koalitionsgespräche engen persönlichen Kontakt. Viele fachliche und personelle Fragen wurden gar nicht erst zu einem Konflikt in der großen Verhandlungsrunde, weil wir einander vorher signalisieren konnten, was wir jeweils für nötig und möglich hielten. Ich hatte bereits angekündigt, dass wir unsere Mitglieder – statt wie früher nur einen Parteitag – zu einer möglichen Koalitionsvereinbarung befragen würden. Das band uns als liberale Verhandler an unser Programm, verdeutlichte aber auch der Union, dass von uns zu große Biegsamkeit schlicht nicht verlangt werden konnte, wenn das Votum der Parteibasis nicht gefährdet werden sollte.

Gegen Ende der Verhandlungen trafen Laschet und ich uns in meiner Düsseldorfer Wohnung. Auf dem Balkon sprachen wir über die letzten offenen Sachfragen und die Ressortverteilung. Ich musste am frühen Abend zu einer Familienfeier in die Innenstadt, Armin bot an, mich schnell dort vorbeizubringen. Er ging voraus zu seinem Dienstwagen, den er an diesem Tag selbst pilotierte. Ich folgte mit ein paar Schritten Abstand. Als ich das griechische Restaurant neben meiner Wohnung passierte, hörte ich, wie die Gäste an den Tischen draußen raunten, da sei doch gerade der Laschet vorbeigelaufen. Ich öffnete die Beifahrertüre von Armins Wagen, da rief einer der Restaurantgäste: »Der Laschet ist ja der Fahrer vom Lindner.«

Armin Laschet und mir war daran gelegen, aus dem Vorurteil gegenüber schwarz-gelben Bündnissen auszubrechen. Eine Streitkoalition, die den Eindruck erweckt, hier treffe gesellschaftspolitische Restauration auf soziale Kaltherzigkeit, sollte nicht entstehen. Wir wollten eine Regierung bilden, die Streitfragen neu ausbalanciert. Zum Beispiel hatte die Vorgängerregierung das ökologisch Wünschenswerte gegen das physikalisch Mögliche und ökonomisch Vernünftige durchzusetzen versucht. Den Satz »Ökologie vor Ökonomie« wollen wir nicht umkehren, sondern beide Ziele mit neuen Methoden verbinden. Laschet prägte das Wort von der »Nordrhein-Westfalen-Koalition«, die aus dem Landesinteresse heraus Politik ohne Ideologie gestalten und diese notfalls auch gegenüber dem Bund vertreten würde. Wir dokumentierten diesen Anspruch im Koalitionsvertrag mit einer Reihe von Bundesratsinitiativen, etwa für eine neue Rationalität in der Energiepolitik.

Konfliktpunkte konnten wir fair lösen. Die CDU forderte beispielsweise die anlasslose und verdachtsunabhängige Kontrolle durch die Polizei (»Schleierfahndung«), die wir als Bürgerrechtspartei ablehnen mussten, da so unbescholtene Menschen schrankenlos zu potenziellen Gefährdern erklärt werden. Unser Unterhändler Joachim Stamp durchschlug den gordischen Knoten durch ein neues Instrument der »strategischen Fahndung«. Verdachtsunabhängige Kontrollen sollen der Polizei zum Beispiel in Grenznähe ermöglicht werden, aber immer gebunden an einen konkret anzugebenden Anlass, also zeitlich und räumlich beschränkt. Das stärkte die Ermittlungsbehörden und fand dennoch die Akzeptanz bei Bürgerrechtlern wie Gerhart Rudolf Baum.

Die Zwischenergebnisse unserer Koalitionsverhandlungen präsentierten wir nach jeder Zusammenkunft den Medien, um durch diese Transparenz Durchstechereien und Spekulationen keinen Raum zu geben. Zur Überraschung der Leitartikler verhandelten wir schnell, ohne öffentliche Störgeräusche und professionell in den Fachthemen. Wir respektierten von Anfang an, dass die Union eigene Akzente setzen und Grundüberzeugungen wahren musste. Denselben Respekt forderten wir für uns ein. Das Ergebnis sprach für sich und überzeugte unsere Basis. Die Zustimmung zum Koalitionsvertrag beim – übrigens von Johannes Vogel erstmals komplett online organisierten – Mitgliederentscheid lag bei 97,2 Prozent.

Aus dem Präsidium der Bundespartei wurde mir geraten, das mächtige Finanzministerium Nordrhein-Westfalens für uns zu reklamieren – quasi als Revanche dafür, dass wir 2009 nicht das Bundesfinanzministerium übernommen hatten. Düsseldorf war aber der falsche Ort, um einen Jahre zurückliegenden Fehler in Berlin zu korrigieren. Klassischerweise hätten wir wie früher schon in NRW das Innenressort beanspruchen können. Ich hielt es aber für zweckmäßiger, dass die Freien Demokraten unabhängig von Prestigefragen im Landeskabinett Verantwortung für genau diejenigen Aufgaben übernehmen, die unseren thematischen Schwerpunkten und unserer vorherigen Kampagne entsprachen. Das war die eigentliche Konsequenz aus früheren Fehlern.

Wir hatten in den fünf Jahren der Opposition klare Schwerpunkte gesetzt: für die Verbesserung der Qualität von Kindertageseinrichtungen und Schulen, für eine andere Flüchtlings- und Integrationspolitik, für die Digitalisierung des Landes, die Entfesselung von Mittelstand, Handwerk und Industrie, eine vernunftorientierte Energiepolitik und für die Schaffung neuer Arbeitsplätze durch mehr Gründergeist und Innovation.

Die Freien Demokraten führen heute drei Ministerien. Als Stellvertreter des Ministerpräsidenten ist Joachim Stamp Minister für Kinder, Familie, Flüchtlinge und Integration. Der Ressortzuschnitt ist bundesweit einmalig, weil hier auch die ausländerrechtlichen Zuständigkeiten ressortieren, die andernorts den Innenministerien zugeordnet sind. So wird eine Flüchtlings- und Integrationspolitik aus einem Guss ermöglicht. Yvonne Gebauer ist Ministerin für Schule und Bildung. Die Partei, die Bildung in ihren Programmen ganz nach vorne stellt, verantwortet damit auch in der politischen Praxis die gesamte Bildungskette für Kinder und Jugendliche.

Früh schon besprach ich mit Armin Laschet meine Idee, das unter Rot-Grün vergleichsweise einflusslose Wirtschaftsministerium zu stärken, indem die Innovationspolitik, die Zuständigkeiten für die Digitalisierung sowie die Energiepolitik aus dem Umweltressort dort angesiedelt würden. Mit Andreas Pinkwart, der zwischen 2005 und 2010 bereits Wissenschaftsminister war und danach als Rektor die Handelshochschule Leipzig leitete, besprach ich diese Option und bat ihn, bereits an den Koalitionsverhandlungen teilzunehmen, um danach aus der liberalen Reserve wieder in die aktive Arbeit im Kabinett zurückzukehren.

In Schleswig-Holstein wurde mit dem vormaligen Verlagsmanager Bernd Buchholz übrigens ebenfalls ein Wiedereinsteiger von den Freien Demokraten als Minister vorgeschlagen. Ich würde begrüßen, wenn es ein Markenzeichen der FDP werden könnte, starke Köpfe aus Wissenschaft, Wirtschaft und Kultur in politische Verantwortung zu bringen. Von diesem Austausch kann unser Land nur profitieren.

In der Landtagsfraktion folgte mir Christof Rasche als deren Vorsitzender nach. Als meinem Parlamentarischen Geschäftsführer hatte ich ihm in den organisatorischen Alltagsfragen ohnehin die Führungsaufgabe überlassen. Seine ausgleichende Art prädestiniert ihn für die jetzt benötigte Rolle eines Scharniers zwischen den Koalitionsfraktionen und der Regierung.

Leitartikler bemerkten nach der Regierungsbildung in Düsseldorf, die FDP habe die schwierigsten Aufgaben übernommen. Richtig ist zumindest, dass wir nicht bequem regieren wollen, sondern uns um das bemühen, was wir zuvor zugesagt haben: Probleme lösen.

Am 13. September gab Armin Laschet seine Regierungserklärung zu den gemeinsamen Plänen von Union und Freien Demokraten vor dem Landtag ab. Er sprach von »Maß und Mitte«. Das wurde verschiedentlich fehlinterpretiert, als ob der Anspruch der neuen Koalition jetzt nur »Mittelmaß« wäre, nachdem beide Koalitionspartner zu Oppositionszeiten und im Wahlkampf die Rückkehr Nordrhein-Westfalens auf Spitzenplätze gefordert hatten. In der Aussprache zur Regierungserklärung am folgenden Tag erinnerte ich daran, dass es Wilhelm Röpke war, ein Vordenker der Sozialen Marktwirtschaft, der an »Maß und Mitte« als Ausdruck von Vernunft und Verantwortungsgefühl appelliert hatte.

»Maß und Mitte« sei somit unser Weg, aber »Freiheit und Fortschritt« das Ziel.

Mit dieser Rede verabschiedete ich mich aus der Landespolitik. Egal, wie die Bundestagswahl ausgehen würde, sagte ich, sei dies mein letzter Beitrag in diesem Parlament gewesen. Ich bin dankbar für die Zeit in Düsseldorf und betrachte es als einen Glücksfall, dass ich nach Jahren der Oppositionsarbeit an der Bildung einer Regierung in meinem Heimatland mitwirken durfte.

Dieses Kapitel und damit die außergewöhnliche und nur auf Zeit akzeptable Doppelrolle in Bundes- und Landespolitik war nun zu Ende. Die Führungsverantwortung in Nordrhein-Westfalen liegt nun in den guten Händen eines Teams mit Joachim Stamp an der Spitze.

/9/ **Die Kür**

Im Netz

3700 Zuschauer, über 3000 gestellte Fragen: Meine größte Veranstaltung im nordrhein-westfälischen Landtagswahlkampf fand nicht auf einem Marktplatz in Bielefeld, Bonn oder Borken statt, sondern zu Hause auf meinem Balkon in Düsseldorf. Am 10. Mai 2017, wenige Tage vor der Landtagswahl, setzte ich mich in der Abenddämmerung nach draußen, richtete mein Smartphone aus und beantwortete per Facebook-Live-Chat Fragen noch unentschlossener Menschen. Ohne Moderator, ohne Fernsehstudio, ohne Filter. So schloss ich im September auch den Bundestagswahlkampf ab. Soziale Medien sind nicht nur längst in unser aller Alltag angekommen – sie verändern den Wahlkampf. Nicht vergessen werde ich aber meinen ersten Facebook-Chat, den nur eine einzige Person verfolgte, nämlich meine Büroleiterin, die vergeblich versuchte, mich darauf hinzuweisen, dass ich versehentlich mit meinem privaten, inaktiven Facebook-Profil live gegangen war.

Anfänglich waren die Sozialen Medien für die Freien Demokraten notwendiges Übel. Pressekonferenzen, bei denen nur unsere Mitarbeiter im Publikum saßen, keine Einladungen in Talkshows und Pressemitteilungen, die in schwarze Löcher gesendet wurden – das war bis ins Jahr 2017 hinein der kommunikative Alltag. Aus der Not machten wir kurzerhand eine Tugend. Meine Büroleiterin Katrin Grothe brachte von einer Delegationsreise in die USA die Idee mit, die fehlende Präsenz in der *Tagesschau* einfach durch eigene Videos zu tagesaktuellen Themen zu kompensieren, die wir bei Facebook und Twitter verbreiten könnten. Während der vielen Stunden, die ich nahezu täglich im Auto verbrachte, konnte ich ohne viel Mühe ein Video aufnehmen. Der Versand über das Mobilfunknetz begrenzte die Dateigröße und damit die Dauer des Clips auf eine Minute – länger schaut ohnehin niemand. Aber in 60 Sekunden kann man immerhin differenzierter argumentierten als in einem Tweet. Die eigenwillige Perspektive von schräg oben, die die Komikerin Carolin Kebekus während des Bundestagswahlkampfs in einer Sendung aufs Korn nahm, ergibt sich übrigens aus der Position meines iPads auf dem Klapptisch im Fonds meines Dienstwagens. #CLimAuto wurde ein festes Format, das ich intensiv nutze. Ich war so nicht nur *on the road*, sondern auch *on air*.

Anfang 2016 überzeugte mein Büro mich, dass ich auch einen Account bei Instagram haben müsste. Dort hielten sich insbesondere junge, digitalaffine Menschen auf. Was meine Leute nicht sagten, mir aber auffiel: Instagram macht gute Laune, weil weniger Gift spritzende Trolle die Kommentare füllen. Wer sich, wie ich, etwa für alte Autos interessiert, findet ein Universum an Bildern vor. Für mich persönlich ist es mein Lieblingsmedium geworden. Unseren Mangel an staatspolitisch bedeutsamen Fotogelegenheiten kompensierten wir dadurch, dass ich die Menschen im wahrsten Sinne des Wortes mit hinter die Kulissen nahm und etwas mehr Einblick in meine persönliche Vorlieben gewährte, soweit nicht wirklich Privates öffentlich würde. Instagram ist ein Lebensgefühl-Medium. Und das Lebensgefühl der neuen FDP transportierten wir nicht mehr nur über Beschlusstexte oder Interviews, sondern auch über Hashtags und Bilder – zum Beispiel von meinen Turnschuhen, den unendlichen Terminen in ganz Deutschland oder dem Kart-Fahren auf Mallorca. Statt mit Moderatoren im Fernsehen zu streiten, diskutierten mein »Team Lindner« (TL) und ich über Jahre beharrlich bei Facebook, Twitter und Instagram mit Interessierten. So gelang es uns über die Zeit nicht nur, alte Vorurteile abzubauen, sondern auch ein digitales Netzwerk von Unterstützern aufzubauen.

Auch im politischen Alltag in Nordrhein-Westfalen haben wir auf Soziale Medien gesetzt. Systematisch haben wir unsere Themen an interessierte Zielgruppen vermittelt. So erreichten wir ein neues Publikum, etwa wenn es um die Themen G8 oder G9, Ladenöffnungszeiten oder die Grunderwerbssteuer ging. Unser Digital-Team plante auch gezielt PR-Aktionen, die wir ausschließlich über die Sozialen Medien ausspielten – mit dem Ziel, »viral zu gehen« und damit am Ende auch in die klassischen Medien zu gelangen. An einem Samstag Anfang Mai 2017 fuhren unsere Leute in Düsseldorf zum Beispiel mit einer mobilen Großfläche an einer IKEA-Filiale vorbei. Auf dem Plakat stand der Satz: »Wenn ein Möbelhaus unsere Kinder bis 20 Uhr betreuen kann, wieso können die Kitas in NRW das nicht?« – so machten wir auf die unflexiblen Öffnungszeiten und die unzureichende finanzielle Ausstattung der Kindertageseinrichtungen aufmerksam, die für viele Familien und besonders für berufstätige Frauen ein echtes Problem sind. Schnell ein Foto von der Aktion gemacht, in den Sozialen Medien gepostet – schon wenige Stunden später war das Echo enorm. Fast 12 000 Likes, eine Reichweite von 1,1 Millionen Menschen und eine kontroverse Diskussion, die dann auch in Regionalzeitungen ein Echo fand.

In den letzten zwei, drei Tagen vor einer Wahl berichten die klassischen Medien in der Regel kaum noch über Parteien. Wir aber wollten zu einem zentralen Thema – dem Breitbandausbau – noch mal kurz vor der Wahl einen Aufmerksamkeitspunkt setzen. Also castete unsere Agentur eine ältere Dame, die mit aufgestützten Ellenbogen aus dem Fenster guckend fotografiert werden sollte. Kombiniert mit dem Satz: »Kein Wunder, dass ich hier die ganze Zeit rausgucken muss, wenn mein Netflix nicht lädt«. Einen Tag vorher drohte die Aktion aber plötzlich zu platzen, denn es fand sich keine Unfallversicherung, die bereit war, die hochbetagte Dame für das Fotoshooting zu versichern. Also griff unser Wahlkampfleiter Johannes Vogel kurzerhand selbst zum Hörer, telefonierte sich durch die Partei und fand in buchstäblich letzter Minute ein älteres Parteimitglied, das bereit war, sich fotografieren zu lassen. Am 12. Mai, zwei Tage vor der Wahl, postete ich das Foto auf meinem Facebook-Profil und erzielte eine enorme Reichweite. Selbst eher politikferne Blogs wie »Dressed like Machines« griffen die »Breitband-Oma« auf. Die Aktion zu unserem Kernthema Digitalisierung wurde in den letzten Stunden vor der Wahl rauf und runter geteilt. Offenbar hatten wir einen Nerv getroffen.

In den Sozialen Medien war freilich auch der Weg selbst das Ziel: Wir warben damit, dass wir die Digitalisierung besser verstanden. Also mussten wir im digitalen Kanal beweisen, dass wir ihn auch professioneller nutzten. In der Konzeption des Bundestagswahlkampfs räumten wir den

Online-Maßnahmen deshalb besonderen Raum ein. Die anderen Parteien erhöhten zwar massiv ihre Werbebudgets, Marco Buschmann aber änderte vor allem die Organisation des Hans-Dietrich-Genscher-Hauses. Im »Digital Circle«, in dem alle liberalen Online-Akteure von unserer Werbeagentur, über unseren technischen Dienstleister und mein Büro bis zur Pressestelle der Partei agil kooperierten, ging keine Zeit mehr durch Abstimmungsprozesse verloren. Die Aufstellung machte uns schnell und kreativ. Die Freien Demokraten führten Maßnahmen in den Wahlkampf ein, die noch nie andere Parteien genutzt hatten. Wir waren beispielsweise die Ersten, die ein dynamisches Werbebanner in Deutschland schalteten. Um für unsere Idee eines Freibetrags bei der Grunderwerbssteuer zu werben, nutzten wir diese Innovation auf Immobilienportalen: Die Menschen bekamen nicht einfach eine elektronische Werbeanzeige präsentiert, das dynamische Banner rechnete vielmehr den individuellen Vorteil unseres Modell für die Anschaffung exakt der Immobilie aus, die die Menschen sich gerade anschauten. Wir nutzen als Erste einen Nachrichtendienst namens »fdpush«. Damit gelang es uns, eine große Zahl unserer Aktivisten im Netz zu mobilisieren, um unsere Inhalte zu verbreiten. Die SPD kopierte die Idee später ziemlich schamlos bis hin zu den von uns formulierten Textbausteinen. Wir waren die erste Partei mit einem »Chatter Bot« auf Twitter: »FDPShots« beantwortete Fragen nach den Inhalten der Freien Demokraten in 140 Zeichen. Ebenfalls waren wir die erste Partei mit einer »Alexa Skill«. Der Amazon-Sprachcomputer konnte erläutern, wofür die Freien Demokraten in bestimmten Politikthemen stehen. Die Maßnahmen selbst hatten ganz unterschiedliche Reichweiten. Aber viele klassische und die Fachmedien berichteten darüber, welche technologische Kreativität wir an den Tag legten. Die Botschaft war klar: Die FDP redet nicht nur von Digitalisierung – sie macht sie einfach. Natürlich ist das Internet – wie alles, was große Freiheit verspricht – Fluch und Segen zugleich. Auf der einen Seite gibt es virtuelle Echo-Räume, in denen Menschen unter sich bleiben und mit Fakten nicht mehr zu erreichen sind. Man schlägt sich mit Hass-Kommentaren, beleidigenden E-Mails und Twitter-Bots herum. Auf der anderen Seite ist das Internet ein fantastisches Medium: weltweite Kommunikation in Echtzeit, unmittelbares Feedback, hohe Agilität und viel Witz und Kreativität. Kein Wunder, dass 90 Prozent der Deutschen sagen, sie würden inzwischen eher ein Jahr lang auf Fast Food verzichten als auf das Internet. Früher mussten Bürger entweder kilometerweit fahren oder einen Brief schreiben, wenn sie einen Politiker erreichen wollten. Heute kann jeder zu Hause auf dem Sofa sitzend mit mir und anderen in direkten Dialog treten. Und wer könnte über Aktionen wie #thermilindner, mit der die Twitter-Gemeinde mich als Vertreter eines Haushaltsgeräts verulkte, nicht herzhaft lachen?

Mitbewerber, keine Feinde

Das Wissen über die Zukunft der Gesellschaft ist nicht irgendwo an einer Stelle konzentriert vorhanden. Es wird in diesem Moment und jeden Tag durch Millionen freie Einzelentscheidungen der Menschen erst geschaffen: für eine Investition, für ein Produkt, für eine Forschungsfrage – und jeweils gegen die Alternativen. Der Gedanke an einen wie auch immer gearteten Endzustand menschlicher Zivilisation ist mir fremd. Die Fixierung auf noch so wohlklingende Utopien ist in der Menschheitsgeschichte oft genug in autoritäre Herrschaft umgeschlagen.

Wer Fortschritt als offenen Prozess begreift, muss lernfähig sein. Gerade eine liberale Partei sollte den Anspruch an sich haben, immer wieder neu zu denken, Selbstkritik zu üben und ihr Verständnis von Liberalität nicht als feststehende Buchreligion zu begreifen. Wenn die Welt sich ändert, müssen wir uns in ihr ändern. Wir fühlen uns der Freiheit des Einzelnen verpflichtet, aber nicht einzelnen Denkern der Freiheit. Liberale besitzen ein Gewissen, aber sie verfügen nicht über letzte Gewissheiten.

Das Wissen um die eigene Selbstbeschränkung ist keine Schwäche. Daraus erwächst Kraft. Denn wer sich nicht im Besitz der letzten Wahrheit wähnt und keine Erlösung anstrebt, der kann sich auf das konzentrieren, was tatsächlich als möglich erscheint. Er kann und muss sich von den eigenen Irrtümern der Vergangenheit lösen. In dieser Selbstbindung an den Grundsatz der Lernbereitschaft unterscheidet sich der Liberalismus von vielen anderen politischen Denkweisen; er enthält immer auch einen Aufruf zur Bescheidenheit.

Ausgerechnet diese Demut hatten wir oft vermissen lassen. Wir haben andere mit unseren Prinzipien belehrt oder uns mit großer Freude an den politischen Mitbewerbern abgearbeitet. Ein Teil der Häme, die auf die Freien Demokraten einprasselte, war ein Echo auf das, was wir zuvor an Überheblichkeit ausgesendet hatten. Uns wurde eine Lektion erteilt.

Weil das Wissen um die Begrenztheit der eigenen Perspektive und die individuelle Fehlbarkeit zum Wesen unserer Philosophie gehört, muss der Respekt anderen politischen Kräften gegenüber in einer liberalen Partei besonders deutlich ausgeprägt sein. Das gesellschaftliche Ringen um Antworten auf Gestaltungsfragen setzt schließlich keine Harmonie voraus. Differenzen sind nicht nur legitim, sie schaffen im Diskurs Erkenntnisse: Auch der Mitbewerber könnte recht haben. Insofern war unsere FDP zu Zeiten, als sie sich vorwiegend an politischen Gegnern zu reiben versuchte, nicht nur unsympathisch, sie hatte auch ihren liberalen Charakter verfehlt. Wir alle haben die schnelle Pointe wichtiger genommen als die Auseinandersetzung mit realen Problemen, die auch von uns andere Antworten gefordert hätten.

Als es beim Dreikönigstreffen 2015 um die Neuaufstellung unserer Partei ging, war mir deshalb in meiner Rede eine Passage besonders wichtig, in der es gar nicht um unsere Partei ging, sondern um unsere Mitbewerber. Ich betonte die Rolle der FDP bei der Prägung der Bundesrepublik, aber auch die Beiträge der anderen. Man konnte ja deren aktuellen Kurs missbilligen, sagte ich, die Konservativen von Adenauer bis Kohl aber hätten sich um Deutschland verdient gemacht. Der in der Union stark vertretene Gedanke von »Recht und Ordnung« sei wichtig und legitim, wenngleich wir uns im Zweifel immer für Politiken entschieden, die diese Ziele nicht zu Lasten individueller Freiheit erreichten. Und weiter: »Mit den Sozialdemokraten haben wir die neue Ostpolitik verwirklicht. Das Streben nach sozialer Gerechtigkeit mag mich in den Ergebnissen nicht überzeugen, ein anerkennenswertes Motiv ist es schon. Die Grünen haben das ökologische Bewusstsein unserer Gesellschaft gestärkt, auch wenn ich so einiges als totalitär empfinde. Wir haben oft über die Schwächen und Fehler der anderen gesprochen. Man spricht aber nur über die Schwächen anderer, wenn man sich seiner eigenen Stärke nicht bewusst ist.« Wer Respekt wolle, der müsse auch anderen Respekt zollen können. Als Partei der Meinungsfreiheit müsse die FDP schon vom Stil her wieder einen Unterschied machen, sie solle sich an den Problemen abarbeiten und nicht am politischen Gegner.

In dieser Rede bemühte ich mich sehr darum. In unserem Leitbild hatten wir verankert, möglichst »lösungsorientiert« zu kommunizieren. Ich wollte mit gutem Beispiel vorangehen. Aber natürlich bin auch ich nicht frei davon, Pointen zu Lasten der Kolleginnen und Kollegen aus anderen Parteien zu machen. Zumal nicht in Wahlkämpfen, die wir als Partei im außerparlamentarischen Angriffsmodus zu führen hatten. Ich habe also beispielsweise die grünen Minister in Nordrhein-Westfalen scharf in ihrer Rolle als Regierungsmitglieder attackiert. Worum ich mich aber seinerzeit bemüht habe und generell bemühe, das ist, Angriffe auf die Person, ihren Charakter und die Lauterkeit der Motive zu unterlassen. Und weil ich mich darüber ärgere, wenn Positionen der FDP von der Konkurrenz völlig zu Unrecht als Ausdruck irgendeines Lobby-Einflusses abgewehrt werden, will ich selbst nicht genauso schlicht argumentieren – auch wenn mir das nicht immer gelingt.

Linkspartei und AfD hatte ich seinerzeit nicht erwähnt, denn diese Parteien gehören nicht zu dem, was ich als demokratisches Zentrum unserer Republik begreife. Sie wollen am Ende nicht eine andere Politik, sondern ein anderes

System mit einer anderen politischen Kultur. Diese beiden Ziele teilen wir ausdrücklich nicht.

Ein Debattenklima mit weniger scharfen Kanten und persönlichen Attacken wäre eine Antwort auf die zunehmende Fragmentierung unseres Parteiensystems. Bekämpft man einander im Wahlkampf nicht auf eine persönlich verletzende Art, dann ist am Tag nach der Wahl auch eher ein Brückenschlag möglich, wenn es um gemeinsame Projekte und möglicherweise um gemeinsame Regierungsverantwortung geht.

Das gilt insbesondere für das Verhältnis zwischen Freien Demokraten und Grünen: Wenn die Fähigkeit fehlt, miteinander ins Gespräch zu kommen, dann drohen möglicherweise auf Dauer Große Koalitionen. Umgekehrt könnten sich beide Parteien, sofern es eine grundsätzliche Verständigung gibt, dereinst einen größeren Partner aussuchen, ob das nun die Union oder die SPD ist. Momentan glaube ich, dass die FDP auf die Grünen entspannter schaut, als das in der Gegenrichtung der Fall ist. Bei der Achtung von Bürgerrechten, in der Debatte um innere Sicherheit und bei emanzipatorischen Fragen der Gesellschaftspolitik gibt es durchaus Gemeinsamkeiten. Die Orientierung am Gedanken der Freiheit verlassen die Grünen aber, sobald es um wirtschaftliche Fragen oder ökologische Ziele geht. Da ist das Vertrauen auf die Selbstverantwortung und Selbstkoordination der Gesellschaft gering. Dabei besteht über die Parteigrenzen hinweg oft Einigkeit in den Zielen, nur bei den Wegen gehen die Einschätzungen auseinander.

In oberflächlichen Analysen liest man, dass beide, Grüne und FDP, liberale Parteien seien, auch ihr Elektorat sei ähnlich. Tatsächlich ähneln die Wählerinnen und Wähler von

Grünen und FDP einander beispielsweise hinsichtlich des jeweils überdurchschnittlichen Bildungsstandes. Aber in Haltungsfragen sind die Unterschiede erheblich. Ich will darauf einen Blick werfen, nicht um Gräben zu vertiefen. Aber wer den scharfen Wettbewerb der Ideen verstehen will, muss die Unterschiede kennen. Vielleicht ist es ein Beitrag zur Entkrampfung, wenn grundlegend andere politische Mentalitäten einfach akzeptiert werden, ohne daraus ein Feindbild zu machen.

Bei den Grünen beobachte ich eine moralische Überheblichkeit. Wer ihre Politik nicht teilt, wird mit dem Bann belegt, ein »Menschenfeind« zu sein, wie ein niedersächsischer Minister an die Adresse von CDU und FDP im Sommer 2017 allen Ernstes formulierte. Der Grünen-Politiker Boris Palmer zog sich sogar Schmähungen aus der eigenen Partei zu, als er etwa zeitgleich in einem Buch über die Grenzen der Belastbarkeit in der Flüchtlingspolitik feststellte, Deutschland könne nicht allen auf der Welt helfen. Man stelle sich vor, um Palmer beim Wort zu nehmen, unser Land würde tatsächlich die gegenwärtig 65 Millionen Flüchtlinge auf der Welt aufnehmen. Der Soziologe Max Weber unterschied einmal zwischen einer Gesinnungsethik, für die um jeden Preis die Motive des Handelns zählten, und der Verantwortungsethik, die auch die praktischen Folgen edel gemeinter Taten zu berücksichtigen habe. Der grüne Mainstream ist eindeutig gesinnungsethisch.

Daher meint man dort mitunter, das Recht zu besitzen, anderen zu sagen, wie sie zu leben haben. Aus der Vermutung, auf der guten Seite der Geschichte zu stehen und daher unbestreitbare Wahrheiten zu vertreten, speist sich eine grüne Steuerungseuphorie. Die ursprünglich durchaus anarchistischen Wurzeln der Partei scheinen weitgehend verschüttet zu sein. Waren die Grünen einmal eine Partei gegen das Establishment, so nutzen sie heute den Staat, um mit Gesetzen, Verboten, Steuern und Subventionen ihre Vorstellungen vom guten Leben allgemein verbindlich zu machen. Gegen die Motive sozialer Gerechtigkeit, wie auch immer man sie im Einzelnen verstehen mag, und der Schonung natürlicher Lebensgrundlagen ist nichts zu sagen. Ganz im Gegenteil. Aber die Instrumente müssen diskutiert werden.

Ich erwähnte bereits, dass der Freie Demokrat Hans-Dietrich Genscher der erste für Umweltfragen zuständige Minister in der Geschichte der Republik war. Er gründete das Umweltbundesamt. In der sozialliberalen Regierung waren die Zuständigkeiten für den Umweltschutz damals nämlich ihm als Bundesinnenminister zugeordnet worden – und nicht dem Landwirtschaftsminister. Das hatte Auswirkungen auf die Fachpolitik, denn das Umweltrecht wurde so von denjenigen konzipiert, die sich mit Verfassungs- und Ordnungsrecht befassten und nicht mit Subventionen oder Einzelfallbestimmungen.

Der Staat muss absolute Belastungsgrenzen ziehen und den Effekten, die sich nicht von selbst als Kosten in der Bilanz eines Unternehmens widerspiegeln, einen Preis geben. Denn wenn die Nutzung oder Belastung natürlicher Ressourcen keinen Preis hat, können Märkte nicht funktionieren. Dann werden ökologische Kosten zwischen Weltregionen und Generationen umverteilt. Das widerspräche dem liberalen Verantwortungs- und Haftungsprinzip. Für uns, die wir den Einzelnen ins Zentrum stellen, ist der Umwelt- und Klimaschutz ein logisches Anliegen, denn die

Ausweitung der Lebenschancen des Menschen setzt zunächst einmal seine Überlebenschance voraus.

Ökologische Gebote müssen sich aber am Maßstab der Verhältnismäßigkeit beweisen – auch im Umweltschutz heiligt der Zweck nicht seine Mittel. Schließlich hat der Mensch das Recht auf Entwicklung und Gestaltung. Eine ökologisch-egalitäre Denkrichtung will dagegen die Unberührtheit der Natur über dieses Recht des Menschen stellen. An dieser Entwicklung tragen die Freien Demokraten Mitschuld. Waren sie zunächst Avantgarde in der Umweltpolitik, räumten sie im Laufe der siebziger Jahre dieses Feld so weit, dass die Grünen es für sich einnehmen konnten. Das war nicht nur für die FDP bedauerlich, sondern auch für die Sache selbst. Den Grünen ist es in einer verbreiteten Wahrnehmung gelungen, ökologische Verantwortung an ein linkes Politikverständnis zu ketten – gemäß der Vorstellung, gesellschaftliche Veränderungen müssten für uns alle von wohlmeinenden Politikern am grünen Tisch geplant werden. In der Konsequenz würde jeder Lebensbereich bis ins Detail vom Gesetzgeber bestimmt und bürokratisch kontrolliert. Der verstorbene Soziologe Ulrich Beck hat dieses Denken einmal mit dem chinesischen autoritären Staatskapitalismus verglichen und gesagt, dass manche seiner »Freunde aus der Umwelt- und Klimabewegung ein Stück weit mit dieser Figur der ökologischen Steuerung von oben liebäugeln«. In der Umwelt-, Klima- und Energiepolitik gibt der Staat heute schon weitreichende Kommandos über die Rahmensetzung hinaus.

Im Bundestagswahlkampf 2017 wurde beispielsweise über Elektromobilität und ein Verbot des Verbrennungsmotors im Jahr 2030 gestritten. Emissionsfreie Mobilität ist ein richtiges Ziel. Bislang wirft der Elektroantrieb aber ökologische und soziale Fragen auf, die mit dem Stand der Technik noch nicht beantwortet werden können. Mit synthetischen Kraftstoffen im herkömmlichen Verbrennungsmotor gibt es dagegen mögliche Alternativen. Ich scherzte also in Reden, dass ich als Politikwissenschaftler nicht wüsste, was nun der Antrieb der Zukunft sei, aber »Katrin Göring-Eckardt ist Theologin – die weiß es auch nicht«.

Politiker in Parlamenten sollten Ziele vorgeben, aber der Weg dorthin möge Ingenieuren, Technikern und Naturwissenschaftlern vorbehalten sein. Der Unterschied zwischen grünem Weltverständnis und Liberalismus ist dessen Bereitschaft, Ziele politisch vorzugeben, dann aber die Suche nach dem besten Weg zugunsten der Innovationskraft von Forschung und Wirtschaft offenzuhalten.

Es ist eine wiederzuentdeckende Aufgabe für Liberale, eine Balance zwischen den Entwicklungswünschen der Menschen und einem im Ergebnis wirksamen Schutz der natürlichen Lebensgrundlagen herzustellen. Eine ökologische Ordnungspolitik achtet private wie wirtschaftliche Freiheit. Für sie sind grundlegende Zielvorgaben wie Energieeffizienz oder Instrumente wie der marktwirtschaftliche Emissionshandel in Europa besser geeignet, um den Wettbewerb als Innovationstreiber, Kostensenker und als Entdeckungsverfahren für neue Technologien zu nutzen. Wenn die Schonung der Ressourcen wirtschaftliches Eigeninteresse ist, suchen die Menschen die besten Wege. Statt Ökonomie und Ökologie gegeneinander auszuspielen, muss die Kraft des Marktes in den Dienst der Umwelt gestellt werden.

In globaler Perspektive gibt es dazu kaum eine Alternative. Wir werden den Schwellenländern keine Askese und keinen Wohlstandsverzicht verordnen können. Es wäre sogar ethisch fragwürdig, anderen die Verbesserung ihrer Lebensverhältnisse versagen zu wollen. Die Schwellenländer müssen aber nicht alle früheren Entwicklungsstufen der westlichen Länder durchlaufen, sondern können gleich auf Zukunftslösungen setzen. Das hat den Vorteil, dass wir uns als Technologieführer Marktchancen erhalten.

Zu einem weiteren grundlegenden Unterschied: Die Grünen vertreten eine durchaus libertäre Gesellschaftspolitik, die Individuen Entfaltungsräume öffnen will. Der Wunsch, dafür alle sozialen Unterschiede, alle Rollen und alle Institutionen durchlässig zu machen, schlägt jedoch schnell in Egalitarismus um. Denn jede Differenz kann als möglicher Angriff auf das Postulat der Gerechtigkeit denunziert werden, weil angeblich oder tatsächlich gesellschaftliche Strukturen den Einzelnen in seiner Entwicklung behinderten. Also müssen diese Strukturen nivelliert werden. Aus Emanzipation wird Zwang. Der Gedanke der Vielfalt, den beide Parteien in den Vordergrund stellen, führt so zu unterschiedlichen Schlussfolgerungen: Der liberale Ansatz ist stärker durch Toleranz auf der Basis gleicher Rechte geprägt, der der Grünen durch aktiv herzustellende Gleichförmigkeit. Liberale wollen nicht bis in die Detailsteuerung hinein die Richtung einer gesellschaftlichen Entwicklung vorgeben, sie möchten Leitplanken setzen, innerhalb derer sich die Gesellschaft dann in einem fortwährenden Suchprozess entwickeln kann. Eigentlich ist das ein Gedanke, der wesentlich stärker von Kreativität und Vielfalt geprägt ist als der mittlerweile eher von Regulierung getragene Ansatz der früheren Sponti-Partei.

Die Bildung von gemeinsamen Koalitionen ist durch diese

grundlegenden Unterschiede nicht einfach. Dort, wo FDP und Grüne zusammenarbeiten, wird dies damit regelrecht entschuldigt, die jeweilige Landespartei sei nicht repräsentativ für die Bundespartei. In Schleswig-Holstein sagte der dortige grüne Minister Robert Habeck etwa über die gebildete Jamaika-Koalition, die FDP von Wolfgang Kubicki sei eine ganz andere als die von Christian Lindner. Von mir wird man umgekehrt ähnliche Formulierungen im Hinblick auf die Grünen finden. Man muss es als Versuch werten, die Bedeutung der Zusammenarbeit zu relativieren, um angesichts von weltanschaulichen Unterschieden Irritationen in der eigenen Anhängerschaft zu dämpfen.

In der Vergangenheit wurden Koalitionen oft künstlich überhöht. Sei es, als Helmut Kohl 1982 die geistig-moralische Wende verkündete, sei es, als Rot-Grün 1998 zum Generationenprojekt ausgerufen wurde. Solche Sujets passen nicht mehr in die Gegenwart.

Lässt man AfD und Linkspartei außen vor, dann gibt es zwischen den deutschen Parteien keinen grundlegenden Systemkonflikt mehr, zugleich existieren aber doch unterschiedliche Milieus und Wertvorstellungen. Die schon beschriebene Auffächerung des Parteiensystems könnte bunte Regierungsformate in der Zukunft häufiger nötig machen. Deshalb ist es an der Zeit für eine Profanisierung der Koalitionsfrage. Es kann nicht jedes Mal um eine neue politische Epoche gehen. Es stellt sich die nüchterne Frage, ob Gutes für das Land und seine Menschen bewirkt werden kann. Und ob jeder in der Lage ist, sein Profil einzubringen. Der Einigungsdruck ist geringer, wenn sich potenzielle Partner nicht auf lange, bedeutungsschwere Präambeln fixieren, sondern stärker in Projekten denken.

Bei der Regierungsarbeit könnte es in Zukunft aus diesem Grund Veränderungen geben: In der bisherigen Staatspraxis nimmt der Regierungschef eine starke Stellung ein, die Kabinettsdisziplin ist ausgeprägt, jeder Koalitionspartner bestimmt über alles mit. Der Regierungsstil Angela Merkels hat die Ressorts im Bund systematisch entmachtet – im Gegenzug wucherte das Bundeskanzleramt: immer mehr Stellen, immer mehr Bürofläche. Vielleicht wird eine Folge der bunteren Regierungsformate sein, dass das Ressortprinzip stärker zur Entfaltung kommt, dass Minister also eigenständiger in ihrem Bereich gestalten können? Das würde Profilbildung innerhalb einer Koalition erlauben, forderte aber auch mehr Toleranz der Partner. 2017 klingt das wie Zukunftsmusik. Die Entwicklung der politischen Landschaft könnte schon einen Schritt weiter sein als die Parteien und ihre Anhänger selbst.

Bundestagswahlkampf 2017

Institut für Demoskopie Allensbach, Sonntagsfrage, 18. 7. 2017: CDU/CSU 39,5 %, SPD 25 %, Linke 9 %, Grüne 7 %, FDP 9 %, AfD 7 %, Sonstige 3,5 %

Die Sirene schrillte. Minutenlang. Keiner konnte sie abstellen. So begann für uns der Bundestagswahlkampf.

Mitte Juli 2017 hatten Nicola Beer, Marco Buschmann und ich viele Dutzend Direktkandidaten, Kreisvorsitzende und Führungskräfte der Freien Demokraten in den Veranstaltungsräumen von *Microsoft* in Berlin-Mitte versammelt, um in einem internen Kreis unsere Kampagne vorzustellen. Ich kündigte bei der Begrüßung an, nur zwei Gedanken äußern zu wollen. Der erste: Im vergangenen Jahr seien Wahlen und Abstimmungen mit Angst und Abschottung gewonnen worden. In diesem Jahr gäben der Erfolg der Liberalen in den Niederlanden und der Sieg von Emmanuel Macron in Frankreich Anlass für Optimismus. »Es werden wieder Wahlen mit dem Appell an Weltoffenheit, Liberalität und Fortschritt gewonnen«, sagte ich. Wir protestierten nicht gegen »das System«, sondern gegen eine Verliebtheit in den Status quo, weil Deutschland Zeit verlöre und vieles nicht schnell genug voranginge. Zum Anwalt all derjenigen, die so fühlten, sollten wir uns im Wahlkampf machen.

Anders als zuletzt in Nordrhein-Westfalen gab es keine greifbare Wechselstimmung. Eine auf Angriff ausgerichtete Kampagne wäre im Bund also unpassend gewesen. Selbstzufriedenheit, Trägheit, ja, eine Art neues Biedermeier machten sich breit. Früher hatte ich von einer »Wohlstandshalluzination« gesprochen, weil die gegenwärtige Stärke des Landes auf Sonderfaktoren wie unter anderem dem niedrigen Außenwert des Euro beruhe und der grundlegende Strukturwandel durch die Digitalisierung ausgeblendet werde.

»Ich will einen zweiten Gedanken äußern«, konnte ich noch sagen. Dann ertönte der Feueralarm. Ich wartete, damit die Haustechnik das enervierende Geräusch abstellen konnte. Doch stattdessen wurde nach drei Minuten mitgeteilt, dass es sich nicht um einen Probealarm handelte, sondern dass wir das Gebäude sofort verlassen müssten. So standen wir alle draußen auf der Straße im Nieselregen und warteten. Boulevard-Medien berichteten später, die FDP-Kampagne sei offenbar so »heiß«, dass sogar die Feuerwehr ausrücken müsse.

Tatsächlich fuhren mehrere Löschfahrzeuge vor. Der Alarm war in einer Küche des Gebäudes ausgelöst worden, ein Feuer gab es nicht. Nach zwanzig Minuten im Freien konnten wir in den Raum zurückkehren und ich mit meinem zweiten Gedanken fortfahren: dass nämlich Wahlkampf von unvorhersehbaren Ereignissen geprägt sei … Ich äußerte insbesondere meine Erwartung, dass die Freien Demokraten nach den Erfolgen in Schleswig-Holstein und Nordrhein-Westfalen für die demokratischen Mitbewerber und kritisch eingestellte Beobachter jetzt der »Staatsfeind Nummer 1« seien. Denn wir unterschieden uns vom schwarz-rot-grünen Mainstream, zugleich seien wir aber anders als AfD und Linkspartei ein potenzieller Gestaltungsfaktor, wie die letzten Wahlen gezeigt hätten. Der Politikwechsel, den die einen wünschten und die anderen ablehnten, führe über uns. An unserem Erfolg hätte daher außer uns selbst und den Menschen, die auf uns setzten, niemand ein Interesse. An diesem Tag verwies ich zur seelischen Vorbereitung auf den Philosophen Franz Müntefering: »Helm enger schnallen und weitermarschieren.«

Nach meinen einführenden Worten zeigte »Heimat«, was unsere Strategen und die Kreativen erarbeitet hatten. Das, was wir selbst vier Jahre lang immer wieder getan hatten, boten wir mit unserer Kampagne dem ganzen Land an: »Denken wir neu« war als Einladung gemeint. Die Themen Bildung, Digitalisierung und Wirtschaftskompetenz standen wie in den vielen Wahlkämpfen zuvor im Zentrum. Warum sollten wir verändern, wovon wir überzeugt sind und was in unserem Wahlprogramm im Detail ausgearbeitet war? An unsere Mitglieder und Unterstützer sandten wir so das Signal, dass unsere Partei konsequent und ruhig die Linie verfolgt, die wir über Jahre konzipiert hatten. Meine Erfahrung aus über zwanzig Jahren Wahlkampf ist, dass Kampagnen die Wahrnehmung einer Partei oder einer Spitzenperson nur dann glaubwürdig verstärken, wenn sie kommunizieren, was zuvor schon an Stärken angelegt war. Müssen die Menschen sich zwischen Realität und Fiktion entscheiden, dann werden sie nicht lange zögern.

Wir plakatierten »Bildung – die Supermacht des 21. Jahrhunderts« und »Die Digitalisierung ändert alles. Wann ändert sich die Politik«. Das Motiv zum Auftakt war »Ungeduld ist auch eine Tugend«. Wir wollten unterstreichen, dass die Freien Demokraten sich als progressive und als nicht-reaktionäre Kraft verstanden. Auf einem Plakat stand: »Manchmal muss ein ganzes Land vom Zehner springen.« Deutschland hat gute Ideen, aber wir sind Weltmeister darin, diese auf die lange Bank zu schieben.

Das visuelle Konzept der Plakate war an das Design von Magazinen angelehnt – ein Motiv, viel weiße Fläche. Raum für Notizen, den wir nutzten, um mit längeren Texten unsere Haltungen und Themen zu vertiefen. Inhalte statt Schlagworte. Die Freien Demokraten hatten etwas zu sagen. Durch eine moderne Ästhetik wollten wir uns von den anderen Parteien absetzen und intuitiv erfahrbar machen, dass wir in der Jetzt-Zeit angekommen sind. Das ist keine Oberflächlichkeit, denn über das Design werden immer Grundeinstellungen und die Positionierung im politischen Spektrum vermittelt – man kann nicht nicht kommunizieren. Die Frage ist nur, wie man es macht.

Der Wahlkampf selbst nahm kaum Fahrt auf, wie den Leserinnen und Lesern noch erinnerlich sein wird. Der anfängliche Schulz-Hype war im Sommer längst verdunstet. Der

Herausforderer von Angela Merkel lancierte nahezu täglich neue »Konzeptpapiere« und beteuerte, er werde der nächste Bundeskanzler. Je größer der Abstand der Sozialdemokratie zur Union in den Umfragen wurde, desto mehr geriet Schulz in die Vergeblichkeitsfalle der Politik: Die Ankündigungen und Beteuerungen wurden nur noch als Taktik gewertet. Sie helfen dann nicht, sondern tragen zur Verunsicherung bei.

In dieser Lage spielte die Union auf Sicherheit. Als Schulz noch ein aussichtsreicher Kandidat war, gewann ich den Eindruck, dass die CDU möglicherweise ein ambitioniertes Programm vorlegen könnte – doch dann wurde die Erstellung des Programms an den Chef des Bundeskanzleramts delegiert. Deutlicher kann man das Bestreben um Kontinuität nicht ausdrücken.

Tatsächlich mag ein Teil der mit Händen zu greifenden Verzweiflung der SPD damit zusammengehangen haben, dass fundamentale konzeptionelle Unterschiede den Programmen der beiden Regierungsparteien nicht zu entnehmen waren. Die Union folgt in der Ära Merkel mehr denn je dem Medley-Prinzip: das Beste von allem.

In einer Sendung von »Anne Will« war ich zusammen mit dem Vorsitzenden der CDU/CSU-Bundestagsfraktion, Volker Kauder, zu Gast, der auf die Frage, warum man seine Partei zu wählen habe, einen längeren Satz »vertonte«, in dem die Schlagworte aller Parteien außer Linkspartei und AfD genannt waren. In der von ARD und ZDF organisierten TV-Schlussrunde der Parteien am Donnerstag vor der Wahl antwortete Ursula von der Leyen auf die Vorhaltung, die Schulen seien in einem inakzeptablen Zustand und der Bildungsföderalismus müsse deshalb reformiert werden, die unionsgeführte Regierung habe ja bereits sieben Milliarden Euro an zusätzlichen Mitteln bereitgestellt. Angesichts von 34 Milliarden Euro Sanierungsstau sei das eine typische Symbolhandlung, die Probleme nicht wirklich beseitige, sondern stattdessen Handlungsbereitschaft zur Beruhigung nur andeute, sagte ich sinngemäß. In diesem Punkt stimmten mir ausnahmsweise die Vertreterinnen von SPD und Grünen zu. Die Wahlplattform der Union konnte man per saldo in zwei Worten zusammenfassen: »Weiter« und »so«. In Zeiten des Wandels ist Kontinuität aber ein Risiko.

In einem Aufeinandertreffen mit den Spitzenkandidatinnen der anderen drei kleineren Parteien unter der Leitung von Claus Strunz im Privatfernsehen – einem erinnerungswürdigen Moment des TV-Wahlkampfs – rieb ich mich daher am Slogan der Union. Ich zitierte spontan: »CDU – damit wir WEITER gut und gerne in Deutschland leben«. Noch während der Sendung, um 23.03 Uhr, las ich in der Werbepause eine SMS der CDU-Vorsitzenden an mich: »FÜR ein Deutschland, in dem wir gut und gerne leben. Herzliche Grüße, AM.«

Einige Wochen zuvor hatte die Bundeskanzlerin bereits die »Ehe für alle Paare« aus der Wahlauseinandersetzung gekürzt. Die Grünen hatten mehr oder weniger unfreiwillig auf Druck eines Parteitags diese Forderung zur Koalitionsbedingung erklärt. Ich äußerte in einem Interview, für die Freien Demokraten gelte dasselbe, weil auch wir diesen Schritt der gesellschaftspolitischen Erneuerung für lange überfällig hielten: Wer füreinander Verantwortung übernimmt, muss ebenso Rechte haben. Meine Ahnung war, dass die SPD folgen würde. Am Ende waren tatsächlich alle potenziellen Partner der Union positioniert, so dass Angela Merkel die Angelegenheit auf einer Veranstaltung der

Brigitte durch eine »Gewissensentscheidung« mit als Tapsigkeit getarnter taktischer Souveränität noch vor der Wahl aus dem Weg räumte. Bloß keine Debatte! Mir schrieb in diesen Tagen übrigens eine bedrückend große Zahl von Bürgerinnen und Bürgern, sie würden die Freien Demokraten nun nicht mehr wählen, da wir jetzt ja auch für »widernatürliche Verbindungen« seien. Nur die AfD käme noch in Frage. Ich antwortete, dass die Freien Demokraten schon lange für die »Ehe für alle Paare« seien. Und wer das ablehne, für den seien wir in der Tat nicht die richtige Wahl.

Trotz aller Bemühungen um strategische Professionalität ist Wahlkampf von Spontaneität geprägt. Am Ende meines Sommerurlaubs auf Mallorca traf ich, wie in den letzten Jahren immer wieder, Journalisten zu Interviews. Ich hatte in diesen Tagen über grundsätzlichere Fragen nachgedacht und war zu der Auffassung gelangt, zu einem Thema etwas beitragen zu müssen: Russland. Mein aus Deutschland für diesen Tag angereister und nun verblüffter Sprecher Moritz Kracht fragte mich, was denn der taktische Hintergrund meiner Äußerungen sei. »Es gibt keinen taktischen Hintergrund«, antwortete ich. »Die Leute sollen wissen, wie wir dazu stehen.«

Es ist meine Überzeugung, dass eine Entspannung der Beziehungen zwischen Russland und dem Westen insbesondere im Interesse Deutschlands und der EU liegen muss, da wir denselben Kontinent teilen. Die eindeutig von wirtschafts- bzw. energiepolitischen Interessen bestimmte Sanktionspolitik, die der US-Kongress in diesem Jahr beschlossen hat, legt für mich ebenfalls nahe, dass es Initiativen braucht, um auf mittlere Sicht wieder zu mehr Kooperation mit Russland zu kommen. Nicht als Alternative zur transatlantischen Partnerschaft, sondern zur legitimen Stärkung europäischer Eigeninteressen. Deutschland kann dabei aufgrund seiner Geschichte diplomatisch eine Schlüsselrolle spielen.

Im Sommer sagte ich also, die Annexion der Krim müsse als »dauerhaftes Provisorium« hingenommen werden, um zunächst an anderen Stellen zu prüfen, ob der Kreml zu einer veränderten Politik bereit sei. Ich war mir der Tragweite dieser Äußerung durchaus bewusst, weshalb ich unseren außenpolitischen Experten Alexander Graf Lambsdorff bat, den Text des Gesprächs kritisch zu lesen, bevor ich meine Aussagen freigeben würde. Er hatte keinerlei Bedenken, sondern nur ein paar hilfreiche Ergänzungen. Er habe dasselbe schon öffentlich gesagt. Am Samstag erschien das Interview – und der Shitstorm brach los.

Meine Äußerungen wurden als »Wende« der Russlandpolitik der FDP aufgefasst. Der exakte Wortlaut des Interviews war noch nicht bekannt, da wurde in den ersten Meldungen der Online-Medien schon so zugespitzt, dass ich sofort E-Mails aus der Partei und von Bürgerinnen und Bürgern erhielt, ich möge dieses »Appeasement« gegenüber Moskau einstellen. Man könne die FDP nicht mehr wählen, denn ich verrate das Erbe von Hans-Dietrich Genscher. Tatsächlich hatte er in einem seiner letzten Gespräche im Sommer 2015 ähnliche Ansichten wie ich geäußert.

Es erschienen scharf verfasste Kommentare, auf Twitter baute sich eine Welle auf, weil Journalisten uns in die Nähe von AfD und Linkspartei rückten – vermutlich, ohne den Wortlaut des Interviews oder meine Position im Einzelnen zu kennen. Ein Kommentator der *Bild*-Zeitung erklärte die FDP ab sofort für »unwählbar«.

Nebenbei gesagt: In einer politischen Kommunikation ohne die Sozialen Medien hätte ich mich für eine Einordnung meiner Äußerungen um ein Interview in einer überregionalen Zeitung bemühen müssen. Zwischenzeitlich wären jedoch schon viele Kommentare verfasst worden, die Meinungsbildung wäre auf der Basis der ersten Zitate erfolgt und im Kern abgeschlossen gewesen. So nahm ich stattdessen am Samstagmittag ein Video für Facebook auf, in dem ich meine Position mit Argumenten vertiefte. Auf Twitter bot ich nachmittags den Kritikern Paroli. Klaus Kinkel meldete sich telefonisch und kündigte an, mir sofort öffentlich den Rücken stärken zu wollen. Alexander Graf Lambsdorff und Wolfgang Kubicki, der allerdings eine noch etwas anders nuancierte Position als ich vertritt, taten dasselbe. Das beendete die Debatte zwar nicht, nahm ihr aber die gefährliche, in eine falsche Richtung führende und nicht beabsichtigte Überspitzung. Ein Chefredakteur, der mich zuvor bei Twitter hart kritisiert hatte, schrieb mir gegen Abend eine SMS, in der er mich für die Kommunikationsarbeit lobte: »Vorbildlicher Einsatz von Social Media heute, wenn auch für uns traditionelle Medien beunruhigend. Nervige Nachfragen von Journalisten bleiben Ihnen erspart.«

Zurück zur Sache. Es macht keinen Sinn, Völkerrechtsbrüche und eine aggressive Militärpolitik zu beklagen, zugleich aber in Europa umstrittene Pipeline-Projekte voranzutreiben, die unsere Abhängigkeit von russischem Gas tendenziell weiter erhöhen. Die Diversifikation unserer Versorgung muss eine energiepolitische Priorität werden. In den letzten Jahren hat Russland zudem im Widerspruch zu allen Verträgen neue taktische Nuklearwaffen nachgerüstet. In Deutschland verschließen manche davor die Augen. So forderte der SPD-Kanzlerkandidat in diesem Wahlkampf das Ende der nuklearen Teilhabe Deutschlands in der NATO und den Abzug von US-Nuklearwaffen. Auch Grünen-Chef Cem Özdemir träumte in einer Fernsehsendung von einem Europa ohne Atomwaffen. 2009 sprach Guido Westerwelle genauso. Aber seitdem hat sich die Welt geändert. Die NATO-Präsenz in Osteuropa hatte der ehemalige Außenminister Frank-Walter Steinmeier einmal als »Säbelrasseln« bezeichnet – und war dafür von der FDP kritisiert worden, denn auf aggressive Gesten muss das Bündnis reagieren, damit die Beistandspflicht glaubwürdig bleibt. In der Russlandpolitik mangelt es also zum einen an der notwendigen Konsequenz. Zu ihr würde gehören, bestehende Sanktionen gegebenenfalls zu verschärfen, wenn sie nicht wirksam sind. Entgegen mancher Spekulation zu meinen Motiven sollten in sicherheitspolitischen Existenzfragen wirtschaftspolitische Interessen keine Rolle spielen.

Zum anderen bemängle ich aber, dass Gelegenheiten fehlen, die drohende Spirale der Eskalation und Aufrüstung zwischen Russland und dem Westen zu verlassen. Die historische Lehre aus dem Helsinki-Prozess und dem NATO-Doppelbeschluss ist, dass eiserne Konsequenz von ständiger Kooperationsbereitschaft begleitet sein muss. Die Annexion der Krim war ein Völkerrechtsbruch, der nicht akzeptiert werden kann. Falls Russland zu einer neuen Entspannungspolitik bereit ist, wird sich diese Kursänderung jedoch nicht zuerst beim schwierigsten Konflikt zeigen. Aus sicherheitspolitischen und aus Prestigegründen wird die Krim-Frage zu den letzten gehören, die dereinst vielleicht gelöst werden können. Deshalb hatte ich vorgeschlagen, den Konflikt einzufrieren, um an anderen Stellen Beweglichkeit zu schaffen.

Damit meine ich nicht den einseitigen Verzicht auf Sanktionen ohne Gegenleistungen, sondern beispielsweise die Einladung an Russland, in den Kreis der G8 zurückzukehren – vielleicht mit dem Zwischenschritt G7+1. Mich hat nie überzeugt, dass sieben Regierungschefs führender Staaten lieber miteinander besprechen, wie böse der achte ist, als mit ihm über die Probleme zu reden. Beim Beitrittsprozess der Türkei in die EU – der zwischenzeitlich obsolet geworden ist und beendet werden sollte – wurde die völkerrechtswidrige Besetzung Nordzyperns übrigens ausgeklammert und auf Wiedervorlage gelegt.

Besonders hart angegriffen wurde ich von Journalisten des Springer-Verlages. Nach einer TV-Sendung besuchte ich Anfang September am späteren Abend noch ein Fest der *Bild*-Zeitung. Der Zufall wollte, dass ich einem hohen General der amerikanischen Streitkräfte mit seiner Entourage in die Arme lief, die im Begriff waren, die Veranstaltung zu verlassen. Wir wurden einander vorgestellt und plauderten kurz. Zu meiner Verblüffung zog er aus der Innentasche seiner Uniform einen Ausdruck unseres Plakats »Ungeduld ist auch eine Tugend« und bat um ein Autogramm. Unsere Haltung fände er großartig und amerikanisch.

Als ich in der Schlusskurve vor der Wahl in einem Interview unsere – wie ich dachte – sattsam bekannten Forderungen zur Flüchtlingspolitik einmal mehr vortrug, kamen plötzlich Vorwürfe auf, die Freien Demokraten wollten eine »AfD light« sein. Durch Nachfragen der Journalisten (»Woher kommt Ihre Härte?«) wirkte der Text auf manche neu, aber er entsprach nicht zufällig bis auf den Wortlaut dem, was ich in den vergangenen zwei Jahren in Reden, Beiträgen und Interviews immer wieder gesagt hatte.

Tatsächlich war ich der Auffassung, dass die Antwort der FDP auf die für viele wichtigste Frage noch einmal hervorgehoben werden müsse – durch eine fachliche Vertiefung unserer liberalen und rechtsstaatlichen Position. Ich hatte darum schon längere Zeit zuvor Joachim Stamp, unseren Flüchtlings- und Integrationsminister in Nordrhein-Westfalen, gebeten, mit mir vor der Bundestagswahl ein Konzept für eine neu geordnete Einwanderungspolitik vorzustellen. Es sollte eine der zehn »Trendwenden« vorwegnehmen, die wir auf unserem Bundesparteitag am Sonntag vor der Wahl als Koalitionsprüfsteine in einem Beschluss fixieren würden. Der Raum im Hans-Dietrich-Genscher-Haus, in den Joachim Stamp und ich die Hauptstadtpresse eingeladen hatten, platzte aus allen Nähten. So viele Medienvertreter und Kameras hatten wir lange nicht bei uns zu Gast. Ich führte unter anderem aus, dass durch europäischen Grenzschutz und ein angepasstes Recht ein Kontrollverlust wie 2015 im Falle eines neuen »Massenzustroms« ausgeschlossen werden müsste. Eine Journalistin fragte daraufhin, ob ich mit dem Wort »Massenzustrom« nicht wieder AfD-Terminologie verwenden würde und warum die FDP so nach rechts rücke. Ich wies darauf hin, dass das Wort »Massenzustrom« dem Namen der entsprechenden EU-Richtlinie aus dem Jahr 2001 entnommen sei. Wenn jeder Vorschlag und jedes Wort auf Nähe oder Ferne zur AfD abgeklopft werden, gibt man dieser Partei zu viel Macht. Die Debatten in unserem Land vertragen mehr Nüchternheit und weniger Hysterie.

Die Deutungsmuster, überwiegend sozial abgehängte oder von Ressentiments bestimmte Menschen würden für die AfD votieren, überzeugten mich nicht. Immer wieder berichteten mir Parteifreundinnen und Parteifreunde von

Gesprächen an den Ständen in den Fußgängerzonen der Republik. Beispielsweise von einem älteren, freundlichen Paar, das sich über die Flüchtlingspolitik in Rage redete. Die beiden empörte der Kontrollverlust. Sie attestierten der FDP eine eigenständige und im Prinzip zustimmungsfähige Position, aber jetzt müsse »Protest gegen Merkel« gewählt werden. Ich nahm bei Veranstaltungen wahr, dass die FDP bei vielen bürgerlichen oder sogar konservativen Wählern neue Sympathie erfuhr – einige von ihnen aber eine höhere Dosierung anstrebten, wenn es um Kritik oder gar Wut im Hinblick auf die Bundeskanzlerin ging. Das konnten und wollten wir nicht leisten, da wir uns als Liberale rhetorische Limits setzen und in der Sache differenziert argumentieren. Wie wir heute wissen, gab die Mehrheit des Elektorats der AfD an, aus Protestmotiven abgestimmt zu haben. Das lässt darauf hoffen, dass diese Formation bei richtigem Umgang auf den Kern ihrer völkisch-autoritär eingestellten Anhängerschaft eingedämmt werden kann.

Mit Spannung erwartet wurde das Duell zwischen Angela Merkel und Martin Schulz. Das sozialdemokratische Lager erhoffte sich eine neue Konjunktur für ihren Kandidaten. Die Bundeskanzlerin und ihr Herausforderer dankten sich in der Sendung aber vor allem gegenseitig und fanden Äußerungen des Gegenübers »toll«. Ich spottete, so müsse man sich eine Ehetherapie vorstellen. Zukunftsthemen wie Bildung und Digitalisierung, Energie und Klimaschutz blieben unerwähnt. Tatsächlich war das Aufeinandertreffen von Merkel und Schulz ein Wendepunkt der demokratischen Auseinandersetzung – denn jetzt rückten die kleineren Parteien, die in den Umfragen alle gleich stark schienen, in den Fokus.

Wir erklärten das Rennen um den ersten Platz für gelaufen, die Union von Angela Merkel bliebe stärkste Kraft. Damit sei aber die Bundestagswahl nicht entschieden, denn es zähle jetzt, welche Partei drittstärkste Kraft werde. Wenn es eine neue Große Koalition gäbe, würde diese die Opposition anführen und in den Debatten als Erste auf die Regierung antworten. Käme es zu einer Mehrheit für eine kleine Koalition unter Führung der Union, so hätte die dritte Kraft Gewicht für die Bildung einer Regierung, der die staatstragende SPD als Opposition gegenüberstünde.

Die Grünen schwächelten in den Umfragen. Wie schon in Nordrhein-Westfalen setzten sie von Anfang an darauf, die Freien Demokraten als Feindbild auszurufen, um ihre Anhänger zu mobilisieren. Nachdem wir unsere Kampagne vorgestellt hatten, verfremdete die Partei unsere Motive mit anderem Text. An der Verbreitung dieser Fakes beteiligte sich unter anderem der Bundestagsabgeordnete Jürgen Trittin, obwohl die Grünen einige Zeit zuvor in ihrem Entwurf für ein Fairness-Abkommen genau diese Wahlkampfführung bannen wollten. »Freie Fahrt für freie Porsche-Fahrer? Eigentlich wollte ich nie was anderes«, stand auf einem gefälschten Plakat. Wir nahmen es sportlich, denn die Menschen können solche Kampagnen einordnen. In den folgenden Wochen wurde ich zum »Anti-Öko-Lindner« und »Diktatoren-Versteher«. Es hieß, wer den Klimawandel leugne, der müsse FDP wählen. Mit unseren tatsächlichen Positionen hatten solche Denunziationen nichts zu tun.

Eine Woche vor der Wahl fanden parallel unser Bundesparteitag und der der Grünen statt, von den Medien wurde ein konfrontativer Showdown erwartet. Tatsächlich stilisierten sich unsere Mitbewerber als Retter der Republik vor der »gelben Gefahr«. Bei uns polterte Wolfgang Kubicki ein wenig in Richtung Grüne. Wir stellten aber vor allem unsere Inhalte ins Zentrum und beschlossen die zehn programmatischen »Trendwenden«. An ihnen wollten wir eine mögliche Regierungsbeteiligung und uns selbst messen lassen. Auf die Formulierung des Textes hatte ich selbst in den Tagen zuvor viel Zeit verwendet, weil ein solcher Beschluss eine Woche vor der Wahl große politische Bindungskraft haben würde, falls es zu Koalitionsverhandlungen kommen sollte.

In meiner Rede zitierte ich nur einige der von den Grünen über uns geäußerten Herabwürdigungen, ging aber ganz bewusst nicht näher darauf ein. Ich sah unseren Konkurrenten um den dritten Platz in einer anderen Partei: in der AfD. In der letzten Woche vor der Wahl hatten mehrere Institute zwischen den Freien Demokraten und der AfD nur einen Prozentpunkt Unterschied gemessen. Ein Prozentpunkt mehr für die Union oder einer mehr für die Grünen, das sei politisch bedeutungslos – aber ein Prozentpunkt mehr für die FDP, das könne den Charakter der Bundestagswahl verändern, rief ich in meinen Reden in der Schlusswoche. Deutschland sei ein exportabhängiges Land. Es wäre eine Blamage vor den Augen der Weltöffentlichkeit, wenn eine völkisch-autoritäre Partei, die auf Abschottung setze und die Europäische Union abwickeln wolle, die dritte Kraft würde.

Bekanntlich half die Zuspitzung auf »FDP oder AfD« nichts mehr.

Der Wahltag

Am Samstag vor der Wahl fand unsere Abschlusskundgebung in meiner Heimatstadt Düsseldorf auf dem Schadowplatz statt. Fast 2000 Menschen kamen. Wie bei den anderen Veranstaltungen dieses Wahlkampfs stand ich nach
dem Ende meiner Rede noch in der Menge, damit jeder, der
wollte, ein gemeinsames Selfie bekam. Die Begeisterung der
Besucher half über die sich einstellende Erschöpfung hinweg. Ich fuhr nach Hause und setzte mich auf den Balkon,
um in einem »Facebook live« noch einmal Fragen zu beant-
worten. Dann, am Samstag, den 23. September 2017, gegen
15.00 Uhr war alles getan. Nach der jahrelangen Orientierung auf dieses eine Wochenende fühlte es sich surreal
an, als es endlich erreicht war.

Im Auge eines Orkans muss die Atmosphäre ähnlich sein
wie in der Zeit zwischen dem letzten Termin eines Wahlkampfs und der Schließung der Wahllokale am Sonntag.
Aus dem stürmischen Wahlkampf tritt man in eine Phase
absoluter Ruhe und Tatenlosigkeit ein. Nichts kann mehr
bewirkt werden, bis am Folgetag um 18.00 die höchste politische Intensität folgt.

Am späten Nachmittag flog ich nach Berlin. Ich hatte einige Freunde aus dem Rheinland eingeladen, das Wochenende in der Hauptstadt zu verbringen und das Ende des
Wahlkampfs bei einem Abendessen zu feiern.

Am nächsten Tag erwartete ich in meiner Berliner Wohnung die ersten Zahlen der Institute. Diese *exit polls* werden an den Wahlsonntagen in der politischen Szene ab dem
frühen Nachmittag intensiv per SMS ausgetauscht. Bei den
ersten Meldungen drängt sich allerdings zumeist die Frage

auf, ob die Zahlen wirklich stimmen – oder ob da der ein oder andere sich nicht nur wichtig tun will, indem er ein paar Prognosen herumschickt, die eher dem Hörensagen als der Empirie entsprechen. Neun Prozent für die FDP – das war der Stand, als ich um 16 Uhr in das Hans-Dietrich-Genscher-Haus fuhr.

Wir trafen uns zu einer Präsidiumssitzung. Vom Wiedereinzug in den Bundestag sei nun auszugehen, sagte ich, und dankte den Mitgliedern unserer Parteiführung und den Mitarbeitern für das Teamwork in den vergangenen vier Jahren. Gleich morgen müsse es aber weitergehen. Marco Buschmann hatte auf meine Bitte hin mit Mitarbeitern bereits eine Satzung für die sofort zu konstituierende Fraktion ausgearbeitet. Ihn wollte ich als Ersten Parlamentarischen Geschäftsführer vorschlagen. Bereits angereist war Marco Mendorf, bis dahin angestellter Geschäftsführer der Landtagsfraktion in Düsseldorf. Er wiederum sollte Marco Buschmann nachfolgen. Die Fehler des Jahres 2009, als die Parteizentrale nicht mehr handlungsfähig war, sollten sich nicht wiederholen.

Kurze Zeit später hörten wir Gerüchte, die SPD werde unmittelbar nach 18.00 Uhr erklären, dass sie in die Opposition gehe und für eine Große Koalition nicht zur Verfügung stehe. Dadurch wollten wir uns nicht unter Druck setzen lassen. Wir versicherten uns, nur in eine Koalition einzutreten, wenn wir eine liberale Handschrift zeigen könnten. Später, in der Fernsehrunde der Parteivorsitzenden, sollte Martin Schulz einen denkwürdigen Auftritt haben, es schröderte.

Ich ging um 17.30 Uhr in mein Büro, um mir Notizen für meine kurze Ansprache zu machen: »In einem Land, das

Schadenfreude kennt, ist unser Comeback über die Freien Demokraten hinaus eine ermutigende Botschaft. Nach einem Scheitern ist ein Neuanfang möglich.« Ich schrieb »2009« und »2013«, weil ich daran erinnern wollte, was aus großen Siegen folgen kann. Wir würden die politische Mitte, die CDU, SPD und Grüne unbesetzt gelassen hatten, wieder besetzen – diesen Gedanken wollte ich schon heute Abend äußern. Er erlaubt schließlich eine Einschätzung zu Koalitionsabsichten. Auf meinem Zettel stand noch: »Erneuerung der FDP nicht abgeschlossen, Zwischenziel erreicht, neue Mitglieder willkommen.«

Eine gänzlich veränderte Lage. Und der Schwierigkeitsgrad ist gestiegen.

Dann ging ich wieder in das Präsidiumszimmer.

Mit einem gelben Balken von 10,7 Prozent endeten vier Jahre der außerparlamentarischen Opposition. Der Schatten dieser Jahre wird bleiben – nicht als Last und auch nicht als Makel, sondern als Erinnerung. Für die Zukunft.

Wahlergebnis Bundestagswahl, 24. 9. 2017:
CDU/CSU 32,9 %, SPD 20,5 %, AfD 12,6 %, FDP 10,7 %,
Linke 9,2 %, Grüne 8,9 %, Sonstige 5 %